Es sind die Begegnungen mit Menschen,
die das Leben lebenswert machen.

Guy de Maupassant

Bildnachweis:
Die Bilder des Textteils: Mady Host, Cornelia Reinhold
Coverfoto: Cornelia Reinhold
Autorenfoto: Thomas Brandt
Kartenicon: © Stepmap GmbH, Berlin
Illustrationen: Jens Mattausch

Bibliografische Information der Deutschen Bibliothek:
Die Deutsche Bibliothek verzeichnet diese Publikation in der deut-
schen Nationalbibliografie. Detaillierte bibliografische Daten sind im
Internet über http://dnb.ddb.de abrufbar.

© 2015 traveldiary.de Reiseliteratur-Verlag, Hamburg
www.reiseliteratur-verlag.de
www.traveldiary.de

Umschlagentwurf und Layout: Jürgen Bold, Jens Freyler
Umschlaggestaltung: Jens Mattausch
Satz: Jens Freyler
Druck: Standartu Spaustuve

ISBN 978-3944365-67-1

Mady Host

Europa in vollen Zügen

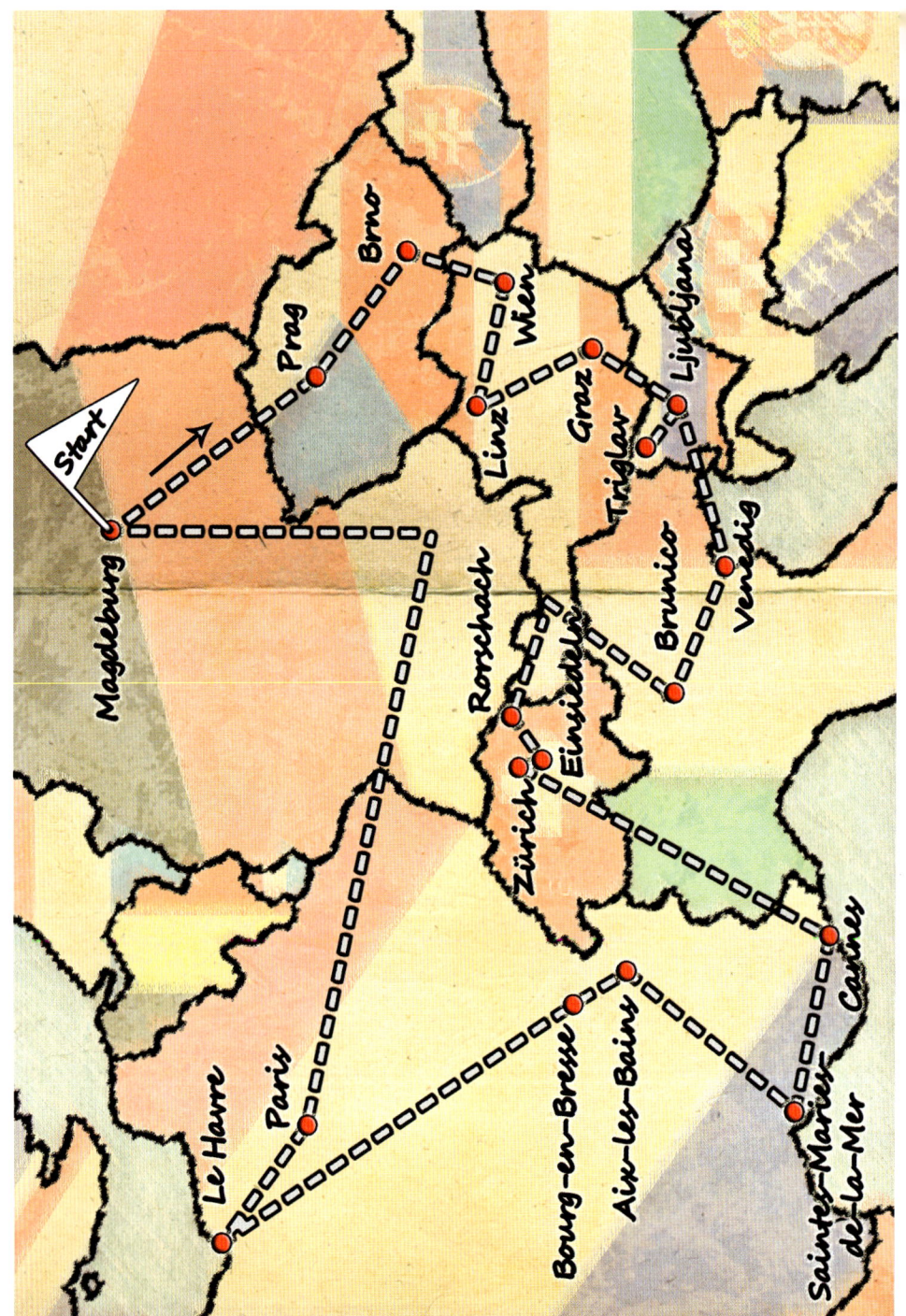

Start →

Magdeburg
Prag
Brno
Wien
Linz
Graz
Ljubljana
Triglav
Brunico
Venezia
Rorschach
Einsiedeln
Zürich
Le Havre
Paris
Bourg-en-Bresse
Aix-les-Bains
Saintes-Maries-de-la-Mer
Cannes

Inhalt

Ich sitze. Weich. Es vibriert, manchmal ruckelt es. Die Lautsprecher knacken vielversprechend, dann ertönt eine Durchsage. Durch das Fenster sehe ich, wie dicke Wolken in ihrem blauen Zuhause tanzen, Stromleitungen die Landschaft zerschneiden und ein einsam stehender Baum darauf wartet, für das Cover der Apotheken Umschau fotografiert zu werden.

Schon in der ersten Sekunde, als der Hosenboden meiner grauen Trekkinghose das Polster des Sitzes im Intercity-Zug nach Dresden berührt hat, ist in meinem Kopf ein Schalter umgeflogen, vielleicht nicht gleich von On auf Off, aber immerhin von Power auf Stand-by. Erst einmal denke ich an nichts – zumindest bin ich mir meiner Gehirnaktivität nicht bewusst. Ich sitze einfach nur da, blicke aus dem Fenster, lausche dem Brummen des Zuges. Sechs Wochen lang werde ich nun das beruhigende Schaukeln der unterschiedlichsten Schienenfahrzeuge spüren, sechs Wochen lang werde ich mit meinem Zuhause auf dem Rücken durch Teile Europas reisen. In meinem 13 Kilogramm schweren Schneckenhaus ist alles, was ich zum Leben brauche. Mit dieser Ausrüstung kann ich 14 Tage lang auskommen oder auch für ein ganzes Jahr auf Weltreise gehen. Die Dauer einer Tour ändert nicht allzu viel an meinem Gepäckumfang. Ich brauche warme Sachen, einen Schlafsack, ein wenig Wechselwäsche, eine Zahnbürste, meine Kamera und ein dickes, leeres Notizbuch. Mit Verpflegung und Wasservorräten ist das so ziemlich das Wesentliche fürs Überleben. Diese Feststellung fasziniert mich bei jeder Reise aufs Neue. Brauchen und Besitzenwollen sind zwei verschiedene Paar Schuhe. Ich mag mein Leben als Städterin mit gemütlicher Wohnung, Laptop, iPad, Fernseher, großem Bett und kuschliger Daunendecke. Trotzdem packt mich das Fernweh immer wieder und ich sage gern und bereitwillig: Good-bye Smartphone, Kleiderschrank und Kuschelkissen! Es geht auch ohne euch.

Sechs Länder, sechs Wochen – eine teures Vorhaben? Ich hoffe nicht. Wie so oft versuche ich mit möglichst kleinem Budget voranzukommen. Einerseits, weil ich das toll finde und andererseits habe ich tatsächlich nicht viele Scheine im Portemonnaie. Ich werde im nächsten Jahr dreißig Jahre alt, habe keine Ersparnisse, kein eigenes Auto und kein festes monatliches Gehalt. Ich bin vor drei Jahren mit meinem Masterstudium fertig geworden und habe experimentiert, mit mir und dem Leben. Ich hatte das Glück, Verschiedenes

ausprobieren zu können. Von der gut bezahlten Vollzeitstelle, über eine Teil-
zeitarbeit mit knappem Grundeinkommen bis zum Leben als Freiberuflerin
ist einiges dabei gewesen. Bei Letzterem bin ich allerdings irgendwie hängen-
geblieben.

Warum? Weil ich gemerkt habe, dass ich kreativ sein muss und nach meinem
eigenen Rhythmus leben will – auch wenn das bedeutet, nicht viel Geld zu
haben. Bis auf eine Ausnahme von einigen Monaten habe ich noch nie sonderlich gut verdient. Vielleicht ist dies der Grund dafür, dass mir Banknoten
auch nicht so wahnsinnig wichtig sind. Dennoch brauche ich sie. Mit beiden
Beinen fest im Leben stehend, komme ich für meinen Unterhalt selbst auf.
Das muss sein.

Kurz vor dieser Reise habe ich eine Teilzeitanstellung im sozialen Bereich für
mein Leben als freiberufliche Wortkünstlerin aufgegeben. Es klingt vielleicht
mutig, aber ganz so waghalsig, wie es auf den ersten Blick wirken mag, ist es
nun auch nicht. Ich bin tatsächlich ein sehr sicherheitsbedürftiger Mensch
und habe vor diesem Entschluss entsprechende Verträge geschlossen, die mir
ein Grundeinkommen sichern.

Der ein oder andere, dem ich von diesem Schritt und der geplanten Tour
berichtete, erwiderte, dass er meinen Lebensstil mutig und bewundernswert
fände. „Ich würde auch so gern, aber ...", kam oft als Antwort. Ich selbst finde
nicht, dass ich besonders tapfer bin. Es kostet doch viel mehr Überwindung
jeden Morgen aus dem Haus zu gehen, um etwas zu machen, auf das man
eigentlich keine Lust hat. Wer es trotzdem durchzieht, um damit das eigene
oder das Sicherheitsbedürfnis anderer zu befriedigen, verdient Anerkennung.
Ich trage in meinem Leben einzig die Verantwortung für mich selbst und
genieße deshalb den Luxus, etwas freier handeln zu können als beispielsweise
die junge Mami mit Kleinkind.

Wenn ich aus dem Zugfenster blicke, bin ich keinesfalls unbesorgt, dass es
mir irgendwie gelingen muss, die nächsten sechs Wochen mit durchschnittlich 20 bis 25 Euro am Tag über die Runden zu kommen. Ganz leicht wird mir
das nicht fallen. Ich bin keine Totalaussteigerin, die jeden Tag ihres Lebens
nur das macht, wonach ihr gerade der Sinn steht und die Geld total doof
findet. Ich würde lügen, wenn ich behauptete, dass es mir keinen Spaß macht,
mir einmal etwas Tolles, Teures zu kaufen. Aber am Ende stelle ich immer
wieder fest: Je weniger Geld ich habe, umso glücklicher bin ich. Ich erinnere
mich gut daran, wie ich als Pilgerin im Jahr 2011 in Santiago de Compostela

ankam, nur noch mit einer Handvoll Kleingeld in der Hostentasche. Da ich wusste, dass es bis zu meiner Abreise reichen würde, konnte ich die Überschaubarkeit dieser Münzen sogar genießen.

Ich versuche meinen Lebensrahmen immer so zu basteln, dass ich darin existieren und mir auch einmal einen materiellen Wunsch erfüllen kann. Ich arbeite sehr viel und sehr ehrgeizig, aber in den meisten Fällen macht es mir Spaß. Und das zählt – auch wenn es natürlich nicht ausbleibt, Aufgaben zu erfüllen, die weniger spannend sind. Die Mehrzahl der 365 Sonnenuntergänge eines Jahres sollen für mich aber froh und weitestgehend selbstbestimmt gewesen sein. Ich weiß, es gibt viele Wege, glücklich zu sein. Das jedenfalls ist meiner …

Zurückgespult: Einige Zeit zuvor

Zuerst ist da so ein Gefühl, so ein Bauchkribbeln, ein bisschen so, als würde ich mich gerade frisch verlieben. Ich werde unruhig, bekomme Hummeln im Hintern, merke, dass ich wieder los will. Eigentlich verliebe ich mich in solchen Momenten tatsächlich, verknalle mich in die Vorfreude, eine neue Reise zu tun. Und dann nimmt die Entwicklung auch schon ihren Lauf. Infiziert mit dem Loswollen-Virus gehe ich tagelang durchs Leben, halte Ohren und Augen offen, observiere die Möglichkeiten, die ich habe, prüfe, was mir gefallen könnte. Faden für Faden webt es sich, oftmals unterbewusst, in meinem Kopf zusammen. Dann denke ich darüber nach, was ich schon gemacht habe, was davon wiederholungsbedürftig ist und welche Aktivitäten gestrichen werden können. Zunächst überlege ich mir, welche Landschaften, welche Menschen und Sprachen mich interessieren …

Angesteckt von dem Wunsch, etwas zu machen, was ich so noch nie getan habe, fing ich etwa vier Monate vor dieser Tour an, über Verkehrsmittel nachzudenken. Warum nicht einmal mit dem Zug reisen, anstatt vom Flieger innerhalb kürzester Zeit direkt am Zielort ausgespuckt zu werden? Diese Frage nistete sich in meiner Gedankenwelt ein. Worte wie „Entschleunigung" geisterten mir durch den Kopf und ließen mich neugierig werden. Um mir einen Überblick zu verschaffen, tippte ich „Europa" in das Google-Suchfenster ein und siehe da: Bunte, übersichtliche Karten taten sich vor meinen Augen auf. Dass eine Interrail-Tour, wenn ich sie unternehme, nicht

Interview vor der Abfahrt - Magdeburg im Gepäck

heißen kann „Sechs-Wochen lang ununterbrochen Zug fahren", war mir schnell klar. Dafür bin ich viel zu bewegungsfroh.

Stück für Stück formte sich nun der Plan, mir in sechs Wochen sechs Länder anzuschauen. Und wenn ich von Städten und Landschaften noch etwas mehr als nur Bahnhöfe mitbekommen wollte, so musste ich eine angemessene Verweildauer pro Land einplanen. Es dürfte also nicht zu weit gehen, damit ich am Ende nicht doch mehr im Zug statt außerhalb unterwegs wäre.

Ich stand in intensivem Kontakt mit einigen Pilgerfreunden. Nach meinem Studium, hatte ich mich auf den nordspanischen Küstenweg begeben. Allein. So wollte ich herausfinden, wie es mir damit ergehen und ob es mir nützen würde, Erkenntnisse über mich und meine Wunschzukunft zu gewinnen. Ich erlebte eine breite Palette an Gefühlen. Mal gefiel mir das Alleinsein, mal hasste ich es. Einmal spürte ich ein intensives und unstillbares Verlangen danach, unbedingt für mich sein zu wollen, und einige Male fühlte ich mich einsam. Vor allem in diesen Momenten war es wichtig, neue Menschen kennenzulernen und meinen Weg mit ihnen zu teilen. Einige sind mir ans Herz gewachsen, weshalb ich den Kontakt noch immer pflege. Die diesjährige Reise will ich deshalb auch dafür nutzen, Pilgerfreundschaften aufzuwärmen.

Bei der Planung einer Reise ist es charakteristisch für mich, grundlegende Informationen über Land und Leute einzuholen, aber nicht jeden Schritt, jede Übernachtung, jede Zugfahrt festzulegen. Wenn ich mich auf den Weg mache, muss Spontaneität möglich sein, auch beim Reisen mit der Bahn. Andernfalls hätte ich immer das Gefühl, Chancen zu vertun. Warum hier übernachten, wenn es dort drüben viel spannender aussieht? Weshalb bei dieser Route bleiben, wenn der Tipp eines Einheimischen doch viel verlockender erscheint?

Diesen Fragen nachzugehen wird zu zweit sicherlich viel mehr Spaß machen als allein, weshalb ich meine treue Reisebegleiterin Cornelia überrede, mitzukommen. Ich freue mich, zu erfahren, dass sie ab Graz die Tour zusammen mit mir erleben wird.

Gemeinsam beraten wir, was uns in den sechs Ländern besonders interessiert, und kommen zu dem Schluss, dass eine Recherche zu Klischees und Typischem spannend sein kann. In jedem Land wollen wir Einheimische dazu befragen, was sie selbst als charakteristisch für ihre Nation empfinden - und was sie über Deutschland denken. Das könnte unterhaltsam werden ...

AUF REISEN

ERSTE STATION TSCHECHIEN
Bier, Knödel und Oblaten

Zunächst als Alleinreisende unterwegs, werde ich meinen ersten Halt in Tschechien einlegen. Mich interessiert die Hauptstadt Prag, ich möchte meine Pilgerbekanntschaft Ivana in Brno wiedertreffen und ich habe Lust auf ein kühles Pilsener Urquell.

Bier, Knödel und Oblaten. Damit sind wir auch schon beim Thema. Bei meiner Vorabrecherche zu Dingen, die typisch für das Land sein sollen, standen diese kulinarischen Freuden ziemlich weit oben auf der Liste.

Zudem dudelt mir das Biene Maja-Lied von Karel Gott durch den Kopf.

So wie man Deutschland oft mit Bayern gleichsetzt, wird Prag auf eine Stufe mit Tschechien gestellt. Angeblich reisen alle Touristen immer nur in die Hauptstadt.

Stimmen in Onlineforen sagen zudem, das Land sei – außerhalb Prags – für uns Deutsche preiswert und die Tschechen selbst sollen ein trinkfestes Völkchen sein.

Ich weiß nicht, wieviel davon stimmt, und will mir lieber mein eigenes Bild machen. Außerdem freue ich mich auf das eine oder andere Selbstexperiment.

Prag, 14. Juli – Marihuana statt Bier

Als ich die tschechische Grenze passiere und sich der Zug seinen Weg durch sanfte Flusslandschaften Richtung Hauptstadt bahnt, werde ich auch schon auf die erste Annehmlichkeit des Zugfahrens aufmerksam: Ich sitze in einem Sechspersonenabteil, welches ich mir mit einem Deutschen, zwei Kanadierinnen sowie zwei US-Amerikanerinnen teile. Wir kommen miteinander ins Gespräch und ich erfahre, dass die Amerikanerinnen beruflich durch Europa reisen. Sie sind auf Promotiontour für eine Firma, die Auslandsaufenthalte für Schüler vermittelt.

Ja, das Bahnfahren ist auf jeden Fall eine Reiseform, die mehr Geselligkeit und Kommunikation ermöglicht – vor allem, wenn man sich, wie hier, gegenübersitzt. Nachdem die ersten englisch gesprochenen Sätze auch aus mir herausgesprudelt sind, fühle ich mich pudelwohl. So langsam wird mir

bewusst, dass ich wirklich unterwegs bin, dass ich neue Gerüche wahrnehmen, fremde Geräusche hören und anderen Sprachen lauschen werde. Das
ist alles so aufregend, so schön. In meinem Bauch kribbelt es richtig, wenn
ich mir vorstelle, wie ich in Prag ankomme. Ich liebe die Vorfreude auf einen
neuen, mir unbekannten Ort. Nichts kann dieses Gefühl ersetzen. Das schafft
nur Reisen. Ich weiß, dass jede meiner Lebensentscheidungen, die mir dazu
den Freiraum lässt, eine richtige Wahl ist.

Am belebten Prager Bahnhof angekommen, besorge ich mir als erstes einen
Stadtplan und lasse mir das Gebiet, in dem meine Startunterkunft liegen
muss, an der Information markieren. Für einen moderateren Anfang habe
ich das Hostel bereits vorab gebucht und muss nun nur noch dorthin finden.
Ich verlasse das Bahnhofsgebäude und spaziere in die Richtung, in der ich
mein Nachtlager vermute. Nach einer halben Stunde Fußweg muss ich ziemlich nah dran sein, kann jedoch weder die notierte Straße, noch die eigentli-
che Unterkunft ausmachen. Ein junges Pärchen, das gerade mit seinem Hund
Gassi geht, blickt auf mein Notizbuch, in dem ich die Adresse vermerkt
habe.
„Wie genau heißt denn das Hostel, das du suchst?", erkundigt sich die junge
Frau.
Ich deute mit dem Zeigefinger auf das, was ich für den tschechischen Namen
halte. Sie lächelt und erklärt mir, dass dies so viel wie „preiswerte Unterkunft"
bedeutet und keinesfalls der Eigenname des gesuchten Etablissements ist. Ich
muss lachen und fühle mich ein wenig wie ein Kind, bevor es lesen kann.
Leider beherrsche ich keine der osteuropäischen Sprachen und bin deshalb
auch nicht in der Lage, in irgendeiner Form Ableitungen zu treffen, wie es
mir in anderen Ländern mit meinen Englisch- und Spanischkenntnissen oftmals möglich ist.
Als ich vor einigen Jahren für ein studentisches Projekt in Bulgarien unterwegs war, erging es mir ähnlich. Nach der Landung in Sofia fühlte ich mich
seltsam unwissend. Ich schaute auf Straßenschilder, auf Werbeplakate, sah
Schrift und konnte doch nichts damit anfangen. Einerseits war es eine positive Erfahrung, weil es mir spannend erschien, auch einmal nichts zu verstehen, andererseits kam ich mich sehr hilflos vor.
Glücklicherweise sind meine beiden Gesprächspartner hier in Prag sehr
hilfsbereit. Sie zücken ihr Smartphone und googeln fleißig – so lange, bis sie
wissen, wohin ich muss. Wir sind gar nicht weit von meinem Ziel entfernt und

die beiden beschließen, ihre Gassirunde zu meinen Gunsten zu ändern, und bringen mich fast bis vor die Tür des Hostels. Dankbar verabschiede ich mich von ihnen und begrüße Jaroslav, meinen Vermieter. Dieser ist überglücklich über mich als deutschen Gast. Sein Englisch sei sehr schlecht, er spreche viel lieber Deutsch, erklärt er mir leicht gebrochen, aber gut verständlich. Noch bevor ich meinen Rucksack absetzen kann, kommen wir auch schon richtig ins Gespräch. Jaroslav, ein beleibter Kerl mit kurz rasiertem Haar, rundem Gesicht und warmen Augen, berichtet mir, dass er Ende August den Jakobsweg an der Nordküste Spaniens gehen wird. Na, da haben wir ja gleich ein Thema, zu dem wir uns bestens austauschen können. Ich erzähle ihm von meinen Pilgererfahrungen, schreibe meine Internetseite auf und erkläre, wo er meine Reisefotos vom Küstenweg finden kann. Er berichtet, er werde von der Firma Olympus gesponsert. Eine vollständige Kameraausrüstung bekam er bereits geschenkt, im Gegenzug dafür muss er wöchentlich einige Fotos online stellen. Der kräftige Kettenraucher plant, sein Leben umzukrempeln. Ab kommender Woche nimmt er an einem Nichtraucherprogramm mit Geld-zurück-Garantie teil und auf dem Jakobsweg sollen dann die überflüssigen Pfunde purzeln. Ein Lebenswandel, für den sich der Kamerahersteller offensichtlich brennend interessiert. Da auch ich nach meiner Rückkehr an seinen Erlebnissen teilhaben möchte, verbinden wir uns auf Facebook miteinander. Apropos Rauchen und Nichtrauchen: Das scheint echt sein Thema zu sein, denn als nächstes erklärt er mir, dass Prag eine ziemliche Hochburg für Freunde des Marihuana-Rauchens sei. „Hier kifft selbst die Polizei!", führt er unseren Plausch fort. „Also, wenn du dir irgendwo Gras besorgen willst, dann lass dich von den Ordnungshütern nicht ärgern. Wenn sie dir komisch kommen, musst du nur freundlich lächeln. Meistens wollen sie selbst rauchen und sind ganz froh, wenn sie etwas abbekommen …", klärt er mich auf. Ich bilanziere: Hier wird also gekifft und nicht Pilsener Urquell getrunken. Das erste tschechische Merkmal wäre damit über den Haufen geworfen. Nachdem er noch einige Prager Sehenswürdigkeiten auf meinem Stadtplan markiert hat, zeigt er mir mein Zimmer – ein gemischter Achtbettenschlafsaal mit Gemeinschaftsbad. Jaroslav läuft zum letzten Bett am Fenster, murmelt, dass dies das beste sei, hebt die Matratze kurz an, schiebt einige der Querverbindungen des Lattenrostes zurecht, lässt den Schaumstoff wieder hinabsinken und lächelt zufrieden. „Hier kannst du gut schlafen." Ich bedanke mich, Jaroslav verschwindet. Dann breite ich meine Sachen aus, schlendere in die Innenstadt und genieße den ersten Abend meiner großen Tour.

Prag, 15. Juli – Touristenrummel

Ich erwache und beginne damit, mich zu strecken. Ich habe geträumt, dass
mein Rücken schmerzt. Langsam realisiere ich, dass etwas Wahres dran ist.
Tatsächlich ist mein Nacken- und Hüftbereich leicht verspannt. Und das,
obwohl Jaroslav mein Bett gestern Abend so beflissen begradigt hat. Dafür
habe ich das gesamte Zimmer für mich allein. Noch!
Nachdem ich im Bad war, mache ich mir mein Frühstück und verspeise
es gemütlich am Tisch des kleinen Küchen- und Aufenthaltsbereiches. Die
Franzosen, die im Nebenzimmer liegen, dösen noch. Irgendwann erscheint
Jaroslav, wirbelt mit einem Putzlappen durch das Badezimmer und eröffnet
mir feierlich, dass heute sieben Engländer mein Zimmer beziehen werden.
Sofort fliegen in meinem Kopf die Klischeeschubladen auf und ich stelle mir
vor, wie sonnenverbrannte, rothaarige, sturzbetrunkene Kerle singend in die
Betten torkeln. Wie sehr diese Fantasie der Realität entspricht, werde ich
noch erfahren …
Vom Frühstück gesättigt, mache ich mich auf den Fußweg in die City und
schlendere zum Besuchermagneten Karlsbrücke. Diese Überführung verbindet die Altstadt mit der so genannten Kleinseite der Stadt und ist eine der
ältesten Steinbrücken Europas. Und eben dieses Wahrzeichen möchte ich
mir als erstes anschauen. Langsam bahne ich mir meinen Weg durch den
Strom der vielen anderen Fußgänger, schaue auf Bilder zahlreicher Straßen-
künstler, begutachte den Brückenschmuck. Über den Pfeilern befinden sich
Skulpturen von Heiligen und Patronen. Ich stelle mich zu ihnen, schaue auf
die Moldau und blicke auf die Schiffe, die sich unter der historischen Konstruktion hindurchschieben.
Ich unternehme eine Stadtrundfahrt, bevor ich bei einem alkoholfreien Bier in
einem Straßencafé pausiere. Das Birell schmeckt hervorragend und ist zweifelsohne der beste Gerstensaft ohne Alkoholgehalt, den ich je getrunken habe.
Von einer Anhöhe, nahe der Letná-Anlagen, schaue ich aufs Wasser und die
dahinter liegende Stadt, deren Silhouette mich an einen sorgfältig angefertigten Scherenschnitt erinnert. Auf Kampa, einer Insel mitten in Prag, schlendere ich über weite Grünflächen und den Hof des Museums, in dem moderne
Kunst aus Mitteleuropa gezeigt wird.
Bei meinen weiteren Stadterkundungen am Nationaltheater und vielen „Alt-
stadtdiamanten" mehr muss ich feststellen, dass Zebrastreifen aus Sicht der
Autofahrer ziemlich bedeutungslos sind. Regelmäßig erwische ich mich und

andere Touristen dabei, wie wir plötzlich und unkoordiniert über die Straße sprinten, weil uns die nackte Angst packt, überfahren zu werden. Die Pflicht, dort anzuhalten, ist verhältnismäßig jung, weshalb ich immer damit rechnen muss, dass Fahrer sich nicht daran halten. Straßenbahnen sollen übrigens grundsätzlich Vorfahrt haben …

Die Flut an Touristen beeindruckt mich. Menschenmassen schieben sich durch die Gassen, an den Sehenswürdigkeiten herrscht Blitzlichtgewitter und Reisebusse brummen ununterbrochen durch die Straßen.

Nachdem ich von einem Kind auf einem Segway umgefahren und von der zwanzigsten Reisegruppe überrannt worden bin, kehre ich noch einmal zur Karlsbrücke zurück. Ich suche mir ein halbwegs ruhiges Fleckchen und lausche den Klängen der Straßenmusiker. Zu schön ist es, auf einem derartig alten Bauwerk an einem warmen Sommerabend zu verweilen. Außer mir sehen das viele andere genauso. Ich erfahre, dass täglich etwa 11.000 Touristen in Tschechiens Hauptstadt zu Gast sind. Vermutlich habe ich sie heute alle gesehen.

Müde, aber glücklich kehre ich gegen halb zehn Uhr zurück in das Hostel. Dort angekommen öffne ich gedanklich die Schublade mit den Engländer-Klischees. Das Zimmer sieht aus wie nach der Explosion einer Kleidertonne. Überall verstreut liegen Rucksäcke und Textilien. Ich muss mir den Weg zu meinem Bett erst einmal freigraben. Auf meinem Nachtisch hatte ich heute Morgen noch eine Packung Taschentücher liegen. Diese ist verschwunden. Als Entschädigung liegt dort ein benutztes, blutverschmiertes Zellstoffknäuel, das ich angewidert auf das Bett meines Nachbarn schnipse. Ich brauche viel Zeit zum Einschlafen, da ich immer wieder lausche, ob meine englischen Partyfreunde schon zurückgekehrt sind. Noch weiß ich nicht, dass es mir unmöglich sein wird, sie zu überhören.

Prag, 16. Juli – Deutsch-tschechische Plauderstunde

Im Morgengrauen bin ich kurz wach. Ich liege immer noch allein in meinem Zimmer. Erst gegen sieben Uhr werde ich von einer grölenden, singenden, sich laut unterhaltenden Horde geweckt, die den Raum erobert. Nach einer Dreiviertelstunde geht der Lärm in ein heftiges Schnarchkonzert, wie es nur in einem Vollrausch zustande kommen kann, über. Irgendwann nicke ich noch einmal ein und stehe gegen 8:45 Uhr auf. An Wodkaflaschen, iPhones und halboffenen Portemonnaies vorbei, führt mein Weg an den etwa 19 bis 20 Jahre alten Jungs entlang. Einige von ihnen gleichen schlafenden Engeln. Manche sind wach und wälzen sich genervt umher, da sie aufgrund der Lautstärke, die ihre Freunde verursachen, nicht in den Schlaf finden. Ich gebe mir ausnahmsweise mal überhaupt keine Mühe, leise zu sein, und gehe auch gern ein zweites Mal an meinen Schrank mit dem laut klappernden Vorhängeschloss. Leider fällt mir dabei auch noch etwas herunter. Das tut mir so unglaublich leid …

Auf meinem Weg in die Stadt mache ich einen Abstecher zum Bahnhof und lasse mir die Abfahrtszeiten nach Brno nennen. Ich habe mich bewusst gegen die Mitnahme meines Smartphones entschieden und reise mit altem Tastenhandy und Prepaid-Karte. Ich brauche kein mobiles Internet und finde es viel schöner, mich auf herkömmliche Weise durchzufragen, Auskünfte bei richtigen Menschen aus Fleisch und Blut einzuholen. Im Arbeitsalltag nutze ich mein iPhone sehr gern, aber beim Reisen möchte ich mich davon weder ablenken noch verwöhnen lassen, indem ich mal eben alles nachschlagen könnte, was mir gerade in den Sinn kommt. Die Getriebenheit unserer Gesellschaft, immer auf alles sofort reagieren zu müssen und ständig eine Antwort parat haben zu wollen, kann meiner Meinung nach auch einmal Pause machen. Ich

Schwere Liebesbekenntnisse in Prag

weiß die Annehmlichkeiten dieser Technologie durchaus zu schätzen, finde es jedoch hin und wieder entlastend, mich davon loszueisen. Mittlerweile habe ich mich auch schon wieder ganz gut an die alten Plastiktasten gewöhnt und aufgehört, sinnlos auf dem kleinen Display herumzudrücken.

Mein Zug fährt stündlich, erfahre ich und beginne den Tag mit einem gemütlichen Frühstück. Danach laufe ich auf den Moldauhügel Petřín und genieße die weite Aussicht auf die Stadt. Ich schlendere an der Burg entlang, die das größte geschlossene Festungsareal der Welt bildet und auf dem Berg Hradschin liegt. Mein Fotoalbum füllt sich mit Abbildungen des weitläufigen Paradiesgartens, der Schlosstreppen, Burgwachen und des Veitsdoms, des größten Kirchengebäudes des Landes.

Einen Kaffee trinke ich im Luka Lu – einem charmanten, bunten Restaurant, das aussieht als wäre hier gerade Pippi Langstrumpf durchgefegt. Die Möbel sind verschiedenfarbig, Stühle und Puppen hängen kopfüber von der Decke, rote Töpfe mit weißen Punkten dienen als Lampenschirme. Das Luka Lu, übersetzt Hafen Lu, ist ein Restaurant der Familie Djorem aus Sarajevo, die es sich zur Aufgabe gemacht hat, die kulinarische Tradition eines Gebietes, das es so nicht mehr gibt, zu pflegen. Die Rede ist von Jugoslawien. Fleischspeisen vom Grill, typisch für Serbien sowie Bosnien und Herzegowina, stehen genauso auf dem Speiseplan wie frischer Fisch von der kroatischen Küste. Neben gutem Essen soll auch die Kunst hier nicht zu kurz kommen: Jeden Monat stellt ein Maler oder Fotograf seine Werke in der restauranteigenen Galerie aus. Das schaue ich mir natürlich alles in Ruhe an und schlendere über den Hof, der mit seinen vielen Pflanzen eher an einen verwunschenen Garten als an ein Lokal erinnert.

Am Nachmittag möchte ich mir einen Fahrschein für die Straßenbahn kaufen. Kurz bevor ich meine Münzen in den Ticketautomaten werfe, warnt mich eine Passantin, dass das Gerät kaputt sei. Das tschechische Wort für „defekt" habe ich leider nicht lesen können. Schon wieder eine Sprachbarriere! Bei der nächsten Tour werde ich in dieser Hinsicht fitter sein, nehme ich mir fest vor.

Die Tram Linie 22 bietet eine gute Möglichkeit, Prag kennenzulernen. Sie tuckert einmal diagonal durch die Stadt und wird gern als Touristenlinie bezeichnet. Auf der Tour wird unter anderem das Nationaltheater angesteuert, die Moldau überquert und die Kleinseite befahren. Kurz hinter der Haltestelle Malostranská schlängelt sich die Straßenbahn langsam eine Steigung hinauf und erreicht nach wenigen Minuten die Haltestelle, von der man zur Prager Burg gelangt.

An einem anderen Ticketautomaten bin ich erfolgreicher. Mit einem Fahrschein in der Hand warte ich in der Nähe des Tanzenden Hauses auf meine Tram. Das architektonisch ziemlich auffällige Bürogebäude, direkt am Ufer der Moldau, macht seinem Namen alle Ehre. Mit seinen krummen Formen sieht es aus, als wäre es vom Wind verbogen worden, und wirkt wie eine Tänzerin im Kleid, die sich an einen Mann schmiegt. Das Gebäude wird auch „Ginger und Fred" genannt und will damit an die beiden großen Tänzer Ginger Rogers und Fred Astaire erinnern. Tatsächlich erscheint mir das Bauwerk dank seiner geschwungenen Linienführung wie ein tanzendes Paar.

Meine Bahn nähert sich langsam, kommt mit einem Heulen zum Stehen, ich steige ein und reise bis zur Endhaltestelle mit. Von dort aus laufe ich einige Stationen zurück und setze mich in einen belebten Park, in dem Livemusiker mit E-Gitarre und Schlagzeug performen und einige Kinder Riesenseifenblasen kreieren. Eine ganze Weile lang lese ich in meinem E-Book, beobachte Menschen, liege auf der Wiese. Ich liebe es, den Puls einer Stadt zu spüren, indem ich im Grünen sitze oder auf einem Bürgersteig in einer Fußgängerzone verharre und nichts anderes tue als zu beobachten, zu riechen, zu hören. Jeder Ort auf dieser Welt hat seine Eigenheiten, die ich gern auf diese geruhsame Weise entdecke.

Nach zwei oder drei Stunden packt mich dann aber wieder das aktive Entdeckerinnenfieber und ich frage mich zum Goldenen Gässchen durch. Es befindet sich an der Innenmauer der Prager Burg und wurde berühmt, weil dort Alchimisten gewirkt haben sollen, um künstliches Gold und den Stein der Weisen zu erzeugen. Die elf kleinen Häuser stammen aus dem 16. Jahrhundert und dienten als Unterkünfte für die Burgwachen des Königs. Später zogen vor allem Goldschmiede in die Hütten ein. Vermutlich erhielt die Gasse deshalb ihren Namen. Zwischen 1916 und 1917 lebte Franz Kafka an diesem Ort und arbeitete im Haus Nr. 22 an seinen Werken. Heute wohnt hier niemand mehr und Spaziergänger können Souvenirläden und Cafés besuchen. In meinem elektronischen Reiseführer lese ich, dass der Eintritt im Sommer ab 18 Uhr frei ist. Natürlich warte ich diesen Zeitpunkt ab und wandele erst am Abend durch das bunte, kleine Schmuckstück, fotografiere das Haus von Kafka und genieße, dass hier nur wenige Besucher sind. Ein Souvenirgeschäft mit bunten Holzfiguren und Puppen hat noch geöffnet und gefällt mir vor allem, weil es die Figur des kleinen Maulwurfs in allen erdenklichen Variationen anbietet. Wer ihn nicht kennt: Das ist das putzige schwarze Kerlchen mit roter Nasenspitze aus der Zeichenfeder des Prager Künstlers Zdeněk Miler. Seine besten Freunde sind der Hase, der Igel und die Maus. Wenn ich so durch die Prager Straßen schlendere, höre und sehe ich sehr viele Deutsche. Immer wenn ich im Ausland bin, stört mich das und ich versuche mich in der Gegenwart von Landsleuten nicht als selbige zu outen. Warum ist das eigentlich so?

Ich fühle mich doch in meinem Heimatland sehr wohl, mag unsere historischen Orte, liebe die Ostsee, hab die Elbe gern, finde die Landschaft in Süddeutschland ganz wunderbar, bin mit großherzigen Menschen befreundet. Und trotzdem schrecken mich Deutsche im Ausland erst einmal ab. Einerseits wird es ganz einfach daran liegen, dass das Vertraute zu wenig exotisch ist und ich es viel herausfordernder finde, in einer Fremdsprache zu kommunizieren. Andererseits habe ich aber auch ein spezielles Bild des deutschen Touristen im Kopf. Und das sieht so aus, dass Deutsche vor allen anderen in den Bus einsteigen wollen und auch diejenigen sind, die sich hemmungslos und lauthals mit Bier das Gehirn ertränken – die Engländer aus meinem Zimmer trinken ja wenigstens Wodka! Die Deutschen erwarten Pünktlichkeit, blicken nervös zur Uhr und tippen mit der Fußspitze auf den Asphalt, wenn das nicht der Fall ist …

Natürlich zeichne ich damit ein sehr überzogenes Bild. Außerdem bin ich selbst ein gutes Beispiel (meistens zumindest!) dafür, dass es auch anders geht. Ich liebe es förmlich, mich auf die Gepflogenheiten eines Landes einzulassen. Ganz bewusst versuche ich beim Einsteigen in öffentliche Verkehrsmittel nicht die Erste zu sein. Und: Bevor ich mir im Ausland eine Bratwurst kaufen würde, muss alles andere, was landestypisch ist, mindestens seit drei Tagen ausverkauft sein. Außerdem wird mir von Bratwurst schlecht …

Ich bin gespannt, welches Bild Jaroslav mir gleich vermitteln wird. Auf meinem Rückweg zur Unterkunft kaufe ich in einem Spätshop Getränke und betrete kurz darauf den Aufenthaltsbereich des Hostels, in dem Jaroslav schon auf mich wartet. Wir haben uns per SMS zum Plaudern verabredet. Die Tschechen gelten ja, ähnlich wie wir Deutschen, als Biertrinker. Nicht Jaroslav. Er verschwindet in der Bar nebenan und kehrt mit einer großen Weißweinschorle und einem frisch gezapften Bier für mich zurück. Sein Lebenswandel schließt den kalorienreichen Gerstensaft zeitweise aus, was aber keinesfalls bedeutet, dass ihm Bier nicht schmeckt, wie er mir lächelnd gesteht.

„Was noch, außer Staropramen, ist typisch tschechisch?", beginne ich meine Recherche. „Die Tschechen gehen ständig und mit jedem Zipperlein zum Arzt", beginnt Jaroslav. „Da sie ihrem Arzt auch alles glauben, versucht sogar die Politik vermehrt Akteure mit Medizinausbildung für ihre Reihen zu gewinnen. Das weckt das Vertrauen der Bevölkerung." An seinem Blick kann ich erkennen, dass Jaroslav dieses Vorgehen nicht gutheißt. Er fährt damit fort, dass Tschechen zu wenig Selbstvertrauen haben und nur wenige sagen: „Das ist ein tolles Produkt. Das kommt von uns." Auch der Zusammenhalt untereinander sei im Gegensatz zu früher schwächer geworden. Zudem leiden alle tschechischen Katholiken unter einem sehr schlechten Ruf. „Wir denken, dass in jedem Kirchenmann auch ein Pädophiler steckt", erklärt Jaroslav. „Ach und weißt du, was noch typisch tschechisch ist?", fragt er mich.

Ich schüttele den Kopf.

„Zwetschgenknödel", schafft er einen kilometerweiten Themensprung.

„Ich werde sie probieren", antworte ich ihm und leite zu uns Deutschen über.

„Da fällt mir als erstes die Bratwurst ein", erwidert Jaroslav.

„Das ist nicht gerade mein Lieblingsessen", antworte ich. „Und was noch?"

„Ich denke, ihr Deutschen arbeitet sehr viel und könnt gut logisch denken. Ihr seid wie, wie …", ringt er nach der Vokabel. „Es gibt doch dieses Sternzeichen. Wie heißt das doch gleich …?", sucht er weiter und fährt mit einer Umschreibung fort, die ich entgegen meines Anspruches an diesen Text nun direkt und unverändert zitieren werde: „Ihr seid wie die Frau, die nicht ficken!"

Ich pruste los und kann mich kaum halten vor Lachen. Als ich wieder Luft bekomme, helfe ich ihm mit dem fehlenden Wort weiter: „Du meinst die Jungfrau!"

„Ja, genau!", erwidert er erleichtert über den endlich aufgetauchten Ausdruck und fährt fort: „Eine Jungfrau ist laut Horoskop zuverlässig, diszipliniert, ehrgeizig und pünktlich. Genau das ist so typisch für euch. Außerdem habt ihr Eier in der Hose und seid energiegeladen und kräftig."

Ich schmunzele über seine direkte, aber grobe Ausdrucksweise. Mich hat er damit ziemlich treffend beschrieben und auch viele Menschen in meinem Umfeld sind äußerst verantwortungsbewusst. Was die innere Stärke angeht, mag es gut sein, dass wir Power haben. Die Merkmale, die Jaroslav als typisch deutsch benennt, treffen aber sicherlich auch auf Menschen anderer Nationen zu.

„Was fällt mir noch ein?", überlegt mein tschechischer Gesprächspartner. „Deutschland selbst empfinde ich als ein sehr sauberes Land mit guten und sicheren Straßen. Ihr habt Volkswagen und Mercedes und liefert Produkte von hoher Qualität. Allerdings sind Deutsche im Ausland – neben den Engländern und Dänen – ziemlich auffällig und laut, wenn sie trinken. Hier im Hostel habe ich aber durchweg positive Erfahrungen mit Deutschen gemacht. Ihr seid gern gesehene Gäste und im direkten Umgang habe ich nie das Gefühl, dass Deutsche und Tschechen sonderlich unterschiedlich sind. Die Art, wie wir miteinander auskommen wollen, ist sehr ähnlich", erklärt Jaroslav.

Ich lächle und freue mich, dass der Tscheche sich so viel Zeit für mich nimmt. Ich unterhalte mich noch eine ganze Weile mit dem geschiedenen Endvierziger, der zurzeit noch 100 Zigaretten am Tag raucht, nebenbei noch als selbstständiger Immobilienmanager arbeitet und in der Vergangenheit für zwei oder drei Jahre in Deutschland gelebt hat.

Zur Geisterstunde verabschieden wir uns voneinander. Jaroslav macht sich auf den Weg in sein Apartment. Ich liege gerade in meinem Bett, als ich überraschenderweise noch eine SMS von ihm erhalte. Seine Wohnungs- und Autoschlüssel seien verschwunden.

Schon mit meiner geblümten Bikini-Schlafhose bekleidet, tapse ich vor die Eingangstür und winke dem suchenden Jaroslav. „Hast du sie gefunden?" Er verneint und wir beginnen den Eingangsbereich, innen und außen, gemeinsam zu durchstöbern. Er fragt in der Bar nach, aus der er unsere Getränke geholt hatte, und kehrt erfolglos zurück. Wir gehen sämtliche Abläufe des Abends noch einmal durch. Er vermutet, dass er seinen Schlüsselbund auf dem Briefkasten abgelegt hatte, um die Haustür aufzuschließen. Es wäre wohl nicht das erste Mal, dass ein Straßendieb mit dem Schließmetall durchgebrannt wäre. Einmal seien ihm auch, binnen weniger Sekunden, Laptop und Handy vom Rezeptionsschreibtisch entwendet worden, obwohl er sich nur zwei Schritte in Richtung Küche entfernt habe. Wir finden die Schlüssel tatsächlich nicht wieder. Jaroslav informiert die Polizei und schläft heute Nacht im Hostel.

Ich habe mich gerade in meinen Schlafsack gekuschelt und meinen E-Book-Reader eingeschaltet, als drei der sieben Engländer das Zimmer betreten. Sie sehen, dass ich noch wach bin und verwickeln mich sogleich in ein Gespräch, wollen wissen, woher ich komme. Mit starkem Londoner Akzent stellen sie sich vor und entschuldigen sich für den Lärm letzte Nacht. Auch das Klei-dungsschlachtfeld bedauern sie sehr. Ihre trunkenen Grölstimmen im Ohr, das blutige Taschentuch vor Augen, meine leergetrunkene Wasserflasche im Gedächtnis, nicke ich freundlich und murmele: „Schon gut." Nüchtern sind sie ganz freundlich und ich kann nicht wütend auf sie sein.

Ich erfahre, dass zwei von ihnen nur mal eben ihren Freund herbegleiten wollten, um dann wieder auf die Piste zu gehen.

„Was ist denn los?", möchte ich wissen.

Ein pummliger Kerl mit rötlichen Haaren streift sich die Hose von den Beinen und erwidert schwach, dass es ihm nicht gut ginge.

„Zu viel getrunken?", frage ich ein wenig spitz.

Er bejaht nicht direkt und antwortet ausschweifend, dass er und seine Kum-pels nun schon seit vier Tagen unterwegs sind und feiern und … Als er mit seinen Ausführungen und dem Entfernen seiner Hose endlich fertig ist, ver-schwindet er in enganliegenden grauen Shorts in Richtung Badezimmer. Ich höre deutlich, wie er die Toilette benutzt, da er die Tür weit offen gelassen hat. Er pieselt, als hätte er das in den vergangenen Tagen komplett vergessen. Danach schleicht er unter die Dusche. So lange, wie das Wasser läuft, glaube ich, er könne mittlerweile stehend eingeschlafen sein.

Ich knipse das Zimmerlicht aus und nicke ein. Seine Freunde kommen erst wieder zurück, als es schon hell ist. Dieses Mal allerdings ein wenig leiser als am Vortag. Ein wenig …

Ob nun unbedingt die Nationalität daran schuld sein muss, dass die Jungs hier die Hostel-Rabauken markieren, stelle ich in Frage. Ich glaube es liegt vielmehr an ihrem jugendlichen Alter und der Tatsache, dass sie in einer Clique aus sieben Boys umherziehen und zu viel trinken, da sie offensichtlich einen Partyurlaub machen. Deutsche Kids wären wahrscheinlich ähnlich laut und chaotisch unterwegs …

Brno, 17. Juli – Ein Prosit auf das Wiedersehen

Als ich aufstehe, wirbelt Jaroslav schon umher und kümmert sich um einen neuen Schlüssel. Die Polizei hat wohl die ganze Nacht lang über seine Woh-nung sowie sein Auto gewacht. So konnte er wenigstens beruhigt schlafen. Zum Abschied wünsche ich ihm eine schnelle Lösung seines Problems und schon einmal eine tolle Zeit als Pilger auf dem Küstenweg.

Über den Dächern von Brno

Mit meinem Rucksack auf dem Rücken laufe ich zum Frühstücken Richtung Wenzelsplatz und genieße die letzte Zeit in Prag. Der Wenzelsplatz wirkt wie ein Boulevard, was wohl an seiner Länge von über 700 Metern liegen muss. Damit gehört er zu Europas größten Plätzen. Als bedeutendster politischer Versammlungsort der Republik war er Schauplatz großer Demonstrationen. Im Mittelalter und auch in der Neuzeit fand hier ein Pferdemarkt statt. Heutzutage ist der Platz bis spät in die Nacht eher von Menschen bevölkert. Besucher können entlangspazieren, essen, tanzen, sich in ein Straßencafé setzen oder die Kaufhäuser, Bars, Hotels und Geschäfte besuchen. Bereits an den vergangenen Abenden bin ich hier entlanggelaufen. Genauso wie in der Dunkelheit, beeindruckt mich der Ort auch bei Tageslicht mit seiner Größe. Wohler fühle ich mich generell in schmaleren Straßen. Egal, in welcher Stadt ich verweile: Meistens halte ich mich lieber in Gassen als auf riesigen Plätzen auf.

Zu Mittag gehe ich zum Bahnhof und steige in einen modernen Intercity mit Food- und Drink-Service. Von Ivana erhalte ich per SMS die Information, dass sie im Zentrum wohnt, wir uns dort treffen, meine Sachen in ihre Wohnung verfrachten und dann ausgehen. Es gibt viele Bars mit hervorragendem Bier, kündigt sie an. Ivana spricht fließend Englisch und ich freue mich auf die Zeit mit ihr. Vor drei Jahren auf dem Küstenweg habe ich sie als eine sehr gesellige, humorvolle Person erlebt, die händeringend Abstand von ihrem Job suchte. Aus ihren E-Mails weiß ich, dass sie etwas verändert hat. Ich bin gespannt, was sie berichtet.

Meine Zugfahrt von Prag nach Brno dauert nicht einmal drei Stunden, dennoch habe ich bereits nach einer Stunde Fahrt das Gefühl, intensiver in das Land vorzudringen. Die letzten deutschen Stimmen haben das Schienenfahrzeug verlassen und ich entkomme dem Touristenrummel. Die städtischen Ausläufer Prags sind kleineren Orten, die durch dichte Wälder und grüne Wiesenflächen voneinander getrennt sind, gewichen. Was kurz hinter der Hauptstadt noch ein breites Feld aus mehrspurigen Schienensträngen war, hat nun schmaleren Gleisanlagen Platz gemacht. Mir unbekannte Ortsnamen an ebenso fremdartigen Bahnhöfen rauschen vorbei. Während ich verträumt hinaussehe, blicke ich auf mein eigenes Gesicht, das sich im Glas des Fensters spiegelt. Es wirkt vollkommen gelöst und entspannt.

Eine Dreiviertelstunde vor meiner Ankunft prasselt sanfter Regen auf das Dach des Zuges, so als hätten die Tropfen Angst, etwas zu zerstören. Durch ein geöffnetes Zugfenster dringt der wohlige Duft des Regens. Das zarte Geräusch des Wassers auf dem Waggon erinnert mich an eine Regennacht im Zelt. Nur hier klingt es ein wenig blecherner, aber schön. Ich beobachte, wie sich die Feuchtigkeit in dünnen Schlieren auf dem Glas verteilt und blicke nach draußen. In meinem Bauch macht sich erneut vorfreudiges Kribbeln breit. Ich kann es kaum erwarten, einen weiteren neuen Ort zu entdecken.

Jaroslav hatte ein neidvolles Verhältnis zwischen den Pragern und der Bevölkerung in Brno angedeutet. Letztere leiden angeblich unter zu wenigen Besuchern, da alle immer nur nach Prag reisen. So hat die zweitgrößte Stadt Tschechiens weniger Chancen, ihre Sehenswürdigkeiten zu präsentieren. Weil Ivana mich erst heute Abend treffen kann, werde ich die Zeit nutzen, mir so viel wie möglich anzuschauen.

Gegen halb vier verlasse ich den belebten Bahnhof und erkundige mich bei einer Gruppe Teenager-Mädels nach dem Weg zu einer Touristeninformation. Zunächst lächeln sie scheu, bis eine von ihnen das Wort ergreift. Sie scheint die einzige zu sein, die ein wenig Englisch beherrscht. Nach Vokabeln ringend, erklärt sie mir, wie ich das gesuchte Ziel finde. Ihre Freundinnen kichern, aber sie setzt geduldig immer wieder zu einer Beschreibung an, bis sie das Gefühl hat, dass ich verstanden habe, was sie mir sagen will. Dankbar nicke ich und finde den Eingang zur Information tatsächlich sehr schnell. Dort erhalte ich einen Stadtplan und Informationsmaterial.

Ich laufe an Kirchen entlang, stoppe am Alten Rathaus. Es ist eines der bekanntesten und ältesten Gebäude und fungiert derzeit als Kultur- und Informationszentrum. Von einer überaus freundlichen Frau bekomme ich am Ticketschalter eine Eintrittskarte für die Besteigung des Rathausturmes. Oben angekommen, stelle ich fest, dass ich die einzige Besucherin bin. Die Stadt, auf die ich eine hervorragende Aussicht genieße, wirkt sehr schön. Viele gut erhaltene beziehungsweise sorgsam sanierte und prachtvolle Gebäude tun sich vor meinen Augen auf. Gemütliche Gassen mit Straßencafés und Restaurants laden zum Verweilen ein. Das wirklich sehenswerte historische Zentrum mit teils sehr alten Denkmälern und vielen Barock- und Renaissancebauten fesselt mich. Ich bleibe einige Zeit hier, aber an der Tatsache, dass ich den Turm für mich allein habe, ändert sich nichts. Liegt womöglich etwas Wahres in der Behauptung, dass alle Touristen immer nur nach Prag fahren? Ich jedenfalls genieße nach dem ganzen Hauptstadtrummel die Stille hier oben sehr.

Nach meinem Abstieg laufe ich zur St.-Peter-und-Paul-Kathedrale. Sie befindet sich auf dem Petrov-Hügel im Stadtzentrum und ihre Silhouette dominiert das Stadtbild. An den Grünflächen tummeln sich Erholungssuchende und auch ich streife mir die Wanderschuhe von den Füßen und lasse mich auf einer Bank mit weitem Blick auf Brno nieder. Einige Jugendliche tanzen zu schwungvoller Musik, die aus ihrer Stereoanlage ertönt. Eine Zeit lang lese ich in meinem elektronischen Roman und genieße den sonnigen, warmen Tag.

Als nächstes möchte ich mir das Měnín-Tor – das einzige erhaltene Tor des Brünner Wehrmauern-Systems – ansehen. Es wurde um 1500 erbaut und ursprünglich handelte es sich um einen vierstöckigen Turmbau.

Bei meinem Versuch, dorthin zu gelangen, muss ich einen Fehler gemacht haben. Nachdem ich schon sehr lange gelaufen bin, ohne mein Ziel zu sehen, werde ich stutzig. Weder das Tor noch irgendwelche Anhaltspunkte tauchen auf. An den Häuserwänden finde ich nur sehr selten Straßennamen, die mir bei der Orientierung helfen könnten. Ich spreche einige Passanten an, aber sie verstehen mich nicht. Wieder einmal spüre ich, wie sehr Sprache isolieren kann. Ich blicke wahrscheinlich schon sehr verloren drein, als ich eine Brauerei betrete. Ein kleiner Mann mit rundem Gesicht und leuchtend roter Nasenspitze bittet mich in das angrenzende Restaurant. Ich schüttele den Kopf, deute mit dem Zeigefinger auf den Stadtplan in meinen Händen, zucke mit den Schultern, zeige dann auf den Boden und tippe wieder auf den Plan.

Soll heißen: Wo bin ich hier? Auch uns verbindet keine gemeinsame Sprache, aber er hat meine Gestik verstanden und greift nach dem Papier in meiner Hand. Meine Augen werden immer größer, als ich sehe, wie er den Plan auffaltet. Ich bin offensichtlich ziemlich weit vom Stadtzentrum abgekommen. Nach langem Suchen entdeckt er die Straße, in der wir uns befinden. Wir treten gemeinsam vor die Tür und er weist mir die Richtung in die Innenstadt.

Ohne Umwege und auch ohne das Tor gesehen zu haben, laufe ich dorthin und warte – wie verabredet – auf dem Náměstí Svobody-Platz auf meine Pilgerfreundin Ivana. Diese kommt pünktlich und über das ganze Gesicht strahlend angeradelt. Ich erwidere ihr Lächeln. Sie steigt vom Fahrrad und wir umarmen einander herzlich. Dann gehen wir zu ihrem Wohnhaus, rumpeln mit einem antiken Fahrstuhl in die fünfte Etage und laden meinen Rucksack in der gemütlichen Ein-Raum-Wohnung mit alten Holzdielen ab.

Von der ersten Sekunde an plaudern wir ohne Punkt und Komma. Es ist, als hätten wir einander nie aus den Augen verloren und uns gerade erst gestern auf dem Küstenweg voneinander verabschiedet.

„Bist du schon wieder allein unterwegs?", will sie ein wenig besorgt von mir wissen.

Ich nicke. „Ja, momentan schon. Aber in wenigen Tagen treffe ich auf meine Freundin Cornelia und wir werden die weitere Reisezeit miteinander verbringen."

Ivana nickt zufrieden und fügt hinzu: „Allein zu pilgern ist sehr schön, denn dabei geht es ja irgendwie immer um die Auseinandersetzung mit sich selbst. Aber ohne Begleitung für sechs Wochen auf europäischen Bahnschienen zu gleiten, stelle ich mir doch recht ungesellig vor." Damit hat sie vollkommen Recht. Diese Gedanken sind mir auch schon gekommen. Ich bin zwar fast immer von Menschen umgeben, aber zu ihnen baut sich nicht so leicht eine Verbindung auf wie während einer Pilgerreise. Auf dem Jakobsweg sind viele Einzelgänger unterwegs, die neuen Kontakten gegenüber aufgeschlossen sind. Egal, ob ich allein sein wollte, um meinen Gedanken nachzuhängen, oder Gesellschaft suchte, der Jakobsweg hat mir immer das gegeben, was ich mir wünschte. Die Tour, die ich jetzt unternehme, könnte nach einer Weile doch ein wenig zu ruhig werden. Zwar sitze ich in Mehrpersonenabteilen, übernachte in Schlafsälen und kann auf diese Weise immer wieder Anschluss finden, aber die meisten Reisenden, die ich bisher beobachtet habe, sind in kleineren Gruppen, in Familie, mit Partnern oder der besten Freundin unterwegs. Mir geht es gut, ich habe bisher viel Spaß auf meiner Tour, aber ich freue mich schon sehr auf die Gesellschaft von Cornelia und bin mir sicher, in der gewohnten Zweierkombination wird die kommende Zeit noch aufregender.

Heute kann ich es erst einmal kaum erwarten, mit Ivana weiter zu plauschen und vor allem den geplanten Bier-Test durchzuführen. An einem lauen Abend auf dem nordspanischen Küstenweg schwor Ivana felsenfest darauf, das tschechische Bier wäre das beste der Welt, während ich natürlich meinen heißgeliebten Gerstensaft aus Germany verteidigte.

„Which beer is the best?" Wir werden es herausfinden und gehen in ein Restaurant, das traditionelle tschechische Speisen anbietet. Ich lasse mich von meiner sportlichen Freundin mit den kurzen, schwarzen Wuschelhaaren beraten und bestelle Knödel, Fleisch in milder Soße mit Sahne und Preiselbeeren. Dazu trinken wir ein großes, kaltes Pilsener Urquell. Ich muss tatsächlich zugeben, dass der Hopfencocktail hervorragend schmeckt und die Frage nach dem besseren Bierbrauer-Land wirklich schwer zu beantworten ist. Fakt ist, dass mir sowohl das alkoholfreie Prager Bier als auch das Getränk vor meiner Nase hervorragend munden. Wir müssen wohl noch ein wenig weitertesten, was wir auch vorhaben.

Nach dem Essen möchte ich gern die gesamte Restaurantrechnung begleichen, was meine Begleiterin leider vehement ablehnt. Ganz im Gegenteil. Sie lässt es sich nicht nehmen, auch für mich zu bezahlen. Jeglicher Protest läuft ins Leere. Irgendwann kapituliere ich und akzeptiere dankend – aber nicht ohne darauf zu bestehen, die nächste Bierrunde geben zu dürfen.

Ivana erzählt, dass sie ihren alten Job, mit dem sie so unzufrieden war, zwar nicht vollständig aufgegeben, aber immerhin das Projekt gewechselt hat und nun nur noch halbtags dort arbeitet. Nachmittags und abends ist sie als selbstständige Massagetherapeutin aktiv. Nach der Jakobswegreise hat sie eine entsprechende Ausbildung absolviert und genießt es gerade sehr, ihr eigenes Business aufzubauen. Da sie monatlich eine bestimmte Stundenanzahl in Festanstellung arbeitet, ist sie über ihren Arbeitgeber krankenversichert und muss dafür nicht selbst aufkommen. Die Investitionen für Massageliege, Gewerberaum und für Aus- und Fortbildung sind schließlich hoch genug für eine Neugründerin. Deshalb hat sie sich kürzlich wohnungstechnisch verkleinert und lebt nun in dem Apartment, das ich zuvor gesehen habe. Ein großer heller Raum stellt zugleich Wohn-, Schlafzimmer und Küche dar. Das Badezimmer mit Wanne und Waschmaschine befindet sich gegenüber ihrer Eingangstür. Ausreichend für eine Person – das sehen wir beide genauso. Ich erfahre, dass sie umgerechnet etwa 200 Euro Monatsmiete für den Privatwohnraum und 170 Euro für ihr Massagezimmer bezahlen muss. Auch wenn sie nun weniger Geld übrig hat als mit ihrer Vollzeitstelle, ist sie doch viel glücklicher. Das glaube ich ihr sofort. Sie wirkt ausgeglichener und strahlt mehr Zufriedenheit aus als noch vor drei Jahren. Damals hatte sie das Gespräch über ihre Arbeit schnell beendet und heute Abend erzählt sie sehr ausführlich und gern über das, was sie täglich macht.

Gemütlich schlendern wir durch das abendliche Brno. Die Luft ist warm, überall tummeln sich Menschen. Bars und Restaurants laden zum Sitzen in den gemütlichen Gassen ein. Das Flair dieses Ortes empfinde ich als sehr lebendig, spritzig und jung – was wohl auch daran liegt, dass Brno eine Universitätsstadt ist.

Wir machen es uns im Außenbereich einer Bar gemütlich und bestellen ein weiteres tschechisches Bier. Ob die Tschechen nun besonders trinkfest sind, vermag ich kaum zu beurteilen. Ivana und ich haben ein sehr ähnliches Tempo und Jaroslav habe ich eher als großen Weinschorlen-Genießer erlebt. Geschmacklich ist jedenfalls auch diese Biersorte großartig und begleitet unseren Abend bei Gesprächen übers Reisen.

Ivana ist ebensogern unterwegs wie ich und verspürt das dringende Bedürfnis, ihre damals aus Zeitgründen abgebrochene Wanderung auf dem Jakobsweg irgendwann abzuschließen. Neben all den Vorteilen und ihrer Liebe für das Entdecken der Welt stellt sich die 32-Jährige zurzeit aber immer öfter die Frage, wie befriedigend das Reisen für sie noch ist. Sie fragt mich, ob ich nicht das Bedürfnis verspüre, etwas schaffen zu wollen, für Nachhaltigkeit in meinem Leben zu sorgen. Dabei denkt sie an den Bau eines Hauses, die Geburt eines Kindes oder eine sinnstiftende karitative Tätigkeit. Ich lasse mir ihre Frage durch den Kopf gehen. „Momentan liebe ich mein Leben, so wie es ist", beginne ich. „Ich finde das Reisen mit dem Rucksack noch immer erfüllend. Allerdings sehe ich auch einen tieferen Sinn im Zusammensein mit meiner Familie, meinen Freunden und in der Ausübung meiner freiberuflichen Tätigkeiten. Ich weiß nicht, ob das Unterwegssein für mich die gleiche große Bedeutung hätte, wenn ich nach Hause käme an einen Ort, an dem mich nicht viel hält. Das ist glücklicherweise nicht so. Ich komme gern zurück und liebe den Alltag in meiner Heimat."

Ivana nickt und hört mir weiter neugierig zu.

„Während und nach einer Reise", fahre ich fort, „bekomme ich immer wieder einen Blick für das Wesentliche. Auch wenn ich gerade nicht unterwegs bin, zeige ich mich oft sehr denkbar für alles, was gut läuft. Mir ist klar, wie kostbar unser Dasein ist, aber hin und wieder gewinnen auch in meinem Leben Banalitäten die Oberhand. Dann zerbreche ich mir den Kopf über Kleinigkeiten – obwohl ich es eigentlich besser wissen müsste. Das wird mir auf einer Tour, bei der ich alles, was ich zum Leben brauche, auf dem Rücken trage, wieder bewusster. Allein das empfinde ich schon als sehr sinnvoll für mich. Ich verstehe aber, was dich beschäftigt." Ich nehme einen großen Schluck meines Bieres. „Vielleicht ist für mich das Reisen auch so wertvoll, weil ich mit meinen Büchern vielen Menschen davon erzählen kann. Ich bin in der sehr glücklichen Lage, einen Verlag zu haben, der meine Texte gern herausbringt und darf auf Lesungen und Präsentationen von meinen Erlebnissen berichten. Sicherlich ist es auch dieses Teilen von Erfahrungen, das mich mit so viel Freude erfüllt. Immer, wenn ich nach einer Tour an meinem Laptop sitze und aus meinen handschriftlichen Notizen ein neues Manuskript verfasse, geht es mir gut. Es fühlt sich an, als würde ich die jeweilige Reise ein zweites Mal unternehmen. Manche Dinge werden mir auch erst im Nachhinein so richtig bewusst …"

Ivana wirkt, als wenn sie versteht, was ich damit sagen möchte.

Ich füge an: „Mit meinen knapp 29 Jahren bin ich ja noch sehr jung. Möglicherweise ändere ich meine Meinung irgendwann auch komplett. Dann kann es sein, dass ich unbedingt Kinder bekommen und ein Haus bauen will. Aber momentan finde ich es sehr befreiend, in einer Mietwohnung zu leben, die ich jederzeit aufwandsfrei wieder verlassen könnte, wenn ich es wollte."

Daraufhin gibt Ivana sehr viele persönliche Angelegenheiten preis. „Von manchen Vorstellungen sollte man sich irgendwann im Leben einfach lösen. Das kann unglaublich befreiend sein", endet sie. Wir stoßen auf uns, den Abend, das Leben an. Hier zu sitzen, gesund und glücklich zu sein und eine Handvoll Kronen in der Hosentasche zu haben, ist nicht selbstverständlich und wert gefeiert zu werden.

Die laue Sommernacht animiert uns zu einem Spaziergang durch die Stadt. Beim Laufen philosophieren wir weiter über das Reisen und diskutieren, ob eine Frau es dabei schwerer hat als ein Mann. Ich bin der Meinung, dass Männer etwas sicherer unterwegs sind, dafür aber mehr Probleme haben könnten, beispielsweise per Anhalter voranzukommen. Während meiner

Islandreise haben mir einige Fahrerinnen versichert, dass sie für Jungs nicht gestoppt hätten, Cornelia und mich aber gerne mitnehmen. Ivana findet nicht unbedingt, dass es für uns Frauen gefährlicher ist zu reisen. Einer ihrer männlichen Bekannten war in Afrika unterwegs und gezwungen, per Anhalter voranzukommen, da es keine anderen Möglichkeiten gab. Ein Fahrer stoppte und nahm den jungen Mann mit. Sie legten Kilometer für Kilometer zurück, bis sie so weit im Nirgendwo waren, dass ein Zurückkommen ohne Kraftfahrzeug unmöglich war. Plötzlich stoppte der Fahrer, öffnete seine Hose und forderte seinen Beifahrer dazu auf, ihn oral zu befriedigen. Täte er dies nicht, würde er ihn an Ort und Stelle rausschmeißen. Der junge Mann hatte keine andere Wahl als dem nachzugehen. Ein Fortkommen von diesem abgelegenen Ort schien ihm aussichtslos.

Ivana selbst hatte in ihrem Leben bereits einige Begegnungen mit Exhibitionisten und fand es genauso wie ich erschreckend, dass sie vor drei Jahren auf dem Küstenweg am ersten Tag ihrer Wanderung auf einen masturbierenden Mann getroffen war. Ich hatte Wochen später eine ähnliche Erfahrung gemacht. Uns beiden ist damals nichts passiert und diesen negativen Begegnungen sollten wir auch nicht allzu viel Gewicht geben. Mit einer gewissen Portion Vorsicht, unterwegs zu sein, ist aber – gleichermaßen für Männer als auch für Frauen – ratsam. Eine tschechische Autorin hat da ihren ganz eigenen Weg gefunden, wie mir Ivana berichtet. Sie reiste zu Fuß und per Anhalter einmal quer durch Russland. Allein. Monatelang. Vor Unwetter, Bären und anderem Getier konnte sie sich kaum schützen, aber gegen sexhungrige Truckerfahrer und andere frauenliebende Männer hatte sie ihre Waffe: Vor der Tour schnitt sie sich die Haare bis auf wenige Millimeter ab, kaufte in einem Armeegeschäft einen unattraktiven Zweiteiler und studierte eine männliche Gangart ein. Glücklicherweise ist sie gesund und ohne Übergriffe zurückgekehrt. Ob das nun daran lag, dass sie tatsächlich für einen Mann gehalten wurde oder nur auf gute Menschen getroffen ist, wissen wir natürlich nicht. Ich finde es jedenfalls sehr bedauerlich, dass diese Frau überhaupt das Gefühl hatte, sich tarnen zu müssen, um nicht als reizvolles, hübsches Wesen erkannt zu werden.

Wir laufen auf einen Hügel, von dem aus wir das funkelnde Lichtermeer Brnos bestaunen. Unsere Blicke sind auf das beleuchtete Tal gerichtet. Wir stehen an einer Mauer und stützen uns mit den Armen auf dem warmen Gestein ab. Ich schaffe es, vollständig das Hier und Jetzt zu genießen, und möchte gerade an keinem anderen Ort der Welt sein.

Ivana weiß bereits, dass ihr noch ein kleines Interview mit mir bevorsteht, und grübelt. „Was ist typisch tschechisch? Hm. Ich bin die Tochter slowakischer Eltern, fühle mich aber als Tschechin, da ich hier aufgewachsen bin. Aufgrund meiner biologischen Herkunft kann ich dir einen Vergleich zwischen Slowaken und Tschechen liefern."

Ich nicke interessiert.

„Die Tschechen geben sich irgendwie freier und leben selbstbestimmter als die Slowaken. Letztere verhalten sich immer sehr regelkonform und fügen sich leichter. Aus diesem Grund gelten sie hier als die besseren Angestellten. Du gibst ihnen eine Aufgabe und sie wird ausgeführt. Das erspart so manchem Unternehmer die Auseinandersetzung mit dem Sinngehalt eines Arbeitsauftrags. Ansonsten denke ich, dass Tschechen heutzutage sehr viel reisen – vor allem die jüngere Generation. Ja, das finde ich typisch. Und über das Bier haben wir ja schon gesprochen", beendet Ivana lächelnd.

„Danke. Was denkst du ist typisch deutsch?", will ich noch von ihr wissen.

„Ich bin in der Nähe der deutschen Grenze aufgewachsen und meine erste Assoziation mit Deutschland ergibt sich aus meinen Kindheitserinnerungen. Ich weiß noch genau, wie immer viele ältere deutsche Frauen in unsere Stadt kamen, um preiswert einzukaufen. So hatte ich schon früh Kontakt mit dem Klang der deutschen Sprache. Ehrlich gesagt höre ich sie nicht so gern. Ich finde, sie klingt hart. Hinzu kam, dass ich nie verstanden habe, weshalb auf den Beschilderungen meiner Stadt vieles zuoberst auf Deutsch notiert war und darunter erst in meiner Sprache. Das wollte mir als Kind so gar nicht in den Kopf. Heute fällt mir zu deinem Land noch ein, dass ihr sehr hohe Qualität abliefert, gute und zuverlässige Arbeit leistet. Allerdings sind Deutsche in meinen Augen etwas emotionslos und verschlossen. Es ist fast schon bemerkenswert, wie gut ihr eure Gefühle kontrollieren könnt. Eine Bekannte von mir hatte einmal einen deutschen Freund und was auch immer sie ihm antat, er ließ sich nicht in seine Gefühlskarten schauen. Aber du bist anders", fügt sie an. „Die Art, wie wir miteinander umgehen, und das, was ich von dir kenne, entspricht so gar nicht dem gerade beschriebenen Bild", endet Ivana.

Ich fasse das als Kompliment auf und bedanke mich für ihre Offenheit. Stimmt das? Bin ich emotional die deutsche Ausnahme? Nein, das glaube ich nicht. In meinem Umfeld leben viele, die bereitwillig auf neue Menschen zugehen und temperamentvoll sind, sogar mehr als ich. Dennoch habe ich eine Idee, warum dieser Eindruck bei Ivana entstanden sein könnte. Anders als beispielsweise US-Amerikaner und Kanadier gehen wir Deutschen vielleicht nicht so offensiv auf unbekannte Menschen zu. Wir kommen, vor einem Kino wartend, nicht allzu schnell mit einem Fremden ins Gespräch, laden seltener jemanden, den wir nur über Dritte kennen, in unser Haus ein. Das sind Dinge, die mir in den Staaten und Kanada durchaus passiert sind. Allerdings sind manche dieser Kontakte so schnell, wie sie kamen, auch wieder verschwunden.

Wenn ich in meiner Heimat einmal einen angenehmen Kontakt zu einem ausländischen Gast gehabt habe, dann treffe ich mich auch öfter mit dieser Person und lasse die Verbindung nach einer lustigen Feier nicht gleich wieder im Sande verlaufen. Möglicherweise ist es manchmal schwerer an uns Deutsche heranzukommen, aber wenn ein Draht erst einmal aufgewärmt ist, so erkaltet er vielleicht nicht ganz so schnell wie anderswo …

Irgendwie hat es etwas Magisches, so lange vor dieser Kulisse zu stehen. Die Nachtluft ist noch immer sehr warm und wir beobachten auf unserem langsamen Rückweg einen Igel, dessen englische Bezeichnung uns beiden einfach nicht einfallen will. Bevor ich hierher kam, hatte ich noch keine Vorstellung davon, wie die Zeit mit Ivana verlaufen würde. Wir sahen uns vor drei Jahren das letzte Mal. Dazwischen schrieben wir uns, wenn überhaupt, nur eine Handvoll E-Mails und dennoch fühlt es sich an, als hätte ich hier eine langjährige Freundin wiedergetroffen. Es erscheint mir sogar, dass unsere Beziehung noch besser ist, als sie es auf dem Jakobsweg gewesen war. Unsere Gesprächsthemen sind heute um ein Vielfaches persönlicher als noch vor drei Jahren.

Ich liege auf einer Luftmatratze in Ivanas Zimmer. Sie schaltet das Licht aus und wir fallen in einen tiefen Schlaf.

Am Morgen des 18. Juli begleitet mich Ivana nach dem Frühstück noch zum Frisör und erklärt der Hairstylistin in ihrer Landessprache ganz genau, welche Spitzen wie bei mir nachgeschnitten werden sollen. Für umgerechnet 15 Euro werde ich eine Kopfwäsche und den gewünschten Schnitt erhalten. Ivana verschwindet für die verabredete Zeit von einer Dreiviertelstunde in ihrer Wohnung. Ich genieße die Herausforderung, mit meiner Haarkünstlerin, die kein einziges Wort Englisch spricht, mit Händen und Füßen zu kommunizieren. Wir lächeln einander an, wenn es uns gelungen ist, einen Konsens in Punkto Wasser- und Föntemperatur, Sitzplatz und Haarlänge zu finden. Am Ende bin ich mit dem Ergebnis sehr zufrieden und werde pünktlich von Ivana wieder abgeholt.

Mit dem Argument, dass ich meine letzten Kronen loswerden muss, darf ich sie noch auf einen Kaffee einladen. Dann erst verabschiedet sie sich und radelt in ihr Büro. Ich laufe zum Bahnhof mit dem Ziel, heute nach Österreich zu reisen. Ich will ein neues Land entdecken, auch wenn ich gern noch länger in Tschechien geblieben wäre. Nicht unbedingt länger in Prag, vielleicht auch nur noch einen weiteren Tag in Brno, aber sehr gern einige Zeit in kleineren Orten oder mitten auf dem Lande. Wenn viele nur ein bisschen so sind wie die Einheimischen, die ich in der kurzen Zeit erleben durfte, lohnt es sich wiederzukommen.

FAZIT: MEIN TSCHECHIEN

Knödel, Bier und Oblaten. All diese Köstlichkeiten seien typisch und besonders lecker, wie ich vor meiner Einreise recherchierte. Ich kann nicht klagen: Jegliches Bier, das ich probierte, und auch mein herzhaftes Knödel-Essen in Brno machten meinen Gaumen wunschlos glücklich. Leider kreuzten Oblaten meinen Essenstisch nicht. Von früheren Kostproben eines tschechischen Arbeitskollegen weiß ich aber, wie gut auch diese schmecken. Die Frage, in welchem Land das Bier besser ist, haben Ivana und ich nach dem einen oder anderen Glas vollkommen vergessen weiter zu erörtern …

Ich bin weder dem singenden Karel Gott noch der Biene Maja persönlich begegnet. Gern hätte ich sie gefragt, wie tschechisch sie ihren eigenen Titelsong findet.

In Brno gab es tatsächlich bedeutend weniger Touristen als in Prag und ich glaube schon, dass ein Großteil der Besucher in der Hauptstadt hängenbleibt und so charmanten Städten wie Brno keinen Besuch abstattet. Ich selbst war zwar nur an zwei tschechischen Orten zu Gast – allerdings in Städten, in denen ich mich sehr wohlgefühlt habe und die zweifellos sehenswert sind. Neben außergewöhnlichen Bauwerken, ruhigen Parks und charmanten Nebenstraßen hat mich der Kontakt zu Jaroslav und Ivana am meisten berührt.

Was das Preisniveau angeht, ist mir klar, dass ich in Deutschland für 15 Euro beim Frisör nicht viel mehr als einen Ponyschnitt erhalten hätte. Ein herzhaftes Gericht für sechs Euro, wie ich es in Brno genoss, wäre bei uns sicherlich auch teurer gewesen. In der Summe habe ich, vor allem abseits der Hauptstadttore, sicherlich ein wenig preiswerter gelebt als in Deutschland. Lebenshaltungskosten hin oder her. Von Einheimischen, wie Jaroslav und Ivana, eingeladen zu werden, ist für mich an dieser Stelle noch einmal eine deutliche Erwähnung wert. Beide wirkten auf mich nicht, als wenn sie überdurchschnittlich viel Geld verdienen. Dennoch haben sie es sich nicht nehmen lassen, Getränke sowie Essen zu spendieren, und was Ivana betrifft, mir sogar Unterschlupf für die Nacht zu schenken.

Alles in allem habe ich das Volk als ein sehr freundliches erlebt und finde es bemerkenswert, wie Menschen mit geringen Englischkenntnissen keine Mühe scheuten, mir weiterzuhelfen. Selbst wenn ich es ganz spannend fand, mich teilweise nur mit Händen und Füßen verständigen zu können, so nehme ich mir für die nächste Tour vor, die Landessprache zumindest ein wenig zu beherrschen.

Interessant waren auch meine Interviews mit Jaroslav und Ivana. Das, was ich von ihnen über die Tschechen erfuhr, war mir neu. Als es um Deutschland ging, hat Jaroslav ziemlich viel von dem aufgegriffen, was mir als typisch deutsch bekannt war. Darin, dass Deutsche zuverlässige Arbeit abliefern, waren sich beide einig.

So unterschiedlich ihre Auffassung über ihr eigenes Volk und uns Deutsche auch sein mag, so eins waren sie sich in ihrer Herzlichkeit und Gastfreundschaft mir gegenüber.

ZWEITE STATION ÖSTERREICH
Berge, Apfelstrudel und Kaiserschmarrn

Seit Langem möchte ich Wien besuchen, plane eine weitere Jakobswegbekanntschaft – Amanda aus Linz – wieder zu treffen und habe vor, durch Graz zu bummeln. Außerdem esse ich unglaublich gern Kaiserschmarrn, Germknödel und Apfelstrudel. Ich bemerke, dass mir zu Österreich, wie es ja auch bei Tschechien der Fall war, zunächst die kulinarischen Merkmale dieses Landes in den Sinn kommen. Dazu gehören außerdem Mozartkugeln und das Wiener Schnitzel.

Angeblich sind die Österreicher etwas langsamer und gemütlicher als wir Deutschen unterwegs und können alle jodeln. Viele meiner Landsleute schätzen das Land als Ski-Paradies und verbringen gern ihre Winterurlaube dort. Ob es in Österreich überall Kühe gibt? Ich weiß es nicht, stoße bei meiner Recherche aber auf diese Behauptung.

Wien, 18. Juli – Geigenmusik und Augencreme

Während meiner Zugfahrt von Brno nach Wien schließe ich Bekanntschaft mit einer Russin, die bis vor kurzem einen Studentenjob als Helferin bei einem Nürnberger Festival ausgeübt hat. Seit Beendigung ihrer Arbeit war sie je einen Tag in Berlin und Prag zu Besuch und wird die nächsten eineinhalb Tage in Wien verbringen, bevor sie nach Russland zurückkehrt. Ihr Rucksack ist um ein Vielfaches schwerer als meiner, was vor allem daran liegt, dass sie für ihre Freunde literweise deutsches Bier gekauft hat. Sie selbst trinkt keinen Alkohol.

Ein wenig hektisch drückt sie auf dem Display ihres Smartphones herum und telefoniert mehrmals mit jemandem. Irgendwann bekomme ich mit, dass sie den Weg zu ihrer Pension in Wien ausfindig machen will. Da ihr Telefon offline ist, muss ihr Freund von Russland aus immer wieder googeln und weiterhelfen. Als der Schaffner kommt, zeigt sie ihm die Adresse ihrer Unterkunft. Ich klinke mich auf Deutsch in das Gespräch ein und erfahre, dass es für sie und ebenso für mich günstig ist, in Wien Simmering auszusteigen. Das tun wir auch. Ich merke, wieviel leichter ich es habe, weil ich die Landessprache beherrsche. Es ist das glatte Gegengefühl von dem, das ich noch einige Stunden zuvor in Tschechien spürte.

Von Brno trennen mich nun lediglich 146 Schienenkilometer und trotzdem glaube ich, dass hier vieles so ganz anders ist. Dabei denke ich nicht nur an die Sprache, sondern auch an Kultur, Geschichte, Lebensstil der Menschen, die Art der Gebäude … Aber genau das gefällt mir an Europa. Auf kurzer Strecke erlebe ich lebendigen Geschichtsunterricht, eine informative Geografiestunde, eine Einführung in Sozialkunde. Als ich für einige Monate in Kanada studierte und lebte, traf ich auf viele Nordamerikaner, die schwärmten: „Europa ist interessant, so vielfältig, ihr könnt in kürzester Zeit so viel Diversität erleben." Die Kanadier haben ein ganz anderes Gefühl für Distanzen als wir Europäer. Logisch, ihr Land besticht ja auch mit einer immensen Größe. Noch einige Zeit nach meiner Rückkehr empfand ich es als Katzensprung, mal eben einen Wochenendtrip ins tiefste Bayern zu unternehmen.

Gemeinsam mit der Russin verlasse ich den Zug. Wir kaufen uns ein U-Bahn-Ticket und ich erfrage für sie den kürzesten Weg zu ihrer Pension. Ein Stück legen wir mit der gleichen Linie zurück, bis ich mich einige Stationen vor ihrem Umstieg verabschiede.

Gegen 14:00 Uhr erreiche ich das größte Hostel, in dem ich je war: Das A&O in der Sonnwendgasse Nummer elf. Um 15:00 Uhr beziehe ich, gemeinsam mit zwei jungen Männern aus der Türkei, das extrem saubere Sechsbettzimmer mit WC und Dusche. Diese Unterkunft habe ich mir schon am heimischen Schreibtisch herausgesucht – ebenso wie die Herberge von Jaroslav. In all den anderen Orten, die ich in den folgenden Wochen besuchen werde, habe ich noch keine Reservierungen. Zusammen mit Cornelia werde ich sicherlich viele interessante Nachtlager entdecken – vor allem eben weil wir noch nichts gebucht haben und uns von Einheimischen beraten lassen können oder einfach unserem Bauchgefühl folgen werden. Das hat uns noch nie enttäuscht.

Ich mache mich ein wenig frisch, stopfe Kamera, Wasserflasche und eine dünne Jacke in meine Schlafsackhülle, die mir ein treues Handtäschchen geworden ist, und bin innerhalb von gut dreißig Minuten in die Wiener Innenstadt. Durch die Straßen bummelnd, merke ich schnell, dass dieser Ort mich verzaubert. Massige und reich verzierte Gebäude ruhen in den Straßen. Üppige Plätze geben viel Raum zum Atmen, während schmalere Gassen zu einem Spaziergang einladen, bei dem ich das Gefühl habe, ganz für mich zu sein. Bereitwillig lasse ich mich von Häuserschluchten verschlucken. Belebte

Willkommen in Wien!

Fußgängerzonen, in denen teure Geschäfte zum tiefen Griff in das Portemonnaie einladen, stehen in interessantem Kontrast zu engen, kopfsteingepflasterten Durchgängen. An manchem Bauwerk vernehme ich ein Flüstern. Es hört sich an, als würden die Häuser sagen: „Hier bin ich. Ich stehe seit vielen, vielen Jahren an dieser Stelle und gehe nicht mehr weg." Die Stadt ist prunkvoll und versprüht einen Charme, der mir gefällt.

In einem Straßencafé trinke ich eine große Holundersaftschorle und beobachte die vorbeischreitenden Menschen. Hinter mir gibt eine Violinistin Songs wie Memory – das sicherlich bekannteste Lied aus dem Musical Cats von Andrew Lloyd Webber – zum Besten. In der momentanen Situation fällt es meinem gelben Notizbuch schwer, mich für sich zu begeistern. Ich kann mich kaum auf das Verfassen dieser Zeilen konzentrieren. Ständig muss ich aufschauen, mich zurücklehnen, den Geigenklängen lauschen. Eigentlich fühle ich mich in Städten, die es auch ohne Prunk, Pracht und Platin schaffen, eine wohlige Atmosphäre zu erzeugen, am wohlsten. Hier muss ich zwar zugeben, dass ich mir in meinen grauen Outdoor-Shorts und dem leichten Merino-Shirt etwas underdressed vorkomme, aber trotzdem: Irgendetwas hat diese Stadt, das mich fesselt.

Mit meiner Meinung, kleidungstechnisch nicht so richtig hierher zu passen, bin ich offensichtlich allein, wie die folgende Begebenheit zeigt: Auf meinem weiteren Weg durch das Zentrum, an Schaufenstern mit Mozartkugeln und Schnitzelhäusern vorbei, werde ich nämlich angesprochen. Eine schlanke, sorgfältig geschminkte, junge Frau tritt aus ihrem Beauty-Salon, als ich unmittelbar daran vorbeilaufe. Bevor ich Luft holen kann, um die Worte „Rucksack-Touristin und Camping" zwischen meinen Lippen hervorzupressen, hat die Dame auch schon meine rechte Hand zwischen ihren schlanken Fingern und beginnt damit, den Nagel meines Ringfingers einzucremen, zu polieren, abzufeilen. Währenddessen erläutert sie mir auf Englisch – Deutsch spricht sie nicht – wie wichtig Nagelpflege und wie hervorragend die Wirkung ihrer Produkte ist. Mein Nagel glänzt wie ein geschliffener Diamant, als es mir endlich gelingt, das Wort zu ergreifen und ihr zu erklären, dass ich ein Outdoor-Mädchen mit knapp kalkuliertem Gepäck bin. Sie stellt die große Schachtel mit den Pflegemittelchen, die es natürlich nur heute zum Sonderpreis gibt, zurück ins Regal und lauscht meinen Reiseplänen mit großer Begeisterung. „Wo ist dein Rucksack?", will sie neugierig wissen.

„Zur Zeit in meiner Unterkunft. Ich bleibe für einige Tag hier in Wien, dann geht es weiter nach Slowenien und dort werde ich zelten." Ihre Augen werden immer riesiger und sie nickt anerkennend – so als würde ich etwas ganz Großes vollbringen. Dass ich hierbei kein Beauty-Set brauche, versteht sie. Sie greift nach einer kleinen Creme-Packung und drückt mir diese zum Abschied in die Hand.

Vor der Tür begutachte ich das Geschenk. „Augencreme" steht darauf. Was will sie mir damit sagen? Vermutlich ist Camping für sie gleichbedeutend mit Schlafmangel …

Bevor ich heute Nacht meinen E-Book-Reader ausschalte und in einen Traum aus Geigenmusik und Mozartkugeln falle, unterhalte ich mich noch einige Zeit mit meinen Mitbewohnern aus der Türkei, den USA und Taiwan. Sie alle sind Europareisende, die mehr als nur ein Land auf ihrem Reiseplan haben.

Wien, 19. Juli – Besuch bei Sigmund Freud

Ich sitze in einem Hop-On-Hop-Off-Bus und atme die bezaubernde Atmosphäre Wiens tief ein. Immer, wenn gerade keine Erläuterungen zu Stadt, Geschichte und Sehenswürdigkeiten durch meine Kopfhörer schallen, erklingt klassische Musik von Mozart, Haydn und Beethoven. Mein Ticket gilt für zwei Tage und ich habe mich für einen Pass entschieden, mit dem ich alle vier Touren fahren darf. Das schließt die rote Route ein, die entlang der Ringstraße an Sehenswürdigkeiten wie der Staatsoper, der Hofburg, dem Parlament und dem Burgtheater vorbeiführt. Mit der blauen Linie, der Donauroute, entdecke ich das Hundertwasserhaus, den Prater mit seinem Riesenrad und den Donauturm. Während meiner Tour mit der gelben Linie sehe ich das Schloss Schönbrunn, den Naschmarkt, das Heeresgeschichtliche Museum sowie das Schloss Belvedere. Die grüne Tour führt mich – wie der Name schon sagt – in die gleichfarbige Umgebung von Wien, in das charmante Weindorf Grinzing. Vom Kahlenberg aus habe ich eine weite Sicht über die Stadt. So viele Informationen wie möglich versuche ich aufzusaugen und abzuspeichern.

Besonders das Sigmund Freud Museum interessiert mich als begeisterte Hobbypsychologin. Innerhalb der ehemaligen Praxis und Wohnung bietet das Museum eine Ausstellung zur Geschichte der Psychoanalyse und zum Leben Sigmund Freuds. Es befindet sich in der Berggasse 19 im neunten Wiener Gemeindebezirk. Hier hat Freud von 1891 bis 1938 gelebt und gearbeitet. In den Räumen, in denen er 47 Jahre lang wohnte und den Großteil seiner Schriften verfasste, ist nun eine Dokumentation zu seinem Leben und

Werk zu sehen. Ich habe Glück, denn das Thema der aktuellen Sonderausstellung interessiert mich brennend. Es lautet: „Freuds Reisen. Kulturelles Erfahren – psychoanalytisches Denken". Sie zeigt seine zahlreichen Fahrten, die er sowohl privat als auch beruflich unternahm. Die Ausstellung hat es sich, neben der Darstellung des Reisens als Erholungs- und Genusserlebnis, zur Aufgabe gemacht, auch die Bedeutung für Freuds theoretische Arbeit zu untersuchen und eröffnet damit völlig neue Blickwinkel auf seine Urlaubs- und Arbeitsreisen. Fasziniert stehe ich vor seinem mächtigen Reisekoffer, der so groß ist, dass selbst ich darin Platz gefunden hätte.

Es ist schon erstaunlich, wie sehr sich die Art zu reisen im Laufe der Jahre gewandelt hat. Die Kleidung und Ausrüstung, mit der damals Expeditionen unternommen wurden, hat nur noch wenig gemeinsam mit dem Hochleistungsmaterial, das wir heute an unseren Körpern tragen. Alles wird immer leichter, wasserdichter und atmungsaktiver. Nicht nur das Equipment ist ein anderes, sondern auch die Möglichkeiten, von A nach B zu kommen, haben sich stark verändert. Reiste man früher mit Dampflok und Schiff umher, steigen wir heute zu Dumpingpreisen in ein Flugzeug und sind Stunden später auf einem anderen Kontinent. Und wenn wir dann Heimweh haben, schalten wir unseren Laptop ein und verbinden uns via Videochat mit den Daheimgebliebenen. Benötigen wir eine Information, dann tippen wir das Gesuchte in ein Smartphone, halten es mit ausgestreckten Armen vor unsere Nase und laufen gemäß der Route, die Google Maps uns vorschlägt. Zwischendurch scannen wir noch eine Gebäudefassade und konsumieren die Informationen, die uns daraufhin angezeigt werden. Diese Entwicklung ist beeindruckend und die Geschwindigkeit, mit der sie sich vollzieht, bewundernswert. Nach wie vor bin ich der Meinung, dass vieles davon hilfreich und gut ist, aber nicht immer zu jeder Zeit Anwendung finden muss. Was meine Ausrüstung und Reisebekleidung angeht, investiere ich gern in hochwertige Produkte und liebe die Tatsache, dass es Socken und Shirts gibt, die einfach nicht nach Schweiß riechen, auch wenn ich sie über Tage, teilweise Wochen trage, ohne sie einem Waschgang zu unterziehen. Ich finde es komfortabel, in einem Zelt zu liegen, das sehr lange sehr wasserdicht ist, und mag die Möglichkeit, mit leichtem Gepäck auf dem Rücken umherziehen zu können.

Während meiner Touren bin ich auf Sparflamme unterwegs. Ich kaufe mein Essen im Supermarkt, so wie zuhause auch, nächtige im Zelt oder im Mehrbettzimmer und erschließe mir vieles zu Fuß, per Anhalter oder gern auch in öffentlichen Verkehrsmitteln, mit denen auch alle Einheimischen unterwegs sind. Diese Form zu reisen, eröffnet mir einerseits die Möglichkeit, ein Land intensiv kennenzulernen und schont andererseits meinen Geldbeutel. Auf die Frage, wie ich meine Leidenschaft bezahle, gebe ich gern eine Antwort: Ich bin weder reich, noch profitiere ich von wohlhabenden Eltern, die mir meine Touren finanzieren. Das Geld, das andere Menschen in meinem Alter vielleicht für Kleidung, Technik und Wohnungseinrichtung ausgeben, landet bei mir ganz einfach in der Reisekasse. Ich bin Freiberuflerin und versuche so viele Aufträge wie möglich anzunehmen, um das Sparbuch aufzupolieren. In den letzten zwei Jahren unternahm ich keine allzu langen Touren, sodass mein Konto auch nicht extrem strapaziert wurde. Für diese Fahrt hatte ich somit den nötigen Puffer, einfach loszuziehen. Mein Geburtstag ist im Sommer – eine glückliche Fügung, die meine Familie gern dazu nutzt, mir ein Geschenk in Form von Kontofutter zu machen. Ja, und wenn ich dann unterwegs bin, habe ich meine Ausgaben einfach im Blick. Anstrengend, einschränkend oder lohnt sich nicht? Das sehe ich nicht so. Gerade weil ich mit niedrigem Budget haushalten muss, erlebe ich die spannendsten Dinge. Wenn ich auf die letzten Jahre, die verschiedensten Reisen zurückblicke, stelle ich fest, dass ich viele Menschen gar nicht erst kennengelernt hätte, wenn ich mit dem Mietwagen gefahren oder im Hotel geschlafen hätte. Natürlich werde ich im weiteren Verlauf dieser Tour nicht auf jeden Cent schauen. Dafür bin ich viel zu sehr eine Genussperson, die gern etwas Tolles zu Essen kauft, mit Reisefreunden auch einmal ein Bier trinken geht und bereitwillig Geld fürs Museum ausgibt. Außerdem lassen sich manche Ziele nur mit Geld realisieren. Alles in allem, denke ich, habe ich ein sehr gesundes Gleichgewicht zwischen finanzieller Freizügigkeit und Sparsamkeit gefunden.

Apropos Ausgehen mit netten Menschen: In der Hostelbar gönne ich mir heute noch einen hervorragenden Eistee, plaudere mit der Amerikanerin aus meinem Zimmer und komme mit dem Rezeptionsmitarbeiter Stefan ins Gespräch. Der Mittzwanziger ist Österreicher, was nicht zu überhören ist. Ich habe meine Mühe, ihn überhaupt zu verstehen. Auf meine Frage, was denn typisch für sein Land sei, erzählt er mir, dass dies stark von der Region abhinge. In der Stadt Wien sei es die Kaffeehauskultur, zu Salzburg gehören die Mozartkugeln, zur Steiermark der Schmarrn. Die Abweichung seiner Aussprache vom Hochdeutschen ist ihm sehr wohl bewusst. Das ist für ihn eine weitere Besonderheit. Er findet, dass die Österreicher ein gemütliches und entspanntes Völkchen sind. Sein Land sei keinesfalls zu verwechseln mit Australia – auch wenn die englische Bezeichnung Austria dieses Missverständnis durchaus fördert. Mittlerweile ist das zu einem Gag avanciert, der mit dem Slogan „No Kangaroos in Austria" erfolgreich vermarktet wird. Zudem ist er der Meinung, dass Österreicher viel und gerne Bier trinken.

Das ist für mich die perfekte Überleitung zu Deutschland. „Welches Bild kommt dir in den Kopf, wenn du Deutschland hörst?", lautet meine nächste Frage an Stefan.

„Ihr seid irgendwie härter, auch auf eure Aussprache trifft dies zu. Ihr nehmt vieles sehr genau und lebt nicht so locker und entspannt wie wir. Dennoch komme ich mit Deutschen sehr gut aus, es sind oft die nettesten Gäste. Sowieso", er unterbricht kurz seine Ausführungen, „kommt es doch darauf an, dass man einander sympathisch findet – egal aus welchem Land und mit welchem Ruf jemand anreist."

Diese Einstellung gefällt mir, weil sie sich mit meinen eigenen Ansichten deckt.

Wien, 20. Juli – Wiener Kontraste

Gegen neun Uhr werde ich von meinem Wecker zum Aufstehen ermuntert. Weil heute Sonntag ist, gönne ich mir ein Frühstück in einem Café mit Terrasse. Hier erfahre ich, dass ich – um einen „normalen Kaffee", wie ich ihn bezeichne, zu erhalten – einen „Verlängerten" bestellen muss. Espresso plus Wasser = Verlängerter. Wieder etwas gelernt.

Zum Glück habe ich mich gut gestärkt, denn auf diese Weise kann ich den Schreck, der mir wenig später an einer kleinen Straßenkreuzung eingejagt wird, gut verkraften: Ein weiblicher Althippie überquert vor mir einen schmalen Zebrastreifen. Sie hat langes zotteliges Haar, ein faltiges Gesicht und leidet offensichtlich unter Verfolgungswahn. Ich bin nur zwei Schritte von ihr und dem Bürgersteig entfernt, als sie sich urplötzlich umdreht, ihr Gesicht zu einer wütenden Fratze verzieht und mich mit den Worten „Warum folgst du mir?" anbrüllt. Ich beschließe nicht darauf zu antworten und laufe eine Straße eher als geplant in Richtung Innenstadt. Erst bin ich noch ein wenig erschrocken, dann muss ich kurz lachen und letztendlich empfinde ich Mitleid für sie. Es ist sicherlich belastend, so ängstlich zu sein, dass man sich vor einer 168-Zentimeter-Blondine mit Brille auf der Nase und Schlafsackhülle auf dem Rücken fürchtet.

Den Sonntag verbringe ich mit weiteren Erkundungstouren und fahre in Bezirke, die ich am Vortrag nur auf einen flüchtigen ersten Blick wahrgenom-

men habe. Ich steige aus, wo es mir gefällt. Auch dem Prater, einem sehr weitläufigen Areal, das Bekanntheit als Vergnügungspark erlangt hat, statte ich
einen Besuch ab. Hier ist heute Harley-Davidson-Treffen, weshalb aggressive
Rockmusik von einer Bühne ertönt, an jedem Baum eine massige Maschine
lehnt und viel Leder auf zwei Beinen unterwegs ist. Auf den Wiesen liegt
haufenweise Müll herum. Schnell verlasse ich diesen Ort wieder, weil er so
gar nicht in das Bild passt, welches ich von Wien gewonnen habe und so sehr
genieße.

Viel lieber verweile ich am Rande einer Gasse und lasse mich von Geigenklängen einhüllen. Eine Violinistin entführt mich in die Welt meiner eigenen
Fantasie. Ich schließe die Augen und sehe sanfte Hügel, blühende Blumen
und einen Vogel, der leise durch die Lüfte gleitet. Die Sonne scheint, wärmt
mein Gesicht. Der Blick reicht bis zum Horizont. Die Türme eines Schlosses
ragen in den Himmel. Ein warmer Wind weht, Grashalme wiegen sich zur
Melodie. Helles Licht flutet die Landschaft. Ich bin noch ganz in Gedanken,
als das Stück endet und meinen Geist in die Gegenwart zurückholt. Ich vernehme den Applaus der anderen Zuhörer und öffne meine Augen. Einige
Zeit bleibe ich schweigend stehen, gehe dann langsam weiter und setze meine
Fahrt im Bus fort. Als ich zu noch mehr klassischer Musik durch die Straßen
kutschiert werde, stelle ich fest: Wien ist nicht cool. Wien ist auch nicht fancy,
abgefahren und alternativ. Wien ist ebenso wenig rockig. Wien ist einfach
nur schön.

Linz, 21. Juli – Kaffeekränzchen mit der Pilgerfreundin

„Wien ist eine Bonzen-Stadt." Amanda sitzt vor mir, rührt in ihrem Getränk
und grinst. Ich befinde mich in einem Linzer Café und plaudere mit meiner
österreichischen Pilgerfreundin über Charakteristika und Typisches. Doch
von vorn …

Ich verlasse das Wiener Hostel und warte an einer Haltestelle auf meine
Straßenbahn. Plötzlich klingelt mein alter Fernsprechapparat. Ich bekomme
einen wichtigen Anruf und bin noch in das Gespräch vertieft, als die Tram
einfährt. Nach dem Einsteigen halte ich zielstrebig Ausschau nach einem
freien Sitz und nehme zeitgleich mit und zwischen einer beleibten Großfa-
milie Platz. Meinen Rucksack trage ich noch auf dem Rücken, was meine
Bewegungsfreiheit nicht gerade fördert. Ein Dunst aus Schweiß, kaltem

Dreifaltigkeitssäule in Linz

Rauch und ungewaschener Kleidung steigt mir in die Nase. Der fleischige Oberarm – er gehört einem Teenagerjungen im Sporttrikot – kuschelt sich an meine vergleichsweise abgemagerte Schulter. Ich überlege, unter welchem Vorwand ich entkommen könnte. Da mein Telefongespräch inhaltlich gerade auf Hochtouren läuft und ich beide Hände benötigen würde, um mich aus meiner beengten Positionen zu befreien, harre ich weiter aus. In der Sekunde, in der ich auflege, werde ich auch gleich in ein Gespräch verwickelt. Der voluminöse Familienvater eröffnet unseren Plausch mit einigen Informationen über den Ausbau des Wiener Hauptbahnhofes. Dann erzählt er mir stolz von seiner erst kürzlich genehmigten Frührente und davon, dass er, seine Frau und Kinder gerade auf dem Weg zu einem Familien-Programm sind, für das sie nichts bezahlen müssen. Ich verstehe nur etwa 70 Prozent von dem, was er ohne Punkt und Komma zu berichten weiß – so abenteuerlich hört sich sein Dialekt für mich an. Irgendwie stört es mich gar nicht mehr, hier zu kauern. Auch wenn der unangenehme Körpergeruch noch immer präsent ist, werde ich mich nicht umsetzen. So einfach, wie der Typ gestrickt ist, so freundlich ist er auch. Als ich ihm erzähle, dass ich zum Westbahnhof muss, überschlägt er sich beinahe vor Eifer, mir den kürzesten und einfachsten Weg zu beschreiben. Beim Aussteigen dreht er sich noch einmal zu mir um und

wiederholt seinen Ratschlag. Die Familie geht, ein alter Mann mit weißen
ungepflegten langen Haaren kommt. In seinen Händen hält er einige Blumen,
die er lauthals zum Verkauf anpreist. Als niemand darauf reagiert, beginnt er
beleidigt damit, die Gesellschaft zu kritisieren. In einem monotonen Sing-
sang regt er sich über Kaltherzigkeit und Kapitalismus auf. Ich bin so sehr
mit der genauen Enträtselung seiner schwer verständlichen Worte beschäftigt, dass ich ganz vergesse auszusteigen und eine Station zu weit fahre. Der
gutgemeinte Rat für den kürzesten Weg findet keine Anwendung.

Um von Wien nach Linz zu kommen, benötige ich eineinhalb Zugstunden.
Dank verstellbarer Kopfstützen und dem sanften Ruckeln entspanne ich, wie
es mir kaum in einem anderen Verkehrsmittel gelingen würde. Außerdem
stehe ich auf, wann es mir passt, kann die Toilette aufsuchen und auch mal
einige Zeilen lesen, ohne dass mir gleich übel wird. Letzteres kommt in Autos,
Bussen und auf Schiffen hin und wieder vor. Ich glaube jetzt schon, nach
dieser Reise werde ich ein richtiger Interrail-Fan sein und auch die nächsten
Touren – sofern geografisch möglich – bahnfahrend unternehmen. Zudem
hat das Ganze einen weiteren wichtigen Vorteil: Es belastet unsere Umwelt
nicht so stark wie andere Verkehrsmittel. Ich bin mir als Reisebuchautorin
durchaus bewusst, dass das Reisen die Klimakatastrophe ordentlich antreibt.
Vor allem durchs Fliegen gelangt Kohlenstoffdioxid in großen Mengen in die
Atmosphäre. Vor meiner Abfahrt bin ich auf einige spannende Angaben des
Umweltbundesamtes gestoßen. Demnach ist der Reisebus das sauberste Verkehrsmittel. Seine Emissionen liegen bei 30 Gramm Kohlenstoffdioxid pro
Person und Kilometer. Gleich danach folgt die Eisenbahn mit 45 Gramm. Mit
einigem Abstand taucht dann das private Auto im Ranking auf und das Flugzeug bildet mit 228 Gramm das Schlusslicht. Ich bin in meinem Leben schon
sehr häufig geflogen und auch in den Bergen Ski gefahren – alles Aktivitäten,
die Umweltkiller sind. Es liegt keinesfalls in meinem Interesse, mich hier zu
loben, nur weil ich gerade mit der Bahn unterwegs bin. Allerdings finde ich,
dass es sich lohnt, über umweltbewusstes Reisen nachzudenken.

Als ich in Linz eintreffe, begrüßt Amanda mich mit einer freudigen Umarmung und den Worten: „Du siehst ja aus wie vor drei Jahren!" Damit spielt
sie auf mein Outfit an. Wir sind uns das letzte Mal in Santiago de Compostela begegnet. Sie und ihr Kumpel Christian liefen damals noch weiter, zum
Kap Finisterre, während ich meine Pilgerschaft in Santiago beendete. Meine
Kleidung glich dem, was ich auch heute trage: Trekkinghose, Shirt und Wanderschuhe.

Lachend setzen wir uns in ein Café, in dem ich mir einen Apfelstrudel schmecken lasse. Eine Aufwärmphase brauchen wir nicht. Sofort versinken wir in Gesprächen über Privatleben, Arbeit und Österreich-Klischees. Amanda findet, dass sie und ihre Landsleute ein bequemes Gemüt besitzen, gesellig, naturverbunden, sportlich sowie allgemein interessiert und offen sind. Sie trifft allerdings noch eine Unterscheidung in zwei Typen: Es gibt den extrem zielstrebigen Österreicher genauso wie den Faulpelz, der eine Prise zu gelassen ist. Beide kommen dennoch hervorragend miteinander aus. In einem Buch las sie, dass die österreichische Bewohnerschaft gern einmal als primitives Bergvolk gilt. Sie seien Bauern, die nichts anderes täten als Bier zu trinken, auf Berge zu klettern und für Außenseiter schwer verständlich miteinander zu kommunizieren. Das Werk – in dem dies stand und so war es wohl auch gedacht – hat sie nicht allzu ernst genommen.

„Wien ist anders, genießt einen Sonderstatus", fährt sie fort. „Diejenigen, die Karriere machen wollen, gehen dorthin."

„Und was fällt dir zu Deutschland ein?"

„Wir Österreicher fahren sehr gern nach Berlin, München und Hamburg. Dann kommt mir noch das Oktoberfest in den Sinn. Außerdem sagen wir immer, dass Bayern mit zu Österreich gehört." Sie überlegt eine Weile und fügt an: „Wir Ösis denken auch, dass die Hälfte der deutschen Bevölkerung Hartz IV in Anspruch nimmt."

Ich verschlucke mich beinahe an der Sahne meines Strudelgerichts. „Echt jetzt?", sichere ich mich ab.

„Ja. Natürlich ist das ein überzogenes Bild, wie mit jedem Klischee, aber es macht hier so die Runde."

Wir reden sehr lange über ihre Arbeit als Krankenschwester, über nächste Reiseziele und eine besonders eindrucksvolle Erfahrung, die sie vor einiger Zeit gesammelt hat. Amanda nahm an einem zehntägigen Schweige- und Meditationskurs teil. In dieser Zeit schlief sie in einem Mehrbettzimmer, zusammen mit anderen Teilnehmerinnen. Die Frauen durften nicht miteinander kommunizieren, weder verbal noch per Körpersprache. Auch sollten sie einander nicht in die Augen schauen. Es erstaunt mich zu hören, dass jegliche zu treffende Vereinbarung, beispielsweise zur Reihenfolge der Badnutzung am Morgen, ganz ohne herkömmliche Kommunikation möglich war. Amanda beschreibt es als ein Gefühl, das sie füreinander entwickelten. „Wir hatten ganz feine Antennen, waren sehr sensibel und haben deshalb weder Wort- noch Zeichensprache gebraucht." Sie räumt ein, dass es ein ganzes

Weilchen gedauert hat, bis sie in der Lage war, sich auf die Gesamtsituation einzulassen. Erst am sechsten Tag gelang es ihr, in den mehrstündigen und schon sehr zeitig beginnenden Meditationen zu versinken. „Über mehrere Tage heulte ich nur und überlegte abzubrechen. Zu sehr hat mich die pure Beschäftigung mit mir selbst bewegt. Einige Teilnehmer hörten vorzeitig auf. Ich aber sprang irgendwann über eine Schwelle, hinter der alles leichter wurde. Ich konnte die Auseinandersetzung mit meinen Gedanken und Gefühlen dann sogar genießen. Heute bin ich sehr froh, dass ich durchgehalten habe." Sie fährt sich durch die langen braunen Haare.

Ich will wissen, welche Erkenntnisse sie mit nach Hause genommen hat.

„Wir haben nur uns selbst. Keine Verbindung auf dieser Welt ist unendlich und auch der Tod ist Teil des Stücks. Das habe ich in dieser Zeit sehr deutlich verstanden."

Ich schlucke. Wahre Worte. Das zu verstehen, ist anfangs sicherlich bedrückend, dann aber befreiend, kann ich mir vorstellen. Ob ich solch ein Seminar mitmachen würde, weiß ich nicht. Es hat seinen Reiz, mir auszumalen zu versinken, in andere innere Sphären zu tauchen, aber irgendwie ängstigt mich der Gedanke, so lange zu schweigen. Wenn ich meine Luft wenigstens auf dem Papier rauslassen dürfte … Andernfalls hätte ich Bedenken, innerlich zu platzen. Ich bin eine gute Zuhörerin und es fällt mir nicht schwer, einfach einmal zu schweigen, aber zehn Tage lang …? Amanda sagt, dass sie nicht das Gefühl hatte, innerlich zu explodieren, und ebenso wenig das Bedürfnis verspürte, am Ende des Seminars das Zehnfache zu erzählen.

Nachdem Amanda zu ihrer Nachtschicht aufgebrochen ist, trete ich meinen Fußweg zu der Jugendherberge an, in der ich mir vor einigen Stunden über die Touristeninformation Linz ein Bett reservieren ließ. Bevor ich den Hauptplatz, auf dem ich die letzten Stunden verbrachte, verlasse, werfe ich noch einen Blick auf die Dreifaltigkeitssäule. Das barocke Wahrzeichen der Stadt besteht aus weißem Salzburger Marmor. Es ist zwanzig Meter hoch. Aus Dankbarkeit für die Befreiung von der Pest, für die Errettung vor Kriegsgefahren sowie die Bewahrung vor einem Großbrand wurde sie zwischen 1717 und 1723 erbaut. Ich lasse die prächtige Säule zurück und verschwinde in einer der abzweigenden Straßen.

Es beginnt zu regnen, als ich einen Hügel hinauf zum Jugendgästehaus Linz laufe. Der Nachmittag mit Amanda war toll und auch bei ihr hatte ich nie das Gefühl, wir seien einander fremd geworden. Die Zeit mit ihr war so wertvoll, dass ich es kaum bereue, mir nicht mehr von der Stadt angesehen zu haben.

Ich checke leicht durchnässt in die gepflegte Herberge ein und freue mich über ein Vierbettzimmer mit Bad – ganz für mich allein. Beim Abendessen werde ich von einem Schweizer Radwanderer sowie einem deutschen Pilger, der von Wien nach München läuft, angesprochen. Dieser interessiert sich für den spanischen Jakobsweg, traut sich aber nicht so recht an das Vorhaben heran, da er keine Fremdsprachen beherrscht. Ab und zu schlafe er an überdachten Bushaltestellen, erzählt er mir. Gestört habe das bisher weder ihn noch andere.

Heute bleibe ich lange wach, genieße das Alleinsein in meinem Zimmer, lade meine elektronischen Geräte auf, arbeite an meinem Reisebericht und lese viel.

Graz, 22. Juli – Bald nicht mehr allein

Um elf Uhr sitze ich im Zug nach Graz – der Ort, an dem ich mich heute Abend mit Cornelia, meiner Magdeburger Freundin, treffen werde. Mein Kopf lehnt an dem großen Zugfenster, das Schienenfahrzeug gleitet in leichter Schieflage durch eine saftige, vom Regen durchtränkte Landschaft. Mein MP3-Player spielt „4 Non Blondes" mit dem Titel „What's Up?" – für mich einer der stärksten Songs unserer Geschichte. Ich bewege meine Lippen zur Musik, der Zug schlängelt sich durch tiefgrüne Schluchten, kräftiger Regen peitscht an die panoramaartigen Glasscheiben. Ich fliege durch diese wolkenverhangene Welt und presse meinen Kopf noch stärker an die Scheibe, starte mein Lieblingslied erneut, erhöhe die Lautstärke und gebe mich vollkommen und mit jeder Faser meines Körpers diesem Reiserausch hin. Die laute Musik vibriert unter meiner Haut, mein Blick versinkt in der nassen Umgebung, mein Körper spürt die Kraft des Zuges, in dem er sitzt.

In Graz angekommen, finde ich ein Hostel, in dem ich Cornelia und mir zwei Betten für insgesamt dreißig Euro organisiere. Nachdem ich die Zeiten für unsere Weiterfahrt nach Slowenien erfragt habe, erkunde ich den Ortskern. Die Altstadt ist meiner Meinung nach berechtigterweise zum UNESCO-Weltkulturerbe ernannt worden. Besonders das Rathaus gefällt mir. Ein stattliches Bauwerk mit einer Fassade in späthistoristisch-altdeutscher Stilform. Die Schauseite verfügt über einen kuppelbekrönten Vorsprung sowie Ecktürmchen. Die Fassade ist reich verziert, unter anderem mit Nischenfiguren, welche bedeutende Österreicher darstellen.

Da es immer wieder anfängt zu regnen, kehre ich in ein gemütliches Kaffeehaus ein, in dem ich mich für fast drei Stunden aufhalte. Die Lokalität ist gut besucht und ich freue mich, dass der Kellner mich nicht ständig nach einem neuen Getränkewunsch fragt. Es macht ihm scheinbar nichts aus, dass ich mich für eine Ewigkeit an meiner großen heißen Schokolade mit Sahne aufhalte. Mein elektronisches Buch mit dem Titel „Ein ganzes halbes Jahr" von der britischen Autorin Jojo Moyes lese ich heute nach acht Tagen aus. Die letzten Seiten verschlingend, hätte mich jemand berauben können, so gerührt und mitgenommen war ich vom Ende der Geschichte. Es regnet noch immer und ich merke, die Entscheidung, Bücher und auch den kleinen MP3-Player in den Rucksack gepackt zu haben, war die richtige.

Vor drei Jahren auf dem Jakobsweg hatte ich nichts dergleichen dabei, da ich mich keinesfalls ablenken wollte. Eigentlich eine gute Entscheidung. Trotzdem vermisste ich das Lesen damals so sehr, dass ich mir eine spanische Klatschzeitung holen musste und in einem Supermarkt länger als nötig verweilte, da dort tolle Musik lief. Gerade letztere ist so wichtig für mich – vor allem beim Laufen. Ich liebe es, mit meinen Kopfhörern in den Ohren durch den Park zu joggen.

An diesem Regentag gewinne ich die gleiche Erkenntnis wie nach meiner Pilgerreise auf dem Küstenweg: Ich kann sehr gut allein sein, Ruhe genießen, liebe es, nur meinem eigenen Rhythmus zu folgen. Aber länger möchte ich jetzt nicht mehr unbegleitet sein und mache mich auf den Weg zum Bahnhof. Cornelia wird bald ankommen.

FAZIT: MEIN ÖSTERREICH

Ich habe auch in Österreich nicht gehungert und als Naschkatze vor allem den hervorragenden Apfelstrudel im Linzer Café zu schätzen gewusst. In jeder Lokalität bin ich sehr freundlich und professionell bedient worden – vielleicht tatsächlich weniger hektisch und etwas gelassener als in Deutschland. Bei meinem Interview mit dem österreichischen Rezeptionisten ist mir positiv aufgefallen, dass er, trotz phasenweisem Andrang an Bar und Anmeldung, immer wieder unseren Gesprächsfaden aufgenommen hat. Obwohl es seine Arbeitszeit war, auf die wir Deutschen hin und wieder etwas zu streng blicken, hat er sich die Zeit für mich genommen.

Zu fragen bzw. zu testen, ob alle Österreicher jodeln können, habe ich vergessen – das muss ich zugeben. Ich verspreche, bald einmal auf einen österreichischen Berg zu klettern, um auf meinem Weg die Probe aufs Exempel zu machen. Wer weiß, wenn ich gut drauf bin, jodele ich sogar mit.

Winterurlauber sind mir insgesamt nur wenige begegnet. Sie hätten in ihren dicken Daunenjacken in schwüler Sommerhitze sicherlich sehr geschwitzt. Ich selbst bin schon zum Skifahren in diesem Land gewesen – aber auch zum Wandern, Klettersteige gehen und Kanufahren. Und zuletzt, nämlich gerade eben, in Wien, Linz und Graz. Österreich bedeutet, zumindest für mich, nicht nur Wintersport.

Die Frage nach den vielen Kühen, muss ich mit „Nein!" beantworten. Ich habe beim Zugfahren sehr viel und sehr lange aus dem Fenster geschaut und kaum ein Rind gesehen. Auch in der Hauptstadt hielten sich die Tiere versteckt. Kein Wunder. Sicherlich fürchteten sie die vielen Schnitzelhäuser.

Die Österreicher wissen selbst, dass sie ein entspanntes, cooles Völkchen sind. Das sehe ich genauso.

Unsere Aussprache klingt hart und wir nehmen manches im Leben zu genau. Das zu hören hat mich nicht überrascht – anders als das Vorurteil, die Hälfte der Deutschen beziehe Hartz IV.

Ich schließe mich der Meinung von Stefan aus dem Hostel an: Sympathie ist für ein gutes Miteinander wichtiger als die Länderkennung in unseren Reisepässen …

Ach ja, in Wien habe ich etwas ganz Neues in mir entdeckt: Die Liebe zur klassischen Musik. Da haben wir es wieder: Reisen bildet.

DRITTE STATION SLOWENIEN
Gastfreundschaft, Geselligkeit und Braunbären

Slowenien. Der Name eines Landes, zu dem ich zunächst keine eigenen Bilder im Kopf habe – nur die Fotos einer Freundin, die vor einigen Jahren dort Urlaub gemacht hat. Ich erinnere mich daran, wie sie von Berglandschaften, türkisfarbenen Flüssen und grünen Wiesen schwärmte. Als Natur-Liebhaberin steht für mich fest: Ich schaue mir den Triglav Nationalpark an – ein Areal in den Julischen Alpen, das zu den ältesten Naturschutzgebieten Europas zählt.

Auf der Suche nach Typischem oder gar Klischees gehe ich beinahe leer aus. Was ist schon typisch slowenisch? Selbst meine Freundin, die bereits dort war, muss grübeln. Nach Umfragen bei weiteren Freunden und Bekannten sowie einer Internet- und Literaturrecherche finde ich heraus, dass die Slowenen als besonders gastfreundlich, gesellig und sangesfroh gelten. Sie seien auch sehr trinkfest, eine Eigenschaft, die vielleicht der Qualität des Gesangs förderlich ist.

In Slowenien soll es deftiges Essen und leider (!) auch Braunbären geben. Eine Begegnung wäre sicherlich sehr interessant, aber gleichsam furchteinflößend. Manchmal frage ich mich heute noch, wie ich es geschafft habe, mein Auslandssemester in Kanada zu überleben. Ich bin ein ziemlicher Angsthase, wenn es um große Tiere in freier Wildbahn geht. Selbst auf Kuhwiesen fühle ich mich unwohl. Lebewesen, die größer und schwerer sind als ich, flößen mir ordentlich Respekt ein. Was sage ich da? Ich habe auch Angst vor Spinnen und bin bisher nur sehr selten Exemplaren begegnet, die mich in meiner Körpergröße überragten.

Spinne und Bär, hin oder her: Ich freue mich auf dieses Land!

Bohinjska Bistrica, 23. Juli – Hallo Slowenien!

Nach dreieinhalb Stunden erreichen Cornelia und ich die slowenische Hauptstadt. Wir verlassen den Zug. Schwüle Hitze und fremdartige Gerü-

Vorbeifliegende Landschaften für die Ewigkeit festhalten

che begrüßen uns. Ein braungebrannter, drahtiger Mann verkauft am Bahnsteig buntes Obst. Schrift, die wir nicht lesen können, und farbig sowie sehr aufwändig besprühte Zugwaggons verleihen diesem Ort eine Exotik, die ich neugierig aufnehme. Vor wenigen Stunden waren wir noch in Österreich, in einem Land mit einer vollkommen anderen Kultur, Gerüchen, Architektur. Die Vielfältigkeit Europas fasziniert mich erneut. Auch ohne Flugzeug ist es möglich, innerhalb weniger Stunden in vollkommen neue Welten einzutauchen.

Geplant ist, dass wir erst einmal in Ljubljana bleiben und am nächsten Tag in den ältesten Naturpark Europas reisen. Der Triglav Nationalpark schließt den gesamten slowenischen Teil der Julischen Alpen ein. Das Gebiet, in dem sich tiefe, unberührte Flusstäler, Wasserfälle, spitze Gipfel und weite Wälder befinden, ist nach dem höchsten Berg des Landes benannt worden. Der Triglav, zu Deutsch Dreikopf, ragt 2.864 Meter in die Höhe.

Am Bahnhof lassen wir uns auf Englisch beraten und beschließen kurzerhand, doch direkt in die Natur zu fahren. In ziemlich genau einer Stunde können wir unkompliziert nach Bohinjska Bistrica, ein perfekter Ausgangsort für Wanderungen, weiterfahren und dort einen Zeltplatz ausfindig machen. Ich bin in den letzten Tagen ausschließlich in Städten unterwegs gewesen und kann es kaum erwarten, endlich in dem Nachtlager zu schlafen, das Cornelia in ihrem Rucksack trägt. Und Ljubljana rennt uns ja nicht weg …

Wir verlassen den Bahnhof und laufen zu einem kleinen Lebensmittelladen. Da wir nicht genau wissen, wohin es uns heute verschlägt, wollen wir den lebenserhaltenden Einkauf noch erledigen. Mit einer prall gefüllten Plastiktüte, die später zu einem Müllsack umfunktioniert wird, kehren wir zum Bahnhof zurück. Noch immer habe ich das Gefühl, von der vorherigen Reisestation weit mehr als nur gut 200 Kilometer entfernt zu sein. Slowenien hat mich sofort in seinen Bann gezogen. Ich mag, wie es hier riecht, aussieht und die warme Sommerluft über meine Haut streicht. Oft spüre ich in den ersten Minuten, ob mir ein Land oder eine Stadt gefallen. Es ist wie mit Menschen: Einige sind mir sofort sympathisch, andere nicht.

Auf unserer Weiterfahrt nach Jesenice fragt Cornelia eine junge Mitfahrerin nach den slowenischen Bezeichnungen für die Worte „Hallo", „Danke" und „Tschüss". Wir finden es wichtig, wenigstens ein paar Vokabeln in der Landessprache zu beherrschen. Für uns ist das ein Zeichen von Interesse und Höflichkeit gegenüber den Einheimischen.

Wir verlassen das moderne und äußerst saubere Fahrzeug und steigen in einen anderen Zug um, welcher uns an ein gemütliches Wohnzimmer erinnert. Die Sitzbänke mit graugestreiftem, weichem Polster sind urgemütlich und nicht durch Armlehnen voneinander getrennt. Wir öffnen ein Fenster, legen die Beine hoch und genießen diesen menschenleeren Zug, der auch ohne Klimaanlage von A nach B kommt. In manch anderem Fahrzeug hatte ich schon befürchtet, ich muss mir die von der künstlichen Luft ausgetrockneten Nasenschleimhäute nach meiner Rückkehr erneuern lassen. Cornelia und mir ist es ein Rätsel, weshalb die Passagiere in manchen Zügen tiefgefrostet werden. Wir brausen durch einige Tunnel und bei den ersten Durchfahrten brennt nicht einmal elektrisches Licht in unserem Waggon. Es ist stockfinster, lautes Rauschen dringt über die geöffneten Fenster in das Innere. Ein tolles Gefühl, so unsichtbar entlangzugleiten. Nach der zweiten oder dritten Tunnelpassage brennt dann aber doch Licht im Zug. Leider dauert diese lauschige Fahrt insgesamt nur eine halbe Stunde, bis wir Bohinjska Bistrica erreichen.

Der Ort liegt ein kleines Stück außerhalb der Nationalparkgrenzen im Zentrum der Region Bohinj, östlich des Bohinjsko Sees. Das grünblaue Gewässer gehört zum Nationalpark, liegt auf einer Höhe von 525 Metern, ist etwa vier Kilometer lang, gut einen Kilometer breit und bis zu 45 Meter tief. In seiner Umgebung gibt es Campingplätze, Hotels und gut erreichbare Ausgangspunkte für Bergtouren.

Ein Bahnwärter mit roter Mütze und hellblauem Hemd regelt den Schienenverkehr und zieht sich nach getaner Arbeit in sein Büro zurück. Nur eine Handvoll weiterer Fahrgäste verlässt mit uns den Zug und geht durch die winzige Bahnhofsvorhalle in den Ort. Cornelia findet, dass der Eisenbahngestellte sympathisch wirkt und schlägt vor, ihn anzusprechen.

Für ein Kooperationsprojekt, das ich mit meiner Heimatstadt vereinbart habe, nehme ich immer wieder Kontakt zu Einheimischen auf. Die „Magdeburg Marketing Kongress und Tourismus GmbH" hat mich mit einem großen Beutel voll mit Aufnähern, Stickern und zwei extra für mich angefertigten T-Shirts auf die Reise geschickt. Ich darf die kleinen Geschenke verteilen und von meiner Heimat vorschwärmen. Außerdem drehe ich in jedem Land eine Videobotschaft mit einem Landesbewohner. Der Clip wird wöchentlich per Facebook verbreitet. In Tschechien bin ich mit Hostelbetreiber Jaroslav vor die Linse getreten und im nächsten Land plauderte ich am Wiener Stephansdom mit dem Österreicher Franz. Heute soll der slowenische Wärter Teil des Projektes werden. Zu diesem Zweck nähern wir uns der Glasscheibe, hinter welcher er auf einem großen Bürostuhl Platz genommen hat. Der Mann telefoniert und wirkt sehr beschäftigt, weshalb ich geneigt bin, den Bahnhof schon zu verlassen. Ich weiß nicht, ob meine Zurückhaltung eine typisch deutsche Eigenschaft ist. Jedenfalls zerbreche ich mir den Kopf darüber, ob wir ihn nicht bei seiner Arbeit stören könnten, und will weiter. Glücklicherweise beharrt Cornelia darauf zu warten. „Wenn er keine Zeit hat, dann wird er uns das doch sagen", argumentiert sie. Ich gebe ihr Recht, tadele mich für meine übertriebene Distanzierung und sehe ein, dass er selbst entscheiden kann, ob ihm der Videodreh gerade passt oder nicht. Er legt auf und nähert sich der Scheibe. Ich trage mein Anliegen vor und muss an dieser Stelle ganz deutlich sagen: „Danke Cornelia, dass du dafür gesorgt hast, dass wir warteten!" Denn, was sich nun ereignet, ist so schön, dass wir es kaum fassen können: In gebrochenem Englisch gibt Aleksander, so heißt der Endfünfziger, sein Okay für die Filmaufnahme. Nachdem wir alles im Kasten haben, lädt er uns in sein Büro ein und zeigt angegraute Originalfotos von der Inbetriebnahme des Bahnhofes und eine Maschine, mit der früher die Gleisanlagen bedient wurden. Das Gerät erinnert an ein echtes Museumsstück.

Wir überreichen Aleksander unsere Magdeburg-Geschenke und kommen immer intensiver ins Gespräch. Da sich der Zugverkehr hier in Grenzen hält, dürfen wir auf den Schienen Fotos schießen. Bevor wir uns von unserem Bahnwärter verabschieden, öffnet er seinen Dienstplan und bietet an: „Am Wochenende habe ich frei. Wenn ihr noch in der Gegend seid und Lust auf eine private Taxitour durch den Nationalpark habt, dann ruft mich einfach an!" Er drückt uns einen weißen Zettel mit seiner Telefonnummer in die Hände. Dankend und sehr beeindruckt von diesem großzügigen Angebot verabschieden wir uns. Schon jetzt steht fest, dass wir uns bei ihm melden werden. Wir beide sind uns sicher, dass er ein guter Mensch ist. In seinem Blick lag ein warmes, vertrauensvolles Leuchten. Cornelia und ich haben für Situationen wie diese hier eine klare Abmachung: Egal, ob wir trampen, einen Übernachtungsplatz suchen oder ein solches Angebot bekommen, wir beide müssen ein gutes Gefühl dabei haben. Sollte eine von uns meinen, dass etwas nicht stimmt, dann wird diese Eingebung ernst genommen – ohne Diskussion.

In einer Wartehalle mit dunklen Bänken und orangebraunen Fliesen machen wir weitere Fotos. Andere Menschen sind hier nicht. Sie hätten auch nicht viel Platz in dem kleinen Raum. Uns gefällt diese Bahnstation vor allem, weil sie so ruhig und ursprünglich ist.

Den charmanten Bahnhof verlassend, können wir es kaum glauben, als wir Schritt für Schritt in einen Ort gelangen, der schicke Hotels, Sportanlagen und Erlebnisbäder für urlaubshungrige Touristen bereithält. Aleksander hat uns den Weg zu einem Campingplatz beschrieben, der nur einen kurzen Spaziergang entfernt liegen soll. Während wir dorthin laufen, fällt es uns schwer, den starken Kontrast zum liebenswürdigen Bahnhofsgelände zu verstehen. Ein so umfängliches Freizeitangebot haben wir nicht erwartet, weder im Ort noch auf dem Zeltplatz, den wir problemlos finden, so groß ist er. Für uns, die ihr Nachtlager am liebsten in der slowenischen Einsamkeit aufschlagen würden, gibt es viel zu viel Luxus. Spiel- und Sportplätze, Bar und Restaurant sind überflüssig. Leider ist das freie Zelten im Nationalpark nicht gestattet. Aus Respekt gegenüber der Natur, ihrer Flora und Fauna, halten wir uns an diese Regel. Außerdem bin ich noch immer skeptisch, was die Bären angeht. Ich muss bald mal jemanden danach fragen … Im Moment bleibt uns also nichts anderes übrig, als auf dem gut besuchten Areal einzuchecken. Glücklicherweise gelingt es uns, einen Platz auf dem hintersten Fleckchen der Anlage zu finden.

Direkt am sanft rauschenden Fluss bauen wir das Lager auf, setzen uns auf eine Isomatte und genießen Brot, Käse, Tomate und slowenisches Dosenbier unter freiem Himmel. Wir sind uns einig: In dieser Einfachheit, auf dem Boden sitzend, mit Flussrauschen im Ohr und abendlichem Wind in den Haaren spüren wir pures Glück. Nebenan duftet es zwar sehr köstlich nach Meeresfrüchtepfanne in Knoblauchöl, aber wir haben nicht das Gefühl, etwas zu vermissen. Ganz im Gegenteil …

Bohinjska Bistrica, 24. Juli – Hier leben Bären

Der Tag beginnt mit einer tierischen Begegnung. Es surrt sanft, als ich den Reißverschluss des Innenzeltes öffne. Ich greife nach meinen Schafwollsocken, welche die Nacht auf meinen Wanderschuhen ruhend verbracht haben. Eine blasse, weißliche Spur klebt auf der schwarzgefärbten Wolle. Hier war wohl jemand zu Gast? Ich sehe mich nach ihrem Verursacher um.

Die Schnecke ist längst über alle Berge. Cornelia findet das Ganze besonders lustig und ich rate ihr, auch ihre Wanderschuhe genauestens zu inspizieren, bevor sie hineinschlüpft.

Nach dem Frühstück besuchen wir die Touristeninformation, kaufen eine Wanderkarte und stellen genau die Frage, die mir so heiß unter den Nägeln brennt: „Gibt es hier Bären?" Nachdem wir eine Antwort erhalten haben, bereue ich, überhaupt gefragt zu haben. Sie lautet: „Ja, hier leben Braunbären. Seid jedoch unbesorgt, denn die Tiere beobachten ihre Umgebung, ohne aus ihrem Versteck zu kommen. Ihr werdet sie nicht sehen, aber sie sehen euch."

Na Klasse! Mit dieser Auskunft geht es mir ja ganz wunderbar.

Offensichtlich bemerkt die Frau meine Besorgnis und fügt hinzu: „Es besteht keine Gefahr. Die Tiere sind sehr scheu. Ehrlich."

Hm, nehmen wir das so hin. Es bleibt uns sowieso nichts anderes übrig. Die Lust zu wandern überwiegt. Außerdem, so tröste ich mich, bin ich in deutschen Wäldern auch noch nie einem Wildschwein begegnet. Also, Themenwechsel!

„Was ist denn nun eigentlich typisch für Slowenien?", will ich von der zarten Endzwanzigerin wissen. Sie zögert, überlegt lange, erhebt sich dann, verlässt ihren Schreibtisch und kehrt mit einem Mann, der scheinbar auch hier arbeitet, zurück. Gemeinsam erörtern sie, dass in diesem Land viele freundliche und auch aufgeschlossene Menschen leben. Charakteristisch sei zudem die landschaftliche Vielfalt auf verhältnismäßig kleinem Staatsgebiet. Schmackhafte Fleischgerichte und Süßspeisen gehören ebenfalls hierher.

Zu Deutschland fällt ihnen ein, dass es ein geschichtsträchtiges, schönes Land ist. Sie denken, dass wir hart arbeitende Leute sind, und verbinden in erster Linie Berlin mit Deutschland.

Mit der aufgeschlagenen Wanderkarte in den Händen verlassen wir den Ort in Richtung des Berges Črna prst. Er liegt südlich von Bohinjska Bistrica und sein Gipfel ist 1.844 Meter hoch. Auf der Suche nach dem Einstieg zum Wanderweg spazieren wir durch kleine Dörfer mit hübschen Häusern und sehr gepflegten Gärten. Die Landschaft beeindruckt uns mit hellgrünen, satten Wiesen, Tannen, Laubbäumen mit dichtem Blattwerk sowie schroffen Felsformationen in der Ferne und sanften Hügeln vor unseren Nasen. Bei dem Anblick macht mein Herz kleine, freudige Hüpfer. Ich liebe diese Natur und fühle mich ganz erfüllt bei jedem Schritt, den ich unternehme und dem

Himmel ein Stückchen näher komme. Naja, für heute würde ich mich auch mit der Spitze des Berges zufrieden geben …

Auf diesen steuern wir bald ziemlich direkt zu. Ein steiler Waldweg führt uns immer weiter nach oben. Wir müssen jeden unserer Schritte überwachen, um auf den kleinen Steinen nicht umzuknicken. Hin und wieder stoppen wir, um zu verschnaufen. Andere Wanderer begegnen uns nicht. Nur einmal lassen wir ein holländisches Pärchen passieren, das gerade von der Hütte Orožnova koča unterhalb des Črna prst zurückkehrt. Weil noch etwa eine Dreiviertelstunde Fußweg vor uns liegen soll und wir heute Vormittag ziemlich viel herumgeirrt sind, bis wir den richtigen Weg gefunden haben, beschließen wir, nur noch bis dorthin zu gehen.

Tatsächlich erreichen wir das bewirtschaftete Haus in der angegebenen Zeit und lassen uns ein kühles Lüftchen um die Nasen wedeln. Die Sonne hat für heute Feierabend gemacht und wir schlüpfen in unsere Softshelljacken. Begeistert von der guten Aussicht über die weite Gebirgslandschaft, fotografieren und filmen wir die Umgebung.

Dann betreten wir die Holzhütte und bestellen zwei große Gläser Cola. Die Frau, die das Haus betreut, spricht sehr gut Deutsch und macht uns mit ihrem behaarten Freund bekannt. Der kleine Mischlingshund mit dem kurzen Fell und der spitzen Schnauze ist ihr vor drei Tagen zugelaufen. Sie hat bereits einen regionalen Radiosender verständigt und den Besitzer hierüber suchen lassen. Bisher erfolglos. Sie vermutet, dass sich das Tier vor einem Bären erschreckt haben könnte und somit vom Weg abkam. Für mich eine grausame Vorstellung …

Wir verweilen noch einige Zeit hier oben, bis plötzlich die Tür aufgeht und ein junger Mann im Rahmen steht. Wie von der Tarantel gestochen, jagt der Hund auf ihn zu und springt übermütig an ihm hoch. Er winselt, wedelt mit dem Schwanz und überschlägt sich vor Übermut. Für uns steht fest: Er hat gerade sein Herrchen wiedergefunden beziehungsweise umgekehrt. Nachdem wir diese rührende Szene beobachtet haben, verabschieden wir uns und treten den Weg ins Tal an. Froh, einen Wanderstock zu besitzen, stützen wir uns auf dem teilweise sehr steilen Abstieg kräftig ab. Dennoch zieht sich der Weg zurück zum Campingplatz wie ein zäher Kaugummi. Wir hätten nicht gedacht, dass wir so weit entfernt waren. Erst kurz nach 18:00 Uhr betreten wir einen Supermarkt und decken uns mit preiswerter Wassermelone sowie Brot und Aufstrich ein. Für 19 Cent pro Kilogramm muss die rote, saftige Frucht einfach mitkommen.

Glücklich!

Auf dem Zeltplatz angelangt, stellen wir fest, dass die Holländer von heute Nachmittag unsere Nachbarn sind. Wir tauschen uns über den Wandertag aus und genießen, bei leichtem Nieselregen, unser Abendessen.

Im Zelt liegend, denken wir über die drei schönsten Dinge des heutigen Tages nach. Tropfen landen rhythmisch auf dem Stoffdach, unsere Körper sind in weiche Fleece-Pullover sowie Skiunterhosen gehüllt und fest umschlossen vom wärmenden Schlafsack. Die Nachttemperatur beträgt etwa um die vierzehn Grad Celsius.

Unser Fazit steht fest: Natur und Landschaft, der glückliche Hund und auch der Geschmack des Brotes, welches es zum Abendessen gab, waren heute das Schönste.

Wieder komme ich zu dem Schluss, dass die simplen Dinge mein Leben lebenswert machen. Dankbar für die Fähigkeit, dies erkennen zu können, schlafe ich ein.

Ukanc, 25. Juli – Eisbaden

Einfach losfahren, ganz ohne Ziel? Am Morgen nicht wissen, in welchem Land ich am Abend verweilen werde? Einmal auf diese Weise unterwegs zu sein, ist einen Versuch wert. Cornelia und ich philosophieren über mögliche zukünftige Reisen, tauschen uns aus, was wir noch machen wollen. Nicht, weil wir mit der aktuellen Tour unzufrieden sind, sondern weil es uns einfach Spaß macht, darüber nachzudenken. Zurzeit folgen wir einem Reiseplan, da wir auf den weiteren Stationen Verabredungen mit Freunden und Familie haben. Der Gedanke, in einen Zug Richtung Osteuropa zu steigen und die Stationen ganz spontan, nur nach jeweiliger Laune auszuwählen, gefällt uns. Wichtig, darin sind wir uns einig, ist es aber, Informationen über Kultur, Menschen, Politik, Flora und Fauna vor jeder Einreise in ein neues Land einzuholen. Wir würden dazu vermutlich in Internetcafés recherchieren. Außerdem müsste ich mich sprachlich fit machen – vor allem, wenn mögliche Reiseziele, wie Russland oder Armenien, auf den Plan kämen. In Regionen zu reisen, die kaum oder gar nicht touristisch sind, interessiert uns.

Hier, wo wir uns gerade befinden, profitieren wir aber erst einmal von der stabilen Infrastruktur und decken uns mit Coffee to go und Leckereien vom Bäcker ein. Heute wollen wir auf einen Campingplatz umziehen, der direkt am Bohinjsko jezero, am Bohinjsee liegt. Zunächst fahren wir für 1,80 Euro pro Person innerhalb weniger Minuten mit dem Bus nach Ribčev Laz, einen kleinen Touristenort am Seebeginn. Hier betreten wir einen schmalen Waldpfad, der uns nach zwei Wanderstunden nach Ukanc, am anderen Ende des Gewässers, bringen soll. Weiße, runde Steine, die diesen Weg schmücken, leuchten bei Mondlicht sicherlich besonders geheimnisvoll. Der Boden ist weich und sehr angenehm zu begehen. Beim Laufen träume ich vor mich hin.

Plötzlich schießt mir glühende Hitze in den Kopf, meine Handflächen werden schlagartig tropfnass und das Herz schlägt mir bis zum Scheitel. An Cornelias großem Rucksack vorbeilinsend, erblicke ich vor uns ein dunkles Fellwesen, das sich zügig auf uns zu bewegt. Letzte Nacht – nebenbei bemerkt – träumte ich, dass wir beim Wandern einem Bären begegneten.

„Oh Gott!", stoße ich schrill hervor. Auf einmal ist es so real. Cornelia dreht sich zu mir um. „Was ist los?" Meine Sicht ist frei und jetzt begreife ich es auch: Vor uns läuft ein großer Hund mit zotteligem Fell, begleitet von Herrchen und Frauchen. Ich stoße literweise erleichtert Atemluft aus.

„Du mit deiner übertriebenen Bärenangst!", schüttelt Conny den Kopf.

„Was musst du auch so groß und breit sein mit deinem Gepäck! Ich konnte gar nicht richtig gucken", verteidige ich mich.

Nur einige Zeit nach der Begegnung mit dem gemeingefährlichen Hundebär erreichen wir den anvisierten Zeltplatz und hoffen, dass er mit weniger touristischem Entertainment bei uns punktet. Dort angekommen, stellt sich heraus, dass es zwar ebenfalls Gastronomie, Bootsverleih und viele Gäste gibt, aber etwas weniger Trubel herrscht hier doch. Wir haben die Wahl zwischen zwei Preiskategorien: Für 14 Euro pro Nacht und Person plus Kurtaxe dürfen wir unmittelbar am See stehen. Zwei Euro abgezogen, gibt es einen Platz im Bereich „B", direkt im Wald und nur einen Steinwurf vom See entfernt. Das genügt uns vollkommen. Wir bauen auf und picknicken am Wasser.

„Hier badet ja gar keiner", stellt Cornelia verwundert fest. Darin, dass das Gewässer mit seinem seichten Einstieg förmlich zum Plantschen einlädt, muss ich ihr Recht geben.

„Wie schön würde es sein, mit Blick auf die grün bewachsene, massige Felsformation in diesem glasklaren Nass zu schwimmen", höre ich mich sagen. Manche Dinge sollte ich lieber unausgesprochen lassen. Ehe ich mich versehe, stehe ich mit einem türkisfarbenen Bikini bekleidet im eiskalten Wasser. Meine Beine sind taub und schmerzen. Auf meinem gesamten Körper hat sich eine dickschichtige Gänsehaut ausgebreitet. Cornelia läuft, ohne mit der Wimper zu zucken, an mir vorbei. Wie sie das macht, erscheint mir rätselhafter als ein guter Krimi.

„Komm rein!", ermutigt sie mich.

Schritt für Schritt gelange ich tiefer in das eiskalte Nass. Als ich bis zum Bauchnabel darin stehe, beuge ich mich ein Stück hinunter, stecke meine Arme in den See, ziehe sie mit verzerrtem Gesicht wieder hervor und benetze meinen Oberkörper mit Wasser – eine Vorgehensweise, die ich schon sehr früh von meiner Großmutter gelernt habe. Als Hypochonderin nehme ich die Warnung, an einem Herzinfarkt sterben zu können, äußerst ernst. Cornelia lacht über mein schrulliges Getue. Als es mir endlich gelingt, meinen gesamten Körper dem Wasser zu übergeben, dringen unkontrollierbare Schreie aus meiner Kehle. Es geht nicht anders. Um das hier zu überstehen, muss ich meinen Gefühlen Luft machen und brülle bald hemmungslos wie am Spieß. Die anderen Strandbesucher kleben mit ihren Blicken an mir. Gespräche verstummen, Münder öffnen sich. Einzig die Tatsache, dass Cornelia lacht, scheint sie davon abzuhalten, mich retten zu wollen. Nach drei tapferen Schwimmzügen kehre ich um und verlasse das Gewässer. Cornelia folgt und klopft mir anerkennend auf die Schulter. Ich selbst bin stolz darauf, im 15 Grad kalten Wasser gewesen zu sein. Weshalb hier niemand badet, ist mir jetzt klar. Der Nachmittag ist noch lang, sodass wir beschließen, ein Stück am See entlang zu wandern. Landschaftlich ist der Ort ein Juwel. Das Wasser schimmert in verschiedenen Nuancen, Wolken hängen in den umliegenden Bergspitzen. Leider kommen wir nicht allzu weit, bis ein kräftiger Regen einsetzt. Wir finden einen Unterstand im Wald, unter einem Baum. Dicht gedrängt stehen wir länger, als anfänglich vermutet, so herum und warten, bis es nur noch leicht nieselt. Da wir heute wirklich schon genügend Kontakt mit dem feuchten Element hatten, laufen wir zurück und genehmigen uns auf der überdachten Terrasse des Campingplatz-Bistros einen heißen Kaffee. Die Umgebungstemperaturen sind eigentlich ganz angenehm, die Feuchtigkeit treibt uns aber dennoch ein Frösteln durch die Knochen. Wir spazieren zum Zelt und machen es uns in unserem Nachtlager gemütlich.

Ukanc, 26. Juli – Wetterwechsel

Der Tag beginnt sonnig und mit einem sehr entspannenden Frühstück auf einem Holzsteg mit Blick auf die malerische Morgenlandschaft. Die Vorteile von Campingplätzen, deren Komfort den eines einfachen Naturplatzes übersteigt, liegen auf der Hand: Wir können uns einen Becher Kaffee kaufen. Alles andere haben wir dabei. Heute planen wir den halben See zu umrunden, bevor wir in Richtung des Berges Vogar abbiegen wollen. Wir begeben uns aber erst gegen 10:30 Uhr auf den Weg.

An einem Strandabschnitt, der aus schneeweißen kleinen Steinen und üppigen Grasbüscheln besteht, machen wir einen ersten Halt. Das Areal strahlt uns mit seiner hellen Farbe kraftvoll an und lädt zu einem ausgiebigen Fotoshooting ein. Wir laufen weiter, begegnen einigen Wanderern und legen im Ort Stara Fužina eine Pause ein. Im Supermarkt erstehen wir den üblichen Proviant und picknicken direkt auf dem Parkplatz davor. Wir beide lieben es, auf dem Boden zu sitzen, um zu rasten. Ich fühle mich dann immer so geerdet, es ist wunderbar unkompliziert und der Blick nach oben, wenn jemand vorbei geht, eröffnet eine interessante Perspektive auf die Menschen.

Je länger wir hier sitzen, umso finsterer sieht der Himmel aus. Wolken rollen bedrohlich nah aufeinander zu. Cornelia erkundigt sich in einer kleinen Touristeninformation nach dem Wetter und erfährt, dass es mit einhundertpro-

Sonnetanken und Frischluftschnuppern im Triglav-Nationalpark

zentiger Wahrscheinlichkeit heute noch regnen wird. Ein Gewitter, das uns in den Bergen gefährlich werden könnte, sei jedoch nicht zu erwarten. Wir entscheiden uns loszulaufen. Das tun wir für ziemlich genau zehn Minuten, als es auch schon anfängt zu regnen. Es gelingt uns, an einem Stromhäuschen mit schmalem Vordach Unterschlupf zu finden. Das Motiv vor unseren Nasen: Grüne Alpenwiesen und Berge. Tiefe Donnergeräusche ertönen. Wir beobachten die Wege, welche die Wolken nehmen, und analysieren ihr farbliches Wechselspiel. Wind kommt auf und drückt direkt auf die Seite, auf der wir ausharren. Wir ziehen unsere Fußspitzen ein, schieben uns weiter in den Türrahmen und ruhen wie die Ölsardinen an der verschlossenen Tür des Hauses.

Für schätzungsweise eine Stunde verstecken wir uns vor dem Regen, bis es nur noch leicht nieselt und endlich weitergehen kann. Wie spät es ist, wissen wir beide nicht. Grundsätzlich verzichten wir während einer Tour auf Armbanduhren. Die Handys sind ausreichend, um Abfahrtszeiten im Blick zu haben. Nur bei Bedarf schalten wir sie ein. Das Reiseleben funktioniert auch ohne den regelmäßigen Blick auf die aktuelle Zeit sehr gut.

Kurz darauf setzt erneuter Regen ein. Auf einer Asphaltstraße laufen wir in die Richtung, in der wir den Vogar vermuten. Es ist so nass, dass sich der

Wald bereits auf dem Asphalt spiegelt. So langsam macht das hier keinen Spaß mehr! Mit weit hinuntergezogenen Kapuzen schlurfen wir schweigsam weiter bergan. Es ist klar, dass wir bei solch einer langen Reise auch den ein- oder anderen Regentag verkraften müssen, aber schön ist es trotzdem nicht. Da wir nicht laut jammern wollen, bleiben wir stumm. Erst als uns zwei Wanderer entgegenkommen, sprechen wir wieder und fragen sie nach dem Weg. Ganz sicher sind sie sich nicht, tendieren aber dazu, dass wir falsch abgebogen sind. Ein wenig missmutig kehren wir um und beschließen an einer Gabelung, nur noch bis zu einer nahegelegenen, ausgeschilderten Hütte zu laufen. Mittlerweile ist der Tag sehr weit vorangeschritten und sämtliche Panoramen sind im Regen- und Wolkendunst verschwunden.

In der Hütte sind wir die einzigen Gäste und werden freundlich begrüßt. Ein seltsam schmeckender Kaffee begleitet unseren Trockenprozess. Verstohlen schielen wir immer wieder zu dem reichhaltigen Kuchenbuffet hinüber. Ein Traum aus süßem Teig, frischen Äpfeln und cremiger Sahne erweckt unseren Appetit. Wir widerstehen, auch wenn wir die slowenische Wirtschaft gern mit dem Kauf zweier Kuchenstücken unterstützt hätten. Es gehört zu unserer Reise dazu, wenig Geld auszugeben und nicht jedem Bedürfnis nachzugehen. Der Kaffee allein – so sonderbar er auch schmeckt – ist Luxusartikel genug.

Weiße Einsamkeit am Bohinjsee

Auf dieser Reise geht es um das Gleichgewicht zwischen Genuss und Enthaltsamkeit. Letztere hin und wieder zu erleben, finde ich gut, denn in der zivilisierten Welt, in der ich wohnen darf, gibt es immer alles. Wenn ich es will, komme ich rund um die Uhr an Essen, kann jederzeit ein heißes Bad nehmen, meine Kleidung wechseln, mich von einem Kinofilm unterhalten lassen und telefonieren, chatten und simsen, mit wem ich mag. Bei einer Rucksacktour mit Zelt, Mischbrot und Tastenhandy im Gepäck habe ich all das nicht. In den meisten Fällen fühlt es sich für mich aber nicht so an, als würde ich ein Opfer erbringen. An vielen Stellen meiner Reise habe ich diese Einfachheit ausgekostet. Nur heute fällt uns das mal schwerer.

Mit knurrendem Magen – für ein Picknick ist es einfach zu ungemütlich – verlassen wir die Hütte und laufen zurück Richtung Campingplatz. Es gießt noch immer. Cornelia schlägt vor, einen Trampversuch zu wagen, sofern hier jemand kommt. Nach weniger als zehn Minuten vernehmen wir Motorengeräusche, drehen uns um und strecken die Daumen in die Höhe. Der Fahrer stoppt. Wir steigen in den weißen Fiat, der von einem schwarzhaarigen Mann Ende Vierzig gesteuert wird. Er kann uns in Ribčev Laz am Seebeginn absetzen, was uns immerhin ein Stückchen näher an unser Ziel bringt. Sein Englisch ist fließend, er versteht ein wenig Deutsch und kann sich auf Französisch verständigen. Auf meine Frage, was typisch slowenisch ist, erzählt er mir von der landschaftlichen Vielfalt, die für solch ein kleines Land bemerkenswert sei. In der Region, in der wir uns gerade befinden, ähneln die Häuser den österreichischen Eigenheimen und es gibt auch hier Skigebiete. Zavitek – eine Süßspeise, genauer ein Apfel- oder Topfenstrudel, sei eine Spezialität des Landes. Mir läuft das Wasser im Munde zusammen. Gerade haben wir es geschafft, dem Kuchen auf der Hütte zu entkommen, da ruft der freundliche Fahrer die nächste Appetit-Welle in mir hervor. Von uns möchte er wissen, weshalb wir Slowenien gewählt haben. Ich argumentiere mit meinem Interesse an der Landschaft des Triglav Nationalparks. Er nickt zufrieden, lässt uns auf einer kleinen Brücke heraus und bedankt sich dafür, dass wir in seinem Land Urlaub machen.

„Wir danken Ihnen für's Mitnehmen!", rufen wir erstaunt. Dass wir so schnell vom Fleck kommen, hätten wir nicht gedacht. Zwar waren wir schon oft ziemlich erfolgreich beim Trampen, aber es ist und bleibt ein Glücksspiel. Angefangen hatte es allerdings recht erfolglos in Spanien im Jahr 2008. Wir waren gemeinsam auf dem Jakobsweg, auf der Hauptroute, dem Camino Francés, unterwegs. Eines Abends fanden wir keinen versteckten Platz für unser Zelt. Weil das Campen außerhalb von dafür vorgesehen Anlagen in Spanien verboten ist, versteckten wir uns hinter Büschen oder anderen schutzspenden Gewächsen. Außerdem lag uns – zwei blonden Mädels – wenig daran, nächtlichen Besuch zu bekommen. Jedenfalls fanden wir keinen entsprechend sicheren Ort für unsere Stoffhöhle. Cornelias Füße waren von dicken, schmerzhaften Blasen überzogen, die nächste Herberge kilometerweit entfernt und die Dunkelheit setzte mit fester Entschlossenheit ein. Einziger Ausweg, den wir sahen: Per Anhalter fahren. Für eine halbe Stunde harrten wir an einer verhältnismäßig gut befahrenen Landstraße aus, hielten die Daumen in die Höhe, blickten verzweifelt drein, ohne dies schauspielerisch darstellen zu müssen. Ein Auto hielt, allerdings nur mit Platz für eine Person. Wir lehnten ab. All die anderen Wagenlenker deuteten mit ihren Zeigefingern auf die Füße, was so viel wie: „Als Pilger müsst ihr schon selbst laufen!" heißen sollte. An diesem Tag bauten wir unser Zelt schließlich unweit eines Schweinestalles auf. Wir gruselten uns und das Geschrei der quiekenden Schweine förderte unsere Angst.

Ein Jahr später bereisten wir Island. Hier wurden wir aus finanziellen Gründen zu Hitchhikern. Die kostenintensiven Busfahrten sprengten unser Budget und trieben uns an die Ränder der isländischen Straßen. Wir mussten selten länger als zwanzig Minuten auf eine Mitfahrgelegenheit warten und lernten auf diese Weise die tollsten Menschen kennen. Allen voran der Wikinger, der uns in sein Haus einlud, und die Dame, die uns nur aufgrund eines Missverständnisses transportierte. Sie wollte uns eigentlich über die Straße lassen, wir aber stiegen in ihr Auto ein. Letztendlich brachte sie uns kilometerweit voran und machte uns bei einem kleinen Snack sogar mit ihrer Schwester und deren Familie bekannt.

Noch einen Sommer später tourten wir durch die kanadische Bergwelt und hatten kaum Geld für den Rückweg nach Vancouver. Die Autofahrer waren ebenfalls äußerst hilfsbereit und wir gelangten mit den verschiedensten Menschen an unser Ziel. Auch in Irland und Portugal konnten wir positive Erfahrungen sammeln.

Dass wir immer ein gewisses Risiko eingehen, ist uns klar. Aus diesem Grund haben wir ein paar Regeln aufgestellt, die das Ganze etwas sicherer machen sollen. So trennen wir uns nie voneinander und nehmen nur Platz, wenn dieser auch für zwei Personen vorhanden ist. Außerdem schauen wir uns die Fahrer vor der Abreise ganz genau an. Bei einem allein reisenden, vertrauensvoll wirkenden Mann steigen wir ein, nicht aber bei zwei oder mehr

Personen männlichen Geschlechts. Paare in Mann-Frau-Kombination sind okay und auch bei zwei oder mehr Frauen fühlen wir uns sicher. Wir versuchen immer zeitgleich einzusteigen, sodass keine von uns plötzlich am Straßenrand zurückgelassen werden kann, während die andere entführt wird. Auch ein Taschenmesser tragen wir für den Notfall griffbereit bei uns. Gegen Kamikaze-Fahrer können wir nichts anderes machen, als unter dem hektisch ausgesprochenen Vorwand, erbrechen zu müssen, zum Anhalten zu animieren. Dieser Notfallplan hat noch keine Anwendung gefunden, auch wenn ich mich vage an eine kanadische Rennwagenfahrt erinnere … Heute kann ich jedenfalls eine weitere gute Tramp-Erfahrung in meinem Reisenotizbuch vermerken.

In Ribčev Laz regnet es nicht mehr und wir besuchen ein kleines Fest mit Bühne und slowenischer Volksmusik. Da unsere Sachen noch immer etwas klamm sind, frieren wir und treten bald den Weg zum Campingplatz an. Wir laufen an der Südseite des Sees entlang und erreichen am frühen Abend unser Zelt.

Nordwest-Slowenien, 27. Juli – Gastfreundschaft eines Bahnwärters

Wenn man von jemanden eingeladen wird, per Auto sein Land zu erkunden, welchen Zeitrahmen stellt man sich hierfür vor?
Unser Nachtlager ist zusammengebaut, alle Habseligkeiten in den Rucksäcken verstaut, die Rechnung beglichen. Aleksander, unser Eisenbahner, mit grün-weißem Sportshirt, Funktionshose und Laufschuhen bekleidet, ist nicht wiederzuerkennen. Er wirkt in diesem Outfit deutlich jünger und athletischer. Es ist Sonntag, zehn Uhr und wie verabredet stehen wir auf dem Campingparkplatz an seinem silberfarbenen Citroën Berlingo. Einen dicken Autoatlas in den Händen demonstriert er die für heute geplante Route. Er blättert munter durch die Straßenkarten und zeigt uns immer mehr Orte, die wir anschauen sollten. Dann erkundigt er sich nach unseren Wünschen. Wir versichern ihm, dass wir uns voll und ganz auf seine Vorschläge verlassen und dem nichts hinzuzufügen haben. Und dann geht es auch schon los.
Ich sitze vorn, Cornelia hinter mir. Die folgende Stunde läuft so ab, dass wir fahren, fahren und fahren. Auf schmalen Asphaltstraßen schlängeln wir uns durch die Wiesenlandschaft. Weiße, dichte Wolkenbänder schmiegen sich um die Berge, Heuballen lagern am Wegesrand, Blumen blühen. Wir drehen eine große Runde durch die Umgebung und Aleksander versucht uns so viel

wie möglich zu erklären. Sein Englisch ist nicht sehr fließend und manchmal muss er lange überlegen, bis er einen Satz herausbringt. Dafür, dass er die Sprache nie in einem Kurs erlernt hat, sondern ausschließlich durch seine Arbeit am Bahnhof und den Kontakt zu Touristen, macht er das allerdings außerordentlich gut.

In Bled stoppt er und schlägt uns eine Kaffeepause vor. Das malerische Städtchen – ein Kurort mit 5.200 Einwohnern – ist besonders für sein Schloss, das oberhalb des Ortes thront, und eine kleine Insel im gleichnamigen See bekannt. Mit 24 Grad Celsius gehört seine Wassertemperatur zu den Spitzenreitern in den Alpen. Die Berge schützen vor kalten Nordwinden, sodass bis September gebadet werden kann.

Auf der Terrasse eines gemütlichen Cafés sitzend, bestehen wir darauf, Aleksander einzuladen. Er allerdings wehrt sich vehement gegen diesen Vorschlag und argumentiert: „Das hier ist mein Land. Ich zeige es euch und dazu gehört auch, dass ihr eingeladen seid." So haben wir uns das nicht gedacht. Anstatt ihm einen Kaffee zu spendieren, will er bezahlen und fügt hinzu: „Wenn ich einmal nach Magdeburg komme, dann dürft ihr die Rechnung übernehmen." Wir nicken. Etwas anderes hätte er auch nicht zugelassen.

Aleksander erzählt, dass er selbst schon viel gereist sei. Wie es scheint, ist der Endfünfziger nicht verheiratet und hat auch keine Kinder. Nur eine „Girlfriend" findet Erwähnung. Zusammen mit einem Freund sei er schon oft in Süddeutschland gewesen. Bei all seinen Touren – auch er ist leidenschaftlicher Wanderer und nächtigt oft preiswert in Mehrbettzimmern – ist ihm selbst große Gastfreundschaft entgegengebracht worden. Davon möchte er heute offensichtlich ganz viel zurückgeben. Wir verstehen diese Denkweise, da uns schon wiederholt Gutes widerfahren ist. In Island, in Kanada, Spanien … ebenso in Deutschland. Aus diesem Grund wollen auch wir Gäste so gut wie möglich unterstützen. Wir nehmen ihm das Versprechen ab, uns einmal zu besuchen.

Mit Koffein im Blut geht es weiter. Wir düsen durch den Nationalpark und das benachbarte Gebiet. Eine Skischanze, Kirchen, Flüsse liegen auf Aleksanders Route. Manchmal stoppt er kurz, aber die meiste Zeit verbringen wir im Auto und bestaunen die Umgebung durchs Fenster. Es sind insgesamt vier Stunden vergangen, als Aleksander mit uns Mittagessen möchte. Berauscht von den vielen Informationen und Eindrücken stolpern wir aus dem Fahrzeug in ein Restaurant. Gerade wird ein Tisch frei. Da hier leider nicht typisch slowenisch gekocht wird, entscheiden wir uns für Pasta mit Meeresfrüchten und – auf Aleksanders Empfehlung – eine Karaffe Rotwein. Es ist ja bereits 14:00 Uhr …

Er selbst nimmt nur einen kleinen Schluck, da er fahren muss; während Cornelia und ich uns den Rebensaft teilen. Jegliche Diskussionen führen ins Nichts: Unser sportlicher Fahrer mit den grau-schwarzen Haaren lässt es sich auch jetzt nicht nehmen, uns einzuladen.

Dankbar und ein wenig beschwipst kehren wir zum Auto zurück und brausen wieder los. Dieses Mal sitzt Cornelia vorn und ich schließe auf dem Rücksitz mal unauffällig für ein paar Minuten die Augen. Doch schon ganz kurz nach unserer Abfahrt halten wir auf einem Parkplatz. „Was ist denn los?", will ich von meiner Freundin wissen.

„Ich glaube, wir wandern zu einer Flussquelle", antwortet diese. Ich klettere ein wenig wein- und schlaftrunken aus dem Fahrzeug. Aleksander schließt das Auto ab und läuft zu einem Pfad, auf dem auch einige andere Fußgänger unterwegs sind. Wir folgen ihm und ehe wir uns versehen, hangeln wir uns an Drahtseilen an einer Felswand entlang, mit dem Ziel, die Quelle des Flusses Soča zu erreichen. Cornelia läuft vor mir. Wir kichern leise. Es ist schon kurios: Den gesamten Vormittag verbringen wir recht bewegungslos im Auto, dann gehen wir Mittagessen, werden zum Rotwein eingeladen und marschieren, noch bevor die Wirkung des Alkohols nachlassen konnte, zur Flussquelle.

„Pass gut auf, halt dich fest!", warnen wir uns gegenseitig.

Aleksander schaut sich regelmäßig nach uns um, bis wir das türkisblau schimmernde Gesteinsloch erreicht haben. Wie lange wir gewandert sind, vermag ich kaum einzuschätzen. Vielleicht eine halbe Stunde? Jeder von uns hat eine Kamera dabei, sodass wir emsig Bilder machen, voneinander, von der glasklaren, wassergefüllten Badewanne, dem Fluss, der kraftvoll über einen steinigen Abhang in die Tiefe rauscht. Ein spanischer Tourist, ein junger, sportlicher Kerl, entblößt sich bis auf die Unterhose und hüpft todesmutig und ohne einen Laut von sich zu geben in das eiskalte Wasser. Blitzschnell krabbelt er wieder hinaus, schüttelt sich kräftig und grient uns an. Eine Wette habe er nicht verloren, versichert er lachend. Ich frage mich, wie laut wohl meine Schreie gewesen wären, wenn ich es ihm gleichgetan hätte. Aleksander schätzt die Wassertemperatur auf etwa vier Grad Celsius.

Auf dem Rückweg zum Parkplatz wollen wir von ihm wissen, wann heute Züge nach Ljubljana fahren. Unsere Zeit im Nationalpark neigt sich nämlich dem Ende und wir freuen uns auf Sloweniens Hauptstadt.

„Halb sieben geht der letzte Zug", erwidert unser Fremdenführer wie aus der Pistole geschossen. In meinem Kopf drehen sich die Gedanken darum, dass dies doch recht spät sei und Aleksander uns nun nach mittlerweile fast sechs Sightseeing-Stunden bestimmt bald zum Bahnhof bringen möchte. Ich sehe Cornelia an, dass sie das Gleiche denkt.

Aleksander hingegen überrascht uns mit seiner Aussage: „Es ist das Beste, wenn ich euch nach Ljubljana fahre. Bis halb sieben werden wir noch nicht alles angeschaut haben, was ich euch zeigen will."

Wir werfen einander einen erstaunten Blick zu. „Das ist lieb von dir. Danke. Aber die Fahrt in die Hauptstadt dauert doch sicherlich zwei Stunden?", äußern wir unsere Bedenken.

Aleksander winkt ab: „Kein Problem. Das mache ich gern."

Überwältigt vor Dankbarkeit steigen wir wieder ins Auto, Aleksander wirft den Motor an und es geht weiter.

Ich möchte von unserem herzlichen Gastgeber wissen, wie viele Bären er in seinem Leben schon in dieser Gegend gesehen hat.

„Etwa sechs", schätzt er.

Ich berichte von meiner Bärenphobie, woraufhin er belustigt nickt und entgegnet: „Da habe ich etwas für dich."

Wir stoppen vor einem Museum, betreten nach Aleksander das Gebäude und können es nicht mehr verhindern, dass er drei Eintrittskarten erwirbt. Uns daran zu beteiligen, kommt für ihn nicht in Frage. Die nächste Stunde verbringen wir damit, uns die verschiedensten Exponate zu Flora, Fauna, Werkzeug und Menschen in ihrem traditionellen slowenischen Lebensraum zeigen und erklären zu lassen. Wir steuern auf den Höhepunkt unserer Zeitreise zu, als wir einen Raum betreten, in dem ein ausgestopfter Braunbär über das Zimmer wacht. „Hier hast du deinen Bären!", lacht Aleksander und fotografiert mich mit ihm. Daneben befindet sich eine Tafel mit Schwarzweißbildern eines Mannes ohne Unterkiefer. Sein schmales Gesicht wirkt traurig, seine Augen blicken besorgt drein. Aleksander stellt sich neben mich und erklärt, dass dieser Herr in einen Kampf mit einem Braunbären verwickelt war. Meister Petz schlug ihm den Kiefer aus dem Gesicht. Mir läuft ein eiskalter Schauer über den Rücken. „Aber der Mann hat die Auseinandersetzung trotzdem überlebt", bilanziert unser Guide. Ich bin froh, dem massigen Tier nur in ausgestopfter Form zu begegnen und nicht im Wald beim Wandern. Letzteres ist zwar relativ unwahrscheinlich, dennoch nicht unmöglich. Wenn Aleksander in 59 Lebensjahren insgesamt sechs lebendige Bären sah, traf er immerhin alle 9,83 Jahre auf solch ein zotteliges Wesen. Da ist durchaus Vorsicht geboten …

Wir setzen unsere Rundreise fort, besuchen eine Festung und eine Höhle, die während des ersten Weltkriegs von Soldaten in den Felsen geschlagen wurde. Russische sowie italienische Kirchen, regionale Pflanzen, Schluchten, Täler, Ortschaften, Flüsse und Wasserfälle liegen auf unserem Weg. Wir wissen gar nicht so recht, wo überall wir heute schon gewesen sind. Alles zieht wie ein Rausch, aber trotzdem mit vielen Informationen gespickt an uns vorbei und immer wieder danken wir unserem großherzigen Bahnwärter für seine Engelsgeduld und die viele, viele Zeit, die er sich für uns nimmt.

„Ich habe eine Schwester in Tolmin. Sie kann Deutsch." Kurz nachdem er diese Worte ausgesprochen hat, telefoniert er auch schon mit ihr und vereinbart einen Besuch.

„Orangensaft?" Wir sitzen in der Küche von Aleksanders Schwester. Die schlanke Frau im blau gestreiften T-Shirt trägt ihre blonden Haare kurz und besitzt eine ebenso gutmütige Ausstrahlung wie ihr Bruder. Einstimmig nickend nehmen wir dankbar zwei große Gläser entgegen.

„Wir benutzen Sirup und füllen mit Wasser auf. Es ist sehr gut und stammt aus einer Quelle ganz in der Nähe." Aleksanders Schwester spricht unsere Sprache wirklich fließend.

Als wir wenige Minuten zuvor ihre Wohnung betraten, fühlten wir uns an die Islandreise vor fünf Jahren erinnert. Auch hier waren wir mit einer herzensguten Person unterwegs, die uns nicht nur kilometerweit fuhr, sondern ebenso einen Stopp bei ihrer Schwester, die unsere Sprache beherrschte, einlegte. Damals stellten wir uns die Frage, wie wir reagieren würden, wenn jemand aus unserer Familie an einem Sonntagnachmittag unangekündigt (!) mit zwei fremden Mädels vor der Tür stehen würde. Wir kamen zu dem Schluss, dass sich unsere Begeisterung vermutlich in Grenzen gehalten hätte. Hier in Slowenien sind wir ja wenigstens noch telefonisch angemeldet worden. Aber auf Island …

Vielleicht ist das etwas typisch Deutsches? Wir sind strukturierte Menschen, die sich bemühen, einem Plan zu folgen, und nur ungern überrascht werden. Wenn ich an mein persönliches Umfeld denke, würde ich schon behaupten, dass wir gern planen und so viel wie möglich kontrollieren und wissen wollen. Ich selbst nehme mich davon nicht aus. Oft verspüre ich sogar Freude am Pläneschmieden, was auch gut ist, da sich mit einem konkreten

Vorhaben, auch Stress und Hektik vermeiden lassen. Manchmal kann ich es aber überhaupt nicht ausstehen und wünsche mir, etwas gelassener zu sein. Darin bin ich – dank meiner Reisen – zumindest ein wenig besser geworden. Unterwegs mache ich nämlich immer wieder die Erfahrung, dass sich vieles von ganz allein fügt und das Leben ziemlich reibungslos fließt, auch ohne mein Zutun. Daran muss ich mich im Alltag hin und wieder selbst erinnern. Natürlich gelingt mir das nicht immer. Aber ich besitze wenigstens gute Voraussetzungen, um es zu versuchen. Und ab und zu ist es auch ganz gut zu planen. Anders lassen sich gewisse Ziele nicht erreichen.

Apropos typisch deutsch: Nachdem wir den ersten Schritt in die Wohnung getan hatten, beugten wir uns sofort zu unseren Füßen hinab und begannen damit, unsere Schnürsenkel aufzuknoten. Noch bevor die erste Schleife offen war, hielten uns unsere Gastgeber mit wildem Winken davon ab fortzufahren. „Bitte lasst eure Schuhe an!", forderten sie. Auch das Argument, wir kämen direkt vom Camping und hätten noch getrocknete Erde an den Sohlen, trug nicht dazu bei, dass wir die Boots ausziehen durften. In vielen Ländern, die ich bereiste, sollte ich meine Straßenschuhe anlassen. Daneben gibt es aber auch Nationen und Kulturen, in denen Räume barfuß betreten werden. Für mich ist das Begehen einer Privatwohnung auf Socken jedenfalls kennzeichnend für meine Heimat.

Die Wohnung befindet sich im Erdgeschoss eines fünf- oder sechsstöckigen Blocks, ist sauber, ziemlich verwinkelt und findet ihren Anfang in einem dunklen Korridor, der seine Gäste mit einer geräumigen Tiefkühltruhe begrüßt. Das Mobiliar ist aus dunklem Holz gefertigt.

Aleksanders Schwager schaltet den Computer ein. Während Cornelia sich bei einem weiteren Glas Orangesaft unterhält, suche ich nach einem Hostel in Ljubljana. Mittlerweile ist es halb acht und wir werden erst spät ankommen. So gern wir uns die Unterkünfte vor Ort suchen, mitten in der Nacht haben wir dazu keine Lust mehr. Ich rufe in einer zentrumsnahen Unterkunft an und reserviere zwei Betten.

Zum Abschied fotografieren wir einander und bekommen den eindringlichen Rat, Sloweniens Hauptstadt unbedingt in Ruhe anzuschauen.

Zu dritt setzen wir die Reise fort. Über kurvenreiche, enge Landstraßen bahnt sich der Citroën seinen Weg durch die grüne Landschaft. In der Nähe seines Heimatortes Podbrdo biegt Aleksander zu einem Canyon ab, den wir erst erreichen, nachdem sich der Berlingo über einen Kiesweg gequält hat. Der Motor geht mehr als einmal in die Knie und die Reifen wirbeln ordentlich

Staub auf, beim Versuch die rutschige Anhöhe zu erklimmen. Ohne einen Abhang herunterzufallen, erreichen wir das Ziel, bestaunen die Schlucht für einige Sekunden aus dem Auto heraus und rollen dann wieder zur Hauptstraße zurück.

Aleksanders Tante und Onkel leben auch hier in der Gegend und sind mit 83 sowie 90 Jahren schon sehr alt. Bis auf Hüftprobleme und eine Asthmaerkrankung seien sie noch recht fit und wohnen im eigenen Haushalt. Die riesige Verwandtschaft kümmere sich um die beiden, genauso wie vor einigen Jahren, als Aleksanders Mutter im Sterben lag.

„Es herrscht ein enger Familienzusammenhalt", erzählt unser persönlicher Fremdenführer. „Ich, meine zwei Brüder und auch meine Schwester haben Mutter in den letzten Jahren unterstützt. Sie musste nur wenige Wochen in einem Heim verbringen. Ihre Krankheit war so weit vorangeschritten, dass wir die Pflege nicht mehr mit unseren Arbeitszeiten vereinbaren konnten. Meine Mutter war eines von 17 Kindern. Zehn von ihnen leben noch, sieben nicht mehr."

Auf meine Frage, wie oft er sich mit seinen Geschwistern trifft, antwortet er mir, dass sie einander wöchentlich sehen und zusätzlich telefonieren. Das ist viel. Ich glaube, wir Deutschen sind nicht gerade Meister in punkto Beziehungspflege zu Eltern, Großeltern und Geschwistern. Meine Familie ist mir äußerst wichtig. Die Zeit, die ich mit ihr verbringe, ist unbezahlbar und ohne sie wäre mein Leben nur ein Fünkchen so schön, wie es tatsächlich ist. Ich treffe mich regelmäßig mit ihr, wir telefonieren. Aber so vorbildlich wie Aleksander bin ich nicht, Ich denke, wir Deutschen nehmen das Großfamilienleben heute nicht mehr ganz so ernst wie andere Nationen. In meiner Fantasie erscheint das Bild der süditalienischen Verwandtschaft, die in mehreren Generationen unter einem Dach lebt. Das käme für mich nur im Notfall in Frage. Viel schwerer wiegt mein Wunsch nach einem eigenen Leben. Wir Deutschen grenzen uns mehr ab und sind eher Individualisten. Wir haben nichts dagegen, für uns zu sein, und sitzen vielleicht nicht ganz so häufig wie die slowenische Familie zusammen am Tisch. Ich bin so groß geworden, kenne es nicht anders. Für mich ist das in Ordnung, was nicht heißt, dass ich es nicht auch bedaure, wenn ich mir zu wenig Zeit für meine Lieben nehme. In diesen Phasen wäre es gut, ich wäre etwas mehr wie Aleksander ...

Langsam legt sich die Dunkelheit über dieses schöne Land und trotzdem wird Aleksander nicht müde, uns mit weiteren Informationen zu versorgen. Unweit von hier führe der Alpe-Adria-Trail entlang, ein Weitwanderweg, der die drei Regionen Kärnten, Slowenien und Friaul Julisch Venetien auf insgesamt rund 43 Etappen miteinander verbindet. Er endet an der Adria in Muggia. Der 690 km lange Bergwanderweg, der seinen Beginn am Fuße des Großglockners hat, würde auch mich interessieren. Alle Aktivitäten, die mit Wandern, Natur und frischer Luft zu tun haben, sind genau mein Ding. Mittlerweile hat die Nacht den Tag besiegt und wir gleiten durch vollkommene Dunkelheit. Nur das Licht der Scheinwerfer jagt strahlende Kegel durch die Finsternis. Wir haben noch einige Kilometer vor uns. Über dieses Land habe ich schon viel erfahren dürfen, trotzdem ist mein Wissendurst noch immer nicht gestillt.

„Gutes Essen ist auch typisch für uns Slowenen", bemerkt Aleksander, ohne lange zu überlegen. Dazu gehöre zum Beispiel Jota, ein Eintopf aus Bohnen, Sauerkraut, Kartoffeln und Speck. Für den Triglav Nationalpark seien Honig sowie Honigschnaps charakteristisch. Generell, so findet Aleksander, gehört das Schnapstrinken zur slowenischen Genusskultur. Während des Essens aber gibt es Wein, gern einen Cviček – eine Mischung aus bis zu vierzehn Rot- und Weißweinen. Der Rotweinanteil sei dominierend, sodass den Rebensaft ein hellrot schimmerndes Aussehen kennzeichnet.

Und was verbindet er mit unserer Heimat?

„Deutsche haben einen starken Charakter. Sie sind zuverlässig und liefern hohe Qualität ab. Ihr arbeitet sehr hart und trinkt gern Bier." Lachend stimmen wir ihm zu. Apropos arbeiten: „Wie viele Züge musst du pro Tag eigentlich ein- und ausgeleiten?", will ich wissen. Wenn ich ihn richtig verstanden habe, sind es nicht mehr als dreizehn Schienenfahrzeuge. Aleksander arbeitet in langen Schichten, oft auch nachts. Während eines dreistündigen Nachtfahrverbotes kann er in dem Bett schlafen, das er sich mit seinen wenigen Arbeitskollegen die Woche über teilt.

Wir sind fassungslos, als wir Ljubljana um 23:00 Uhr erreichen. Seit 10:00 Uhr morgens sind wir mit diesem fürsorglichen Fremdenführer unterwegs und er ist es immer noch nicht leid, seinen Sonntag mit uns zu teilen. Wir parken unmittelbar vor dem gebuchten Hostel, als er vorschlägt, gemeinsam in ein Restaurant zu gehen. Auch wenn wir wissen, dass er sich gern um uns kümmert, bitten wir ihn, die zweistündige Rückfahrt alsbald zurückzulegen. Das viele Umherkutschieren muss ihn angestrengt haben und uns geht es besser mit dem Gedanken, dass auch er gesund und unfallfrei an seinem Ziel ankommt. Er lässt sich darauf ein und verabschiedet sich mit einem ganz besonderen Geschenk bei uns: Sein Nachbar ist Imker und von ihm erhielt er die riesige Glasflasche Honigschnaps und den Kübel Honig, den er uns nun freudig entgegenstreckt. Sprachlos nehmen wir die Präsente entgegen und müssen ihn beinahe schon dazu zwingen, eine Handvoll unserer Aufkleber und Aufnäher für sich und seine Familie als kleines Zeichen unserer tiefen Verbundenheit anzunehmen. Er bedankt sich für die Zeit und unseren Aufenthalt in seinem Land. Wir schütteln energisch die Köpfe und entgegnen im Chor: „Wir haben zu danken!"

Die Stadtlichter verschlucken sein Fahrzeug und wir winken ihm so lange nach, bis von ihm nichts mehr übrig ist als die lebendige Erinnerung an einen wunderschönen Tag.

Wir betreten unsere Unterkunft, an deren Rezeption noch einige andere Rucksacktouristen auf ihren Check-in warten. Für siebzehn Euro pro Nacht finden wir Unterschlupf in einem drei Personen-Zimmer, in dem es keinen dritten Gast gibt. Glücklich über diese Tatsache nutzen wir die Geräumigkeit und breiten unser Zelt zum Trocknen aus. Noch immer kleben feuchte Laubblätter vom letzten Standort an seinem Stoff.

Wir glauben, dass wir in einem ehemaligen Klassenraum schlafen. Die langen Flure, die Waschräume, der Schnitt des riesigen Gebäudekomplexes – alles deutet darauf hin, dass hier früher mal Schulglocken erklangen. Die bröcklige Fassade und abgeplatzten Fensterrahmen lassen nur vage Vermutungen zu, wie lange das her sein könnte. Das Interieur zeichnet sich jedenfalls durch simple Holzmöbel und penible Sauberkeit aus. Der Fußboden besteht aus Fischgrät-Parkett.

Wir setzen uns auf die einander gegenüber stehenden Betten und blicken auf den Tisch zwischen uns. Darauf thronen die Honigspezialitäten von Aleksander. Unsere Blicke gleiten wechselweise zwischen den Rucksäcken und den Produkten der fleißigen Bienen hin und her. Was sollen wir, als Backpacker, die auf Minimalgepäck achten, damit nun anstellen? Glasverpackungen mit derartig üppigen Füllungen gehören nicht zu unserem Equipment.

„Wir könnten den Schnaps austrinken und jeden Morgen Honigbrote essen", gebe ich zu bedenken. Und plötzlich bricht es laut aus uns heraus. Prustend und nach Luft schnappend kullern wir über die Matratzen und schlagen mit den Fäusten in die Kissen. Das ist mit Abstand das außergewöhnlichste Reisegeschenk, das wir je bekommen haben.

In einer Bar lassen wir bei slowenischem Bier und Jota, dem von Aleksander empfohlenen Eintopf, diesen beeindruckenden Tag ausklingen. Gutes Bier sei typisch deutsch, davon haben wir heute nicht zum ersten Mal gehört. Slowenien soll eher ein Wein- und Schnapsland sein. Ich aber finde das Bier hier außerordentlich schmackhaft. Laško und Union sind nicht sehr bitter und schön süffig. Das gefällt mir.

Nicht nur kulinarisch stellt mich dieser Ort zufrieden, auch das Straßenbild trifft genau meinen Geschmack. Ich empfinde das Flair der Stadt als sehr künstlerisch. Die Fassaden der Häuser sind nicht aalglatt und picobello saniert, sondern mit farbenfrohen Graffitis verziert. Mit Bierdosen in den Händen rollt eine Gruppe Skater auf ihren Brettern an uns vorbei. Die Räder verursachen ein stimmungsvolles Brummen, als sie über den Asphalt gleiten. Wir werden von einer blondgefärbten Kellnerin mit stark geschminktem Gesicht bedient. In der Schule hat sie Deutsch gelernt und gräbt schüchtern nach den verschütteten Worten in ihrem Kopf.

Als ich gegen halb eins im Bett liege und an die dunkle Decke starre, bin ich glücklich. Völlig hingerissen von diesem Land, seinen Menschen und der Stadt Ljubljana, falle ich in einen tiefen Schlaf und träume davon, wie ich den Honigschnaps austrinke …

Ljubljana, 28. Juli – Meine Geliebte

„Zwanzig Euro! Wirklich?" Mit großen Augen starren Cornelia und ich die Postbeamtin an. Sie nickt. „In Ordnung", seufzen wir. Jede von uns zieht einen Zehneuroschein aus der Tasche und packt ihn auf den Tresen. Die Dame verstaut das Paket und kassiert unser Geld. Wir drehen uns zum Gehen um und wünschen unserem Honigglas und der Schnapsflasche noch eine gute und vor allem bruchfreie Reise nach Magdeburg. Auch wenn uns der Gang zur Post mehr als eine Tagesration Verpflegung gekostet hat, so war es uns die Ausgabe wert. Weder die Option, alles auszutrinken bzw. -zu löffeln, noch der Weitertransport im Rucksack oder das Verschenken an eine andere Person kamen für uns in Frage. Dazu ist uns das Geschenk von Aleksander viel zu wertvoll.

Ljubljana bedeutet „Die Geliebte". Ich verstehe bestens, warum das so ist. Bereits gestern Abend habe ich mich in diesen Ort verliebt. Heute lerne ich ihn besser kennen und meine Gefühle verstärken sich. Auch unser zweites Date verläuft romantisch. Ich denke, da könnte mehr draus werden … Ljubljana, du bist nicht zu groß und auch nicht zu klein. Du bist weder zu leise noch zu laut. Du bist alt und doch jung geblieben. Du bist farbenfroh und

gut gekleidet und nachts leuchtest du. Du hast einen hervorragenden Musik-
geschmack und verstehst etwas von Kunst. Kurzum: Mit dir fühle ich mich
wohl.

Meiner Liebeserklärung möchte ich noch hinzufügen, dass „meine Geliebte"
ein fantastischer Ort ist, dessen Besuch sich lohnt, auch wenn es hier keine
weltberühmten Sehenswürdigkeiten gibt. Reiche Geschichte, Tradition, Stil,
Kunst und Kultur und eine Atmosphäre, die mitteleuropäisch und zugleich
mediterran ist, können punkten. Es ist eine moderne und kompakte Stadt
mit ansehnlichem Kulturerbe, deren Größe genau richtig ist, um menschlich
zu bleiben. Ein Ort mit jungem und dynamischem Lebensrhythmus, zu dem
rund 50.000 Studenten beitragen. Ljubljana – eine der kleinsten und char-
mantesten Hauptstädte Europas – so steht es in einem Flyer des Tourismusbüros. Für mich ist das keine platte Werbung, sondern die Wahrheit.

Auf Empfehlung des Prospektes bummeln wir auf dem malerischen Markt-
platz im Zentrum entlang. Obst und Gemüse aus der Umgebung werden
angeboten, aber auch Importware wie Bananen. Neben Fisch, Käse, Fleisch
und Wurst werden auch Blumen, Kleidung und Schuhe verkauft.

Wir schlendern weiter und genießen bald schon den Blick auf das Stadtpa-
norama von der Burg aus. Die mächtige mittelalterliche Festung gilt als
Symbol der slowenischen Hauptstadt und ist für viele Touristen ein interessanter Ausflugspunkt. Kein Wunder, so lässt sich der Weg von der Innenstadt
aus innerhalb weniger Minuten zu Fuß bewältigen und belohnt den Besucher
mit einer tollen Sicht auf strahlend rote Häuserdächer und lange Bergzüge
am Horizont.

Beim Spaziergang durch enge Pflastersteingassen lernen wir das historische
Gepräge der Altstadt kennen. Wir hören uns die Volksmusik einer Straßenband an und erkunden, am Fluss entlang spazierend, einige der zahlreichen
Bars. Zum späteren Abend spielt in einer Fußgängerzone eine Brassband.
Blasmusiker, die ordentlich Luft in den Lungen haben, beschallen die ganze
Innenstadt mit ihren lebendigen Klängen. Eine große Traube von Menschen
ist halbmondförmig um sie versammelt. Manche sitzen auf dem Asphalt,
einige schwingen mit, andere stehen nur stumm da und lauschen. Auch wir
verweilen lange an diesem Ort und hören zu, wie die Klänge an die Gemäuer
prallen und kraftvoll wieder zurückgeworfen werden.

Dann treibt es uns in die Bar vom Vorabend, die so gut besucht ist, dass wir
draußen keinen Platz mehr finden. Nur ein Stückchen weiter, in einem ande-

ren Lokal, sind wir erfolgreich. Die Kellnerin sitzt gerade selbst gemütlich mit einer Gruppe von Gästen vor dem Nachtcafé. Als sie uns sieht, erhebt sie sich und nimmt die Bestellung auf. Wir fragen nach einer Portion Chips, die wir gern knabbern wollen. Sie verschwindet und kehrt mit der Information zurück, die Knabberei sei alle.

„Und Pommes frites?"

Sie geht erneut, um uns wenig später mitzuteilen, dass auch die gelben Kartoffelstäbchen aus seien. In der Speisekarte entdecken wir, dass es Brot mit Dip geben würde. Wir sprechen sie darauf an. Was so alles im Dip enthalten ist und wonach er schmeckt, erklärt sie freundlich.

„Das ist das Richtige!", bestellen wir enthusiastisch.

Drei Minuten sind verstrichen, als sie mit leeren Händen wiederkehrt, um uns zu erklären, dass das Essen im Nebenrestaurant zubereitet wird, der Koch aber die gesamte Woche nicht da ist. Kein Koch, kein Essen. Das leuchtet ein. Allerdings können wir uns ein unauffälliges Grienen nicht verkneifen. Das hat sie erst nach der dritten angefragten Speise erfahren? Bevor wir noch etwas sagen können, fährt sie fort: „Dort drüben ist ein ganz hervorragender Imbiss. Es gibt die besten Falafel der Stadt! Geht doch kurz hinüber, holt euch etwas und esst hier, zusammen mit eurem Getränk."

Ich nicke. Conny hakt nach: „Das ist echt okay, wenn wir das Essen von dort hier bei Ihnen verspeisen?"

Als wäre die Frage vollkommen überflüssig, erwidert sie: „Ja, klar!" und entfernt sich.

Ich stehe auf und befolge ihren Tipp. Grelles Neonlicht und ein duftender Dunst aus Gewürzen begrüßt mich. Vor mir stehen drei Personen an und ich nutze die Zeit, mir die Speisekarte sorgfältig anzuschauen. Sie ist ausschließlich in der Landessprache verfasst und nur wenige Fotos illustrieren das Angebot. Schon wieder ist es da: Dieses Gefühl, ohne Sprachkenntnisse, ein wenig hilflos und verloren zu sein. Anders als bei der Suche nach dem richtigen Weg in Brno, geht es mir heute aber nicht schlecht damit. Irgendwie genieße ich es sogar, auch einmal nichts zu verstehen. Ich spüre die Wärme, das grelle Licht und lausche den Worten, die ich nicht deuten kann. Mal erscheint mir diese Sprache sehr sanft, dann gibt es Bezeichnungen, die härter klingen. Ein interessantes Wechselspiel, das ich als angenehm empfinde. Vor allem die weichen und unaufdringlichen Laute gefallen mir. Als ich an der Reihe bin, wähle ich eine große Falafel-Rolle. Eine stark, aber geschmack-

Meine Geliebte hat zu viel getrunken

voll geschminkte junge Frau mit tiefschwarzem Haar bereitet die gewünschte Speise zu. Immer wieder lacht und plaudert sie mit zwei Kollegen. Wenn sie das tut, hält sie kurz inne und unterbricht ihre Arbeit. Nur sehr langsam landen alle Zutaten auf meinem Teig. Die vollkommene Abwesenheit von Hektik und Getriebenheit entspannt auch mich. Ich habe ja Zeit.

Im Alltag erwische ich mich oft dabei, nervös zu werden, wenn es an der Kasse länger dauert oder der Bus nicht rechtzeitig erscheint. Obwohl ich mir vornehme, ruhig zu bleiben, klappt das nicht immer. Ich glaube, das liegt daran, dass ich mich zuhause häufig in ein Netz aus Terminen und Erledigungen einspinne. Ein Zuspätkommen versetzt nicht nur mich in Unruhe, sondern ebenso die Menschen, mit denen ich verabredet bin. Auch deshalb liebe ich das Reisen so sehr: Ich gehe die Dinge langsamer an, lasse mich seltener hetzen, habe weniger Verpflichtungen anderen gegenüber.

Später beim Bezahlen unserer Getränke werden wir von der Kellnerin noch gefragt, wie unser Imbiss geschmeckt habe. Ohne lange zu überlegen, können wir mit „Köstlich!" antworten.

Wenn ihr mich fragt: „Kommt in der sommerlichen Dunkelheit in Ljubljana an, lauft durch eine der Gassen, die in das Stadtzentrum führen, nehmt einen Drink vor einer der coolen Bars, atmet die Nachtluft tief ein und spürt erst einmal den Puls dieser Stadt! Am nächsten Tag könnt ihr Bauwerke, Parks, Fluss und Straßenmusik bei Helligkeit bewundern."

Keine Liebe ohne Streit: Kurz bevor wir in das nächste Land aufbrechen, will es die Stadt noch einmal von uns wissen. Aufgrund einer Falschauskunft des Tourismusbüros zahlen wir, beim Versuch, „Die Geliebte" zu verlassen, insgesamt zwanzig Euro dazu. Wir müssen mit dem Bus fahren, was uns zehn Euro pro Person kostet, da unser Interrail-Ticket in diesem Verkehrsmittel nicht gilt. Zwischen der Auskunft der Dame im Fremdenverkehrswesen und den Angaben des Bahnpersonals liegen Welten. Wir begleichen die Rechnung und versöhnen uns noch schnell mit unserer Ljubljana. Dann bringt uns der Bus zu den Stadtgrenzen und weiter darüber hinaus …

FAZIT: MEIN SLOWENIEN

Vor der Reise tat ich mich schwer damit, festzuhalten, was typisch slowenisch ist. Nach langem Suchen stieß ich auf die Behauptung, die Slowenen seien gastfreundlich, gesellig und sangesfroh. Gastfreundlich-Fragzeichen? Gastfreundlich-Ausrufezeichen! Jemanden wie Aleksander zu finden, gleicht einem wahren Glücksgriff. Doch nicht nur bei dem gutmütigen Bahnwärter und seiner Schwester haben wir uns willkommen gefühlt, sondern auch in Restaurants, beim Trampen, in Touristenbüros. Von weit mehr als einer Person hörten wir den Satz: „Danke, dass ihr in unserem Land zu Gast seid!"

Unseren Freund Aleksander und auch seine Schwester haben wir als gesellige Menschen erlebt. Wie gut und gern die Slowenen singen, vermag ich – mangels Beweismaterials – leider nicht zu beurteilen. Ebenso wenig kann ich die Trinkfestigkeit einschätzen. Unser treuer Fahrer hat sich pflichtbewusst verhalten und zum Mittagessen nur mal am Rotwein genippt. Vielleicht lässt die Tatsache, dass wir eine große Flasche Honigschnaps geschenkt bekommen haben, Raum für weitere Interpretationen zu dieser angeblichen Eigenschaft.

Braunbären gibt es tatsächlich, wie die (beunruhigenden) Angaben der Fremdenverkehrsfrau und Aleksanders sechsfache Begegnung belegen. Mit deftigem Essen haben wir uns bis auf den sehr köstlichen Eintopf namens Jota zurückgehalten. Möglicherweise ist das der Grund, weshalb Meister

Petz an uns kein Interesse hatte … Wir schmecken ihm vielleicht einfach zu deutsch. Wo ich gerade dabei bin: Auch in Slowenien existiert das Bild des hart arbeitenden Deutschen.

Landschaftliche Vielfalt und gutes Essen: Das waren Dinge, die den Slowenen zu ihrem eigenen Land einfielen. Ich füge hinzu: Viele Toilettentüren, die nicht abzuschließen waren, und Sauberkeit – sowohl auf Straßen, Campingplätzen, im Hostel und – besonders bemerkenswert – in öffentlichen WCs.

Slowenien: Vor wenigen Tagen war es für mich noch ein Land ohne Gesicht. Jetzt hat es strahlende Augen, eine sympathische Nase und vor allem einen lachenden Mund! Ihr lieben Slowenen: Wir haben zu danken, nicht ihr!

VIERTE STATION ITALIEN
Pizza, Pasta, Dolce Vita

Italien: Das ist ein Land, das ich bereits durch zwei Klassenfahrten und einen privaten Städtetrip nach Rom erleben durfte. Außerdem war ich schon zwei Mal in Südtirol mit Brettern unter den Füßen aktiv. Nun ist es an der Zeit, mit dem Rucksack und per Zug einige Kilometer durch den Stiefel Europas zu ziehen.

Im Gegensatz zu Slowenien hatte ich keinerlei Probleme damit, Besonderheiten und auch Klischees zu finden. Pizza, Pasta, Eis, Rotwein – das sollen auf dem Teller beziehungsweise im Glas die kulinarischen Klassiker sein. Gepaart mit angeblicher Lebensfreude, Genuss, Gesang und Geselligkeit schmeckt das Essen wohl noch besser. Außerdem sei die Behauptung hinzugefügt, dass in Italien immer die Sonne scheint. Heraus kommt dabei: „La dolce vita". Soll heißen: „Das süße Leben" – bekannt seit Federico Fellinis gleichnamigem Film aus dem Jahr 1960. Wir verbinden damit die italienische Lebensart, die sich durch Luxus, Nichtstun und Vergnügungen auszeichnet.

Italiener kommen ständig zu spät und wollen angeblich immer gut aussehen – sowohl die Frauen als auch die Männer. Alle maskulinen Italiener seien Machos und baggern hemmungslos Frauen an, so lautet eine weitere Behauptung. Der Katalog der Stereotypen ist groß und ich möchte es hierbei belassen.

Vor allem auf die Recherche zum letzten Punkt bin ich gespannt. Also dann Outdoorhose glatt gezogen, Wanderschuhe poliert, Haare gekämmt und auf in das Abenteuer Italien!

Venedig, 29. Juli – Italienische Verwirrung

Zu Fuß nach Italien? Geplant war das nicht, passiert ist es trotzdem. Wir kommen nach zweieinhalb Stunden im slowenischen Ort Nova Gorica mit dem Bus an und erhalten hier die Auskunft, es sei zum Bahnhof nicht sehr weit. Tatsächlich erreichen wir diesen nach einigen zügig gelaufenen Minuten. Glücklich darüber, den angepeilten Zug noch zu schaffen, erkundigen wir uns nach dem richtigen Gleis. Uns klappen die Kinnladen herunter, als wir hören, dass wir am falschen Bahnhof sind. Ein deutscher Radfahrer, der in Garmisch-Partenkirchen gestartet ist und von Italien nach Slowenien über Österreich nach Prag reisen will, klinkt sich ein. Er erklärt uns, dass wir etwa vier bis fünf Kilometer zurücklegen müssen, um zum richtigen Bahnhof, Gorizia Centrale, in Italien zu kommen. Erst von dort bestehe eine Zugverbindung nach Venedig. Es sei nicht nötig, zu Fuß zu gehen, denn ein Bus verkehre zwischen diesen beiden Punkten. Der Radler und die Dame am Ticketschalter können uns allerdings nicht verständlich machen, wo er abfahren soll. Wir beschließen zu laufen. Den anvisierten Zug werden wir sowieso nicht mehr erreichen. Bevor wir unseren Wanderschuhen das Startsignal geben, tauschen wir mit dem Biker noch unsere Stadtpläne aus. Er bekommt von uns die Citymap Ljubljana plus Empfehlung fürs Hostel und wir von ihm eine Straßenkarte dieses Ortes. Wie so oft hält Cornelia sie in den Händen und navigiert uns durch die Siedlung. Es ist nicht schwer zu bemerken, an welcher Stelle wir Slowenien verlassen und Italien erreichen. Die Straßennamen, Beschriftungen und der Stil der Häuser sowie ihrer Fassaden zeigen uns deutlich, dass wir es geschafft haben und erfolgreich in unser neues Reiseland gelaufen sind. Wir biegen noch einige Male rechts und links ab, stoppen, schauen auf den Plan, um den kürzesten Weg zum italienischen Bahnhof zu finden. Während wir so dastehen, das aufgefaltete Papier in den Händen, werden wir plötzlich angesprochen. Ein Mann Anfang fünfzig, groß, Halbglatze und Bierbauchansatz bleibt neben uns stehen und will wissen: „Ihr wollt wohl nach Slowenien?"
„Nein!", erwidern wir energisch. „Da kommen wir doch gerade her. Venedig ist unser Ziel!"
Daraufhin schüttelt der Typ den Kopf und beginnt: „Kürzer ist es, wenn ihr …" Dann plötzlich winkt er ab. „Gleich geht ein Zug. Den erreicht ihr zu Fuß niemals pünktlich."

Ich will gerade ansetzen und ihm erklären, dass wir dann eben später fahren werden, als er hinzufügt: „Kommt mit!" Cornelia und ich schauen uns kurz an, tauschen uns wortlos darüber aus, dass der Mann in Ordnung zu sein scheint und finden uns in der nächsten Minute in einem klapprigen, roten Fiat Punto wieder. Cornelias Rucksack ruht im Kofferraum und ich bin mit meinem Gepäck auf der Rücksitzbank eingeklemmt. Der freundliche Italiener spricht Deutsch und noch eine Handvoll weiterer Sprachen, da er für ein europäisches Projekt arbeitet. Während er erzählt, rast er wie Speedy Gonzales durch die Stadt. Bei wirklich sehr dunklem Gelb überqueren wir die Straßen. Mehr als einmal passieren wir derartig orangefarbene Kreuzungen. Der Fiat klappert, als würde er jede Sekunde in seine Einzelteile zerfallen. Ich bemühe mich eisern, geradeaus zu schauen, da ich die alten, löchrigen Sitzpolster sonst womöglich noch mit meinem ganz eigenen säuerlichen Parfüm benetzen würde. Glücklicherweise dauert die Fahrt nur wenige Minuten und bevor sich mein Magen umdrehen kann, sind wir auch schon da. Wir bedanken uns noch schnell mit einem Aufkleber für die Mitfahrt und betreten dann den Bahnhof. In knapp zwanzig Minuten können wir nach Venedig fahren.

Wir sitzen am Gleis und grienen uns kopfschüttelnd an. Immer wieder versetzt es uns ins Erstaunen, wieviel Glück wir während unserer Reisen haben. Überall auf der Welt sind uns Menschen begegnet, die sich rührend um uns kümmerten. Und diese Glückssträhne scheint nicht abzureißen. Warum uns so viel Gutes passiert, wissen wir nicht. Wir sind jedenfalls sehr, sehr dankbar dafür und nehmen nichts von alledem als selbstverständlich hin. Jede Einladung zum Essen, jede Mitfahrgelegenheit, jede geschenkte Landesbesichtigung, jedes freie Bett ist etwas Besonderes, über das wir teilweise noch Jahre später reden. Den Menschen, mit denen wir enger im Kontakt waren, wie zum Beispiel Aleksander, schicken wir von Zuhause aus gern ein Päckchen mit kleinen Geschenken aus unserer Heimat. Vielleicht mag gerade die letzte Begegnung mit dem Fiat Punto-Mann so wirken, als wären wir gutgläubig. Diesem Eindruck kann ich lediglich entgegenhalten, dass wir auf unser Bauchgefühl, unsere Menschenkenntnis und jahrelange Reiseerfahrung bauen. Wir geben dem Kind einen anderen Namen: Vertrauen! Getreu dem Zitat „Wer Vertrauen hat, erlebt jeden Tag Wunder." (Peter Rosegger) In einem leeren Zug mit blauen Sitzen und einer Hochleistungsklimaanlage nicken wir ein. Nach einiger Zeit werde ich wach, lege mir einen Pullover über die Knie und beobachte das Treiben an den verschieden Bahnhöfen, die wir auf unserem Weg passieren. Das Schöne sind für mich die Emotionen, die ich als stille Zeugin beobachten darf. Trennungsschmerz von Liebespaaren, Eltern, Geschwistern – starke Gefühle sind es, die an den Bahnsteigen sichtbar werden. Ich schaue zu, wie eine junge Frau mit langen schwarzen Locken ihren ebenso hübschen Freund gehen lassen muss. Die beiden liegen sich noch bis kurz vor der Abfahrt in den Armen und küssen einander lange und leidenschaftlich. Nachdem er eingestiegen ist, steht sie allein am Gleis, bewegt ihre Lippen, formt sie zu Worten, die wahrscheinlich nur er verstehen kann. Der Zug fährt los, sie winkt ihm noch lange nach.

Gegen 17:00 Uhr erreichen wir Venezia Santa Lucia. Warme Luft, Ausblicke aufs Wasser, mächtige Bauwerke und eine Million weiterer Touristen begrüßen uns. Unsere Vorgehensweise ist oft gleich: Bei Ankunft in einer neuen Stadt suchen wir zunächst eine Tourismusinformation, lassen uns dort mit einem Gratisstadtplan versorgen, fragen nach Hostels, billigen Pensionen und markieren uns die Stadtviertel, in denen es vermehrt preiswerte Unterkünfte geben soll. Dann laufen wir los und klappern alle Etablissements ab, die wirken, als würden sie nicht mehr als zwanzig Euro pro Person und Nacht kosten. Zuletzt waren wir damit in Lissabon sehr erfolgreich. Es kostete zwar einige Zeit, Nerven und auch Kraft, mit dem schweren Rucksack auf dem Rücken, so durch die Straßen zu ziehen, aber letztendlich landeten wir in einem sehr sauberen Zweibettzimmer mitten im Zentrum von Portugals Hauptstadt. Komfort und Sauberkeitsgrad gingen weit über das hinaus, was wir einer Ein-Sterne-Unterkunft zugetraut hätten.

Genau das wünschen wir uns auch hier. Wir steuern eine kastenförmige Gebäudekonstruktion direkt am Bahnhof an und fragen nach einer Straßenkarte. „Kein Problem. Das macht 2,50 Euro!", lautet die Antwort des Mannes hinter dem Ticketschalter.

„Haben Sie denn nicht einen einfachen Papierstadtplan?" Ich male mit meinen Zeigefingern ein Viereck in die Luft. „Diese Gratiskarten, die es überall gibt", füge ich hinzu.

Er schüttelt den Kopf. Wir gehen ohne Beute weiter und drücken uns in die Menschenmassen. Unsere Vermutung: „Hier ist viel los, hier finden wir garantiert eine klassische Information, wie wir sie auch aus anderen Ländern kennen!"

Nur langsam kommen wir Schritt für Schritt voran, so überfüllt sind die Gassen. Man sollte meinen, unser üppiges Gepäck wirke respekteinflößend und ermögliche uns den einen oder anderen Durchgang etwas schneller.

Aber nein! Mit dieser Vermutung liegen wir gründlich falsch. Stattdessen müssen wir uns die Durchgänge erkämpfen. Nur Kinder sind weniger widerstandsfähig, wie die folgende Situation beweist: Cornelia läuft vor mir, als plötzlich ein Mädchen ihren Weg kreuzt. Der kleine Kopf ist genau auf Augenhöhe mit Connys Isomatte, die unter dem Rucksack befestigt ist. Der winzige Erdenbürger schaut verträumt in der Weltgeschichte herum, statt nach vorn zu blicken. So kann es auch passieren, dass das kleine Gesicht die Isomatte frontal begrüßt. Weil Cornelia davon nichts mitbekommt und ich meine Lippen nicht so blitzschnell zu einem „Pass auf!" formen kann, klappt sich der kleine Kopf geschmeidig in den Nacken und taucht erst wieder auf, nachdem die Matte darüber hinweg gerollt ist. Bis auf einen kleinen Schreck scheint dem Mädchen nichts zugestoßen zu sein. Aus dem Augenwinkel sehe ich noch, wie die Kleine ein verdutztes „Mamma" hervorbringt und mit dem schmalen Zeigefinger auf die im Getümmel verschwindende, orangefarbene Rolle deutet. Das ist also Venedig: Menschen, Enge und Trubel.

Wir haben schon einige Meter zurückgelegt, aber ein „i" für „Information" ist nirgends zu sehen. An einem Obststand fragen wir nach. Der Verkäufer zuckt ratlos mit den Schultern, ebenso der Handtaschenhändler. Erst in einer Wechselstube erfahre ich, dass es am Bahnhof einen Auskunftspunkt geben soll. Leicht genervt schieben wir uns also dorthin zurück. Am Gleis eins werden wir tatsächlich fündig und rütteln an einer verschlossenen Tür. Nach einigen Minuten erscheint eine zierliche Frau mit üppigem Lockenkopf und großer Brille. Lustlos steckt sie einen Schlüssel ins Schloss und stößt die Tür zu ihrem Büro auf. Wir folgen ihr und beobachten, wie sie langsam den Rechner hochfährt, ihre Haare hinter die Ohren schiebt, einen Kugelschreiber von rechts nach links legt. Nach einer Ewigkeit ist sie offensichtlich bereit, Kontakt zu uns aufzunehmen. Wie in Zeitlupe hebt sie ihren Kopf und schaut uns mit gleichgültigem Blick an. Die Augen hinter ihren runden Brillengläsern scheinen zu sagen: „Wenn ich wegen euch jetzt arbeiten muss, finde ich das ziemlich doof!" Mein Blick klebt an den glitzernden Schmetterlingen auf ihrem T-Shirt. Also gut. Fangen wir an.

„Wir suchen ein Hostel", trage ich unser Anliegen auf Englisch vor. Keine Reaktion. Ich fahre mit einer konkreten Handlungsaufforderung fort: „Geben Sie uns bitte einen Stadtplan. Wenn Sie außerdem noch einige preiswerte Unterkünfte darin einzeichnen würden, wären wir Ihnen sehr verbunden." Ich lächele sie versöhnlich an. Sie räuspert sich. Für mich ein gutes Zeichen, dass sie gleich mit dem Sprechen anfangen wird.

„Ein Stadtplan kostet 2,50 EUR", beginnt sie tatsächlich verbal Kontakt zu uns aufzunehmen. Meine Frage, ob es denn keine einfachen Gratiskarten gebe, quittiert sie mit einem Kopfschütteln. Also gut. Ich lege die Münzen auf den Tisch und erhalte im Gegenzug das gewünschte Material. Cornelia und ich falten es auf. Machen wir weiter: „Wo genau befinden sich Hostels?" Ich tippe auf das Papier. Ohne die Karte eines weiteren Blickes zu würdigen, wendet sie sich ihrem Computer zu und druckt eine Übersicht mit den Namen und Adressen diverser Unterkünfte aus. Langsam kommen wir der Sache doch näher. Wir stehen kurz vor der Ziellinie. Endspurt: „Jetzt wäre es noch ganz wunderbar, wenn Sie uns einige nahegelegene Unterkünfte auf dem Plan markieren könnten", fiebere ich dem Finale entgegen.

„In welche wollen Sie denn?", spielt sie den Ball zurück.

„In eine preiswerte, ganz in der Nähe", insistiere ich. Aus dem Augenwinkel nehme ich wahr, wie Cornelia das Ganze langsam, aber sicher zu bunt wird. Ich steige auf die Taktik übertriebener Freundlichkeit um und werfe ein englisch-italienisches Gemisch aus „Grazie for your help!" in den Raum. Als sie daraufhin zwar den Anflug eines Lächelns über ihr Gesicht schickt, mir dann aber das A4-Blatt unter die Nase schiebt und erwidert: „Welche Unterkunft genau soll ich Ihnen markieren?", beiße auch ich mir auf die Zunge.

„Ich weiß doch nicht, was davon nicht weit weg ist", erwidere ich bemüht höflich.

Dann setzt sie zu einer Erläuterung an, die uns alle ein bisschen weiterbringt: „Ich darf Ihnen leider keine Übernachtungstipps geben. Deshalb müssen sie selbst auf eine Adresse zeigen; dann erst kann ich Ihnen das gesuchte Objekt auf der Karte markieren. Dienstanweisung. Sorry", endet sie.

Ich verstehe, dass mir nichts anderes übrig bleibt, als wahllos auf einige der Namen zu deuten und abzuwarten, bis sie ihren Kringel gemacht hat. Auch Cornelia tippt fleißig mit, sodass wir um einige Hinweise reicher den Bahnhof endlich wieder verlassen und uns auf die konkrete Suche machen können. Und jetzt geht es erst richtig los.

Wir stehen wieder mitten in der Stadt und wollen die soeben mühsam erarbeiteten Informationen praktisch anwenden. Beim Versuch, die Kreuze auf dem Papier auch in der Realität zu finden, scheitern wir jedoch kläglich. Ohne lange zu zögern, sprechen wir Kellner, Verkäufer und andere Personen an, die so wirken, als würden sie sich hier auskennen. Zunächst gewinnen wir den Eindruck, dass das auch so ist. Als wir jedoch zum dritten Mal in einer Gasse stehen, in der es kein Hostel gibt, merken wir, dass hier etwas nicht stimmt.

Immer wieder erhalten wir Auskünfte, die so nicht wahr sein können. Finger zeigen selbstbewusst in Richtungen, die falsch sind. Die Stadt geht uns im Moment ziemlich auf die Nerven und raubt uns jegliche Energie. Irgendwann kommen wir auf den Trichter, dass die Leute mit dem Begriff „Hostel" nicht viel anfangen können und fragen nach Mehrbettzimmern. Das scheint die richtige Taktik zu sein. Tatsächlich landen wir an einer Rezeption, deren Mitarbeiterin zunächst nickt, dann aber den Kopf schüttelt und erwidert, dass diese leider schon ausgebucht seien. Mit hängenden Schultern verlassen wir das Gästehaus. Zum ersten Mal bereuen wir es, zuvor nicht gründlicher recherchiert zu haben. Wir machen uns mit dem Gedanken vertraut, sechzig bis achtzig Euro für ein Doppelzimmer ausgeben zu müssen und dafür unseren Aufenthalt in dieser Stadt zu verkürzen. „Na los, eine Markierung suchen wir noch!", geben wir uns eine letzte Chance. Uns wird deutlicher denn je, wie abhängig wir von den Auskünften anderer Menschen sind. Als Fremde in einem anderen Land verlassen wir uns auf das, was uns gesagt wird. Wenn es nicht stimmt, müssen wir immer weiterforschen, bis das Gesuchte endlich gefunden ist. Auch hier spielt Vertrauen eine große Rolle. Momentan haben wir noch kein freies Mehrbettzimmer ausfindig machen können, vor allem, weil wir beliebig – so kam es uns an manchen Stellen vor – hin und her geschickt worden sind. Anstatt uns irgendetwas weiszumachen, hätten wir es hilfreicher gefunden, auch einmal ein: „Ich weiß es nicht" zu hören. Uns ist aber auch klar, dass nicht immer alles so reibungslos und glatt laufen kann, wie es ansonsten oft der Fall ist. Aus diesem Grund versuchen wir, auch in dieser nervenstrapazierenden Situation guter Dinge zu bleiben.

Wir entfernen uns vom Innenstadtgewimmel und gelangen über mehrere kleine Brücken in ein Wohngebiet. Eine alte Frau, die auf ein Kissen gestützt, aus dem Fenster schaut, wird von mir auf Spanisch nach einer Unterkunft gefragt. Ich spreche leider kein Italienisch. Dennoch gelingt es mir, mit der einen oder anderen Vokabel, die ich aufgeschnappt habe, und einigen spanisch gesprochen Worten mit ihr zu kommunizieren. Ich verstehe, dass wir schon ziemlich nah sein müssen und nach einem Eisentor Ausschau halten sollen. Wenig später entdecken wir tatsächlich eine solche Pforte und ein winziges Schild mit einem Namen, der sich doch wahrhaftig mit einer der Bezeichnungen auf dem Ausdruck der miesgelaunten Fremdenverkehrsfrau deckt. Vor unseren Nasen befinden sich mehrere Klingeln, dir wir alle nacheinander betätigen. Einige von ihnen klemmen, sodass wir sie fester drücken müssen. Unsere starken Zeigefinger können offensichtlich nichts ausrichten, denn selbst nach einer Viertelstunde herrscht noch immer Stille. Es beginnt zu regnen. Wir stellen uns in einem Türrahmen unter und kramen die Regenjacken aus den Rucksäcken. Im Wechsel treten wir an das Eisentor heran, klingeln weiter und schreien hinein. Als ich gerade dabei bin, mein Handy hervorzuholen, um dort anzurufen, kommt eine Frau um die Ecke. Sie ist nicht sehr groß, hat eine schlanke Figur und trägt eine kullerrunde Brille. Der größte Blickfang an ihr ist eine hellblaue Schürze, die sehr großzügig mit Katzenfotografien bedruckt ist. Die Köpfe diverser grauer, brauner und getigerter Tiere starren uns an, während sich die Frau nähert. Bereitwillig breitet sie ihren Regenschirm über uns aus und spricht uns im perfekten Englisch mit US-amerikanischem Akzent an: „Habt ihr mit dem Besitzer eine Verabredung?", will sie wissen.

Entmutigt lassen wir die Köpfe hängen, da wir glaubten, ihr gehöre das Grundstück. „Nein", gestehen wir enttäuscht.

„Dann wartet ihr womöglich bis morgen Früh hier!", erwidert die schwarzhaarige Katzenmutti, die wir auf Anfang sechzig schätzen. „Wenn ihr nichts gebucht habt, wird der Besitzer nicht auftauchen. Habt ihr ein Telefon?"

Rialtobrücke in Venedig

Ich drücke ihr mein Handy und den Zettel aus der Tourist-Information in die Hand. Sie wählt die Nummer, hält den Apparat ans Ohr und wartet. Nachdem es auf der anderen Seite der Leitung mindestens zehn Mal geklingelt haben muss, legt sie auf. „Was genau sucht ihr eigentlich?"

„Ursprünglich ein Mehrbettzimmer in einem Hostel. Mittlerweile einfach nur eine preiswerte Pension."

„Preiswert könnt ihr in Venedig vergessen!"

Wir nicken zustimmend. „Das haben wir auch schon bemerkt."

„Habt ihr fünfzig Euro? Ich kümmere mich um die Katzen meiner Freunde. Sie sind im Urlaub, die Wohnung steht leer und ich darf sie zu diesem Übernachtungspreis vermieten."

Das ist zwar mehr als wir in anderen Städten für ein Bett bezahlen, aber für Venedig ziemlich gut. Bisher lagen alle angefragten Unterkünfte bei sechzig bis einhundert Euro pro Doppelzimmer.

„Ich habe eine Katzenallergie", gebe ich enttäuscht bekannt.

„Ach wie schade! Solltet ihr bei eurer Weitersuche noch einmal ein Hotel finden, in dem das Doppelzimmer sechzig Euro kostet, schlagt zu! Für Venedig ist das ein Schnäppchen." Sie entfernt sich. Bevor sie um die Ecke gebogen ist, springt Cornelia auf, läuft einige Schritte in ihre Richtung und ruft: „Haben deine Freunde einen Garten oder so etwas Ähnliches?"

Unsere Gesprächspartnerin stoppt, dreht sich zu uns um und winkt: „Kommt mit!"

Schnell setzen wir uns die Rucksäcke auf und laufen ihr hinterher. Als wir auf einer Höhe sind, erklärt sie uns, dass sie das Gefühl habe, wir seien gute Menschen. Außerdem muss es ein Zeichen sein, dass wir einander begegnet sind. Normalerweise ist sie um diese Uhrzeit nie in der Gegend. Nur weil ihr eine der Katzen entlaufen ist, hat sie sich auf die Suche gemacht. „Die Dinge passieren nicht ohne Grund. Es sollte so sein, dass wir aufeinander treffen", bilanziert die Katzenpflegerin, die sich uns als Susan vorstellt.

Sie öffnet die Wohnungstür und wir betreten einen sehr dunklen Flur mit tiefbraunem Laminat. Die Wände sind aus Stein. Rechts zweigt ein etwa fünfzehn Quadratmeter großes Wohnzimmer mit zwei kleinen Fenstern ab. Von dort aus kommen wir in eine Küche mit großem Gasherd und mosaikartigem Steinfußboden. Insgesamt wirkt das Apartment wie eine gemütliche Höhle. Wir gelangen auf einen winzigen, von hohen Mauern umgebenen Hinterhof. Ein runder Plastiktisch mit orangefarbener Wachstuchdecke und ein paar Blumentöpfe dekorieren diesen Bereich. Susan schiebt die Glastür auf. „Hier könnt ihr euer Zelt aufstellen und morgen in Ruhe weitersuchen, bis ihr etwas Richtiges zum Übernachten gefunden habt. Das ist meine Telefonnummer. Ruft mich an, wenn ihr verschwindet", streckt sie uns einen Zettel entgegen.

„Wow. Vielen Dank", entgegnen wir fassungslos.

„Venedig ist schon hart genug. Diese Sucherei bei dem Mistwetter versaut einem ja den Urlaub. Ihr solltet nicht weiter herumirren." Sie ist gerade im Begriff zu gehen, als Cornelia mich fragt: „Hast du einen Schlüssel?"

„Nein", antworte ich wahrheitsgemäß.

„Und wie wollen wir dann rein- und rauskommen?", bohrt sie weiter.

„Susan, warte!", jage ich ihr hinterher. „Wir brauchen einen Schlüssel."

Sie erwidert: „Ich habe im Moment nur einen und den benötige ich, um jederzeit nach den Katzen schauen zu können."

„Wir müssen aber noch einmal los", werfe ich ein. „Es ist doch gerade erst sieben oder acht Uhr. Wir brauchen Lebensmittel aus dem Supermarkt und wollen uns die Stadt bei Nacht anschauen."

Susan nickt verständnisvoll. „Ich darf euch diesen Schlüssel aber nicht geben." Sie seufzt. „Wenn mein Mann nicht gerade krank wäre, könntet ihr bei mir schlafen. Aber so …"

Wir suchen unsere Sachen im Hinterhof wieder zusammen, schnallen uns die Becken- und Brustgurte um die Körper und verabschieden uns von der Katzenmummy, wie sie sich selbst nennt. „Danke für deine Mühe. Wir werden versuchen, die Pension mit dem Sechzigeurozimmer wiederzufinden."

„Alles Gute!", verabschieden wir uns voneinander.

Mit dem Stadtplan in der Hand versuchen wir uns zu orientieren und herauszufinden, wie wir zu dem Hotel zurückkommen. Wir landen an einem Kanal, über den keine Brücke führt. Gezwungenermaßen kehren wir um und treffen erneut auf Susan. Noch immer ruft sie unentwegt: „Agatha, Agatha!", wovon sich bestenfalls die entlaufene Katze angesprochen fühlen soll. Sie verstummt, als sie uns sieht. „Ihr seid ja immer noch hier!"

Wir nicken erschöpft: „Diese Kanäle …"

Daraufhin legt sie einen entschlossenen Gesichtsausdruck auf und fordert: „Kommt mit!" Erneut folgen wir ihr durch das enge Häuserlabyrinth und hören, wie sie leise vor sich hin brummelt: „… das kann ja keiner mit ansehen!"

Minuten später stehen wir in derselben Wohnung, auf demselben Hinterhof wie kurze Zeit zuvor. Nur dieses Mal drückt sie uns ihren Schlüsselbund in die Hände: „Sind 12,50 Euro pro Nase und Nacht in Ordnung?"
Wir nicken.
„Gut, dann füttert die Katzen. Ich kümmere mich morgen um einen Zweitschlüssel!" Vollkommen perplex über das beinahe schon unglaublich anmutende Schauspiel, das sich hier seit mittlerweile einer halben oder gar Dreiviertelstunde ereignet, überreichen wir ihr zum Dank Aufkleber und Aufnäher. Sie blickt auf den Städtenamen und liest laut: „M-A-G-D-E-B-U-R-G". Während die kleinen Geschenke in der Tasche ihrer Schürze verschwinden, fügt sie hinzu: „Die Hausbesitzerin hier heißt Magda – fast so wie eure Stadt. Es kann kein Zufall sein, dass wir drei uns getroffen haben. Hätte ich euch jetzt nicht weitergeholfen, wäre ich heute Nacht sicherlich nicht in den Schlaf gekommen. In solchen Situationen bekomme ich eine Gänsehaut", fährt sie sich über die Unterarme. „Ihr seid gute Mädels. Das spüre ich." Sie verlässt das Haus.
Zurück bleibt eine Welle an Dankbarkeit, aber auch Fassungslosigkeit. Wir brauchen ein Weilchen, bis wir wieder etwas sagen können. Diese Begebenheit ist so bizarr, dass wir befürchten, niemand wird sie jemals für wahr halten. Selbst für uns ist es kaum zu fassen. Womit haben wir das verdient? Wieso wird uns immer und immer wieder solches Glück zuteil?
Mit weichen Knien hocken wir uns auf den kleinen Hinterhof und kramen langsam das Zelt hervor. Geraten wir vielleicht so oft an außergewöhnliche Menschen, weil wir es nie darauf anlegen, dass uns geholfen wird? Wäre Susan nicht aufgetaucht, hätten wir uns ein Doppelzimmer genommen und wären einen Tag eher aus Venedig abgereist. Per Kreditkarte hätten wir die Rechnung beglichen und es zuhause schon irgendwie geschafft, das abgemagerte Konto wieder aufzupolieren. Das müssen wir mit dem einen oder anderen Zusatzauftrag ohnehin. So ist es eben, wenn man den halben Sommer durch Europa reist. Ja, vielleicht ist es das: Wir haben immer einen Plan B und können stets für uns selbst sorgen, möglicherweise einer der Gründe, weshalb wir so großzügige Angebote erhalten. Wir sind nicht darauf erpicht, dass jemand uns etwas Gutes tut. Ganz im Gegenteil: Immer wieder überraschen und beglücken uns Ereignisse sowie Menschen, die auf uns zukommen und ihre Hilfe anbieten.
Jetzt stehen wir aber erst einmal vor einer kleinen Herausforderung. Sie liegt darin, auf einer Fläche, die genau das gleiche Maß wie unser Zelt besitzt, sel-

biges aufzustellen. Cornelia krabbelt unter den Stoff, ich klappe Abschnitt für Abschnitt die Zeltstangen auseinander, während meine Freundin die Stäbe durch den Stofftunnel drückt. Auf diese Weise entsteht nach geraumer Zeit etwas, das tatsächlich Ähnlichkeit mit unserer gewohnten Behausung besitzt. Die einzigen Unterschiede: Wir schlagen keine Heringe in den Betonboden und können nur einen Ein- beziehungsweise Ausgang benutzen. Stolz begutachten wir unser Werk.

Beim Versuch, einige Sachen aus der Wohnung in das Lager zu verfrachten, geraten wir noch einmal ordentlich ins Schwitzen. Die Katzen – mittlerweile sind beide wieder aufgetaucht – dürfen nicht entkommen. Ich, der jegliche Erfahrung im Umgang mit Tieren fehlt, stelle mich an wie der erste Mensch. Die Fellwesen hocken vor der Scheibe und warten gierig darauf, dass ich die Tür öffne, damit sie Reißaus nehmen können. Ich glaube, sie spüren meine Unsicherheit und wissen genau, sie haben bei mir beste Fluchtchancen. Immer wieder öffne ich einen Spalt, schiebe meinen Fuß davor, habe aber sofort zwei Katzennasen an den Sohlen kleben. Ich zische, rede ihnen gut zu – nichts hilft. Da muss erst Cornelia kommen.

„Du musst seitlich reingehen, mit dem quergestellten Fuß voran", erklärt sie und macht es vor. Bei ihr sieht das so einfach aus. Als sie drin ist, schnappt sie sich einen Besen und schiebt die Tiere sanft ins Wohnzimmer. In dieser Zeit husche ich schnell hinein.

Das Zelt ist eingeräumt und die restlichen Sachen, die wir nachts nicht brauchen, stehen allergikerfreundlich in Plastiktüten verpackt in der Wohnung. Das Badezimmer des Apartments ist durch ein Fenster mit der Küche verbunden und ziemlich großzügig geschnitten. Ein geräumiges Becken aus Stein fungiert als Dusche. Alles in allem ein interessantes und gepflegtes venezianisches Zuhause. Wir fühlen uns wohl, stellen uns aber auch die Frage, ob wir wildfremde Leute, die unsere Freundin angeschleppt hat, im privaten Heim unterkommen lassen würden. Das Pärchen, welches hier wohnt, hatte vor seiner Abreise wohl ganz klar geäußert, Susan könne die Wohnung für fünfzig Euro pro Nacht gern vermieten. Dass wir für 25 Euro auf dem Hinterhof unterkommen, konnten sie ja nicht wissen. Aber der Sachverhalt bleibt der gleiche: Wir haben Schlüssel und Zugang zu allen Räumen. Dazu gehört viel Vertrauen. Ich selbst rätsele noch, wie bereitwillig ich meinen Wohnungsschlüssel unbekannten Menschen überlassen würde …

Gern möchte ich anderen Reisenden auch etwas von dem zurückgeben, was wir immer wieder in den verschiedensten Ausprägungen erhalten. Ich glaube aber, mein Weg zu helfen ist ein anderer, zumindest die fremden Übernachtungsgäste während meiner Abwesenheit betreffend. Da versuche ich doch lieber, selbst vor Ort zu sein und meinen Besuchern persönlich Land und Stadt zu zeigen – ähnlich wie es unser slowenischer Freund Aleksander gemacht hat.

Cornelia und ich sind heute unsere ganz eigenen Fremdenführerinnen und schlendern durch das romantisch beleuchtete Venedig. Mit zwei Pizzastücken bewaffnet, suchen wir uns bald einen ruhigen Platz und schauen auf den Canal Grande, beobachten, wie auf dem Wasser Boote vorbeituckern und auf den Fußwegen Menschen unterschiedlichster Nationen spazieren. Ein Straßenmusiker untermalt das nächtliche Schauspiel mit seinen Klängen. Von den Restaurants erklingt das Geräusch klappernden Geschirrs. Neidisch, dass wir keine ganze Pizza essen und auch nicht von einem Kellner bedient werden, sind wir keinesfalls. Unser Platz, der eine weite Sicht auf den Kanal zulässt und es uns erlaubt, den Booten noch lange hinterherzuschauen, ist unbezahlbar.

Ebenso wenig lässt sich die Szene, die sich nach unserer Rückkehr in die Wohnung ereignet, mit Geld kaufen: Es kommt, wie es kommen musste: Zusammen mit mir verlässt eine der Katzen die Küche, flitzt in Windeseile an unserem Zelt vorbei und hüpft behände auf einen Vorsprung. „Cornelia!", jammere ich und warte darauf, dass sie ihren Kopf aus dem Zelt steckt. Das tut sie auch. Als ich ihr erkläre, was passiert ist, schält sie sich aus unserem Nachtlager und klettert eine schmale Leiter, die an der Hauswand lehnt, hoch. Von unten sehe ich bald nur noch ihre Beine. Der Oberkörper lehnt weit auf demselben Vordach, das sich offensichtlich auch die Katze für ihren Landgang ausgesucht hat. Ich höre nur noch, wie Cornelia dem Pelztiger gut zuredet. „Miez, miez! Komm her!" Kaum zu glauben, dass das Tier darauf hereinfällt und sich tatsächlich seiner Jägerin nähert. Nach wenigen Minuten liegt es in Connys Armen und wird wieder im Haus abgesetzt.

„Dein behaartes T-Shirt kommt aber nicht mit ins Zelt. Danke fürs Retten. Und: Tut mir leid", sind die Dinge, die sich Cornelia vor dem Schlafengehen noch von mir anhören darf. Ich finde, wir ergänzen uns sehr gut: Ich lasse die Katze heraus, Cornelia holt sie wieder herein …

Venedig, 30. Juli – Von Servicegebühren und Menschenmassen

Mit geschlossenen Augen liege ich da und lausche, wie Venedig erwacht. Mitten in einer Großstadt zu zelten, ist vor allem für die Ohren eine spannende Erfahrung. Der Sound der Natur ist mit dem einer Siedlung nicht zu vergleichen. Hier bellen Hunde, miauen Katzen, chippen Kinder Bälle gegen Wände und jubeln laut dabei. Rollläden werden geräuschvoll nach oben gezogen und Mülltüten klappernd entsorgt. Stimmen hallen an Häuserwänden wider. Unser Zelt fängt schon seit Stunden Regentropfen ab, die klatschend auf dem Betonboden landen. Feuchtigkeit drückt sich beharrlich vom Zeltboden ins Innere. Versickern kann das Wasser auf dem festen Belag hier nicht, sodass unsere Behausung ziemlich feucht ist und wir die Isomatten zum Trocknen mit hineinnehmen.

Weil wir keine Lust haben, sofort aufzubrechen, und die venezianische Wohnung so gemütlich ist, frühstücken wir sehr lange und ausgiebig. Als Cornelia uns gerade einen Kaffee einschenkt, klingelt es an der Tür. Ich öffne und vor mir steht Susan.

„Ich hoffe, ich störe euch nicht", erkundigt sie sich vorsichtig.

„Nein, nein! Komm doch herein."

Sie folgt mir in die Küche und ist sehr erfreut darüber, dass wir die Katzen bereits mit Futter versorgt haben. Endlich habe ich Gelegenheit, Susan zu fragen, weshalb sie so perfekt englisch spricht.

„Ich bin zur Hälfte US-Amerikanerin und zu den restlichen fünfzig Prozent eine Italienerin. In Italien verbrachte ich fast mein gesamtes Leben. Nachdem ich meinen Mann, einen waschechten Venezianer geheiratet hatte, stand auch fest, dass wir hier bleiben. Er wollte nicht in die Staaten umziehen."

Ich empfinde es als sehr angenehm, mich mit Susan so flüssig unterhalten zu können, und denke, dass sie die perfekte Kandidatin für mein Interview ist.

„Typisch deutsch?" Sie zieht die Augenbrauen hoch und fährt mit den Händen über ihre farbenfrohe Katzenschürze. „Italiener lieben die Deutschen!", beginnt sie. „Ihr seid strikt, macht keine halben Sachen und kein Wischiwaschi. Außerdem heißt es, die Deutschen seien gut im Bett!" Wir lachen. Auf die Frage, was ihr außer den angeblichen sexuellen Kompetenzen noch in den Sinn kommt, fährt sie fort: Ihr trennt euren Müll und seid insgesamt sehr ordentlich. Italiener wären manchmal gern ein wenig deutscher!"

Überrascht schauen wir sie an. Das hätten wir nicht gedacht.

Und die Italiener über sich? „Wir lieben es zu essen, zu trinken und einfach nur glücklich zu sein. Kulinarischer Genuss wird bei uns großgeschrieben. Es gibt so einige Italiener, die gern und sehr selbstbewusst behaupten, sie seien die besten Köche der Welt. Viele sind sehr emotional und ihre Familie ist ihnen das Wichtigste. Die Kids bleiben lange bei ihren Eltern wohnen. Sie werden sicherlich auch mehr verwöhnt und verhätschelt. Manche Männer kehren sogar wieder zu Mummy zurück, wenn sie geschieden sind." Ein Lächeln huscht über Susans Gesicht. „Außerdem denken italienische Männer mit dem Penis, anstatt mit ihrem Kopf." Lachend deutet sie demonstrativ zuerst auf ihr Becken, dann tippt sie an ihre Schläfe.

„Verstanden!", schmunzeln wir.

Bevor sie uns wieder verlässt, gibt sie uns noch einen Tipp: „Wenn ihr richtig guten italienischen Rotwein für eure Recherche testen wollt, dann geht zu Alberto!"

Fragend sehen wir sie an.

„Es ist nicht weit. Ihr lauft zum Canale di Cannaregio, biegt links ab und noch vor der nächsten Brücke, seht ihr eine türkisfarbene Tür. Die Adresse ist Casa Mattiazzi, Cannaregio 1116. Grüßt Alberto von mir und sagt ihm, dass er euch nicht übers Ohr hauen soll!" Mit diesen Worten verschwindet unser amerikanisch-venezianisches Goldstück.

Wir nehmen die Insidertipps von Einheimischen immer gern an, sodass wir uns bald auf den Weg machen und nach der beschriebenen Tür Ausschau halten. Tatsächlich taucht schon sehr bald ein winziges Geschäft auf, das mit Weinflaschen und -fässern üppig dekoriert ist. Fotos, Masken und eine Nachbildung der Rialtobrücke schmücken den gemütlichen Laden. Hinter dem Verkaufstresen lacht uns ein Mann mit kurzen, angegrauten Haaren und einem grünen T-Shirt gutmütig an. Seine dunklen, mandelförmigen Augen warten darauf, dass wir etwas sagen.

„Hallo, sind Sie Alberto?", eröffne ich das englische Gespräch. Er nickt. Zufrieden fahre ich fort: „Wir kommen von Susan, der Katzenlady mit den amerikanischen Wurzeln. Sie sagt, hier gibt es hervorragenden Wein."

Alberto muss offensichtlich kurz nachdenken, dann erwidert er in langsamem Englisch: „Susan, genau! Wollt ihr vom Wein probieren?" Verdutzt blicken wir auf die Uhr an der Wand. Mittagszeit.

„Einen ganz kleinen Schluck", ist die Antwort meiner Freundin.

Er gießt uns beiden großzügig ein. Während wir so an den Gläsern nippen, kommt Cornelia auf die tolle Idee, ihn als unseren italienischen Videopartner zu gewinnen.

Er ist einverstanden. Nachdem der Clip gefilmt und der köstliche rote Rebensaft geleert ist, verabreden wir uns für den Abend.

Jetzt wollen wir erst einmal die Stadt besichtigen. Um uns vor Taschendieben besser zu schützen, haben wir meinen Trekkingrucksack geleert, mit einem

Pullover den Boden bedeckt, dann unsere Portemonnaies und die Spiegel-reflexkamera darauf gelegt und mit Jacken aufgefüllt. Die Tasche ist fest zu gezurrt und diejenige von uns, die sie gerade auf dem Rücken trägt, läuft grundsätzlich vorn, um besser im Blick zu sein. In den Hostentaschen haben wir eine Handvoll Bargeld, an das wir unkompliziert herankommen. Mit dieser Methode fühlen wir uns sicher und wenn wir so sehen, wie leichtfertig manche Touristinnen mit ihren Handtäschchen wedeln und wie entspannt so mancher Mann seine Bauchtasche zur Schau trägt, machen wir uns keine Sorgen, dass wir auf der Beuteliste ganz oben stehen. An besonders belebten Punkten, an denen es viel zu sehen gibt, wollen auch wir gern fotografie-ren. Ich habe die Kamera um meinen Hals gehängt, halte sie grundsätzlich aber noch mit den Händen fest. Neben dem Gerät selbst sind die auf der Speicherkarte ruhenden Erinnerungen so wertvoll, dass ich einem Gauner wahrscheinlich kilometerweit hinterherlaufen und letztendlich – sofern ich ihn nicht zur Strecke gebracht hätte – japsen würde: „Gib mir wenigstens die SD-Karte!"

Nahe des Piazza San Marco, des Markusplatzes, des bedeutendsten Flecks dieser Stadt, werden wir Zeuginnen eines Heiratsantrags. Ein Mann Ende dreißig in Bluejeans und Flip-Flops steht vor seiner etwa gleichaltrigen blon-den Freundin, die ihn um einen Kopf überragt. Sie trägt beigefarbene Shorts zu einem grünen Top und auch ihre Füße stecken in Latschen. Er hält ihre Hände in seinen, während er zu ihr spricht, was wir aus der Entfernung nicht hören können. Sie strahlt ihn glücklich an. Er steckt ihr einen Ring an den Finger. Als die beiden sich kurz darauf in den Armen liegen, steht fest, dass die Verlobung besiegelt ist.

Nachdem wir uns, zusammen mit etlichen anderen Touristen, über die Rialto-brücke geschoben haben, brauchen wir eine Pause und beschließen, wenigs-tens ein einziges Mal in eine große Pizza zu investieren. Der Ausblick auf Gondeln, Motorboote, die das Wasser unter sich aufwirbeln und weiß färben, sowie bunte Häuserfassaden gefällt uns zwar, wird aber von dem Gedränge der anderen Touristen getrübt. Es ist anstrengend, niemanden umzurennen, selbst nicht geschubst zu werden und die Habseligkeiten vor Dieben zu schüt-zen. So entfernen wir uns von der Sehenswürdigkeit und halten nach einer ruhigen Nebengasse Ausschau. Die finden wir auch. Auf der Restaurantter-rasse eines kleinen Lokals suchen wir uns einen Platz am Rand und warten auf die Kellnerin. Sie erscheint und nimmt unseren Essenswunsch auf. Wir wollen uns eine Pizza teilen, woraufhin sie auf Englisch irgendetwas von einer

Sommertag in Venedig

Gebühr für eine zu kleine Bestellung murmelt. Daraufhin nehmen wir noch je eine Cola dazu und blickend sie fragend an. Als sie nickt und verschwindet, denken wir, dass sich das mit dem Zusatzbeitrag erledigt haben wird. Genüsslich verspeisen wir unser Essen und schreiben im Anschluss Postkarten – so lange, bis die Kellnerin erscheint und uns die Rechnung auf den Tisch legt. Sie will schließen und bittet uns zu zahlen. Ungläubig starren wir auf den Betrag. Korrekterweise sind auf der Quittung die Pizza sowie zwei Getränke aufgelistet. Allerdings blitzt uns zusätzlich noch eine böse Fünf an. Darunter steht irgendetwas von Servicegebühr. Wir zahlen, da wir nicht das Gefühl haben, dass eine Diskussion sinnvoll wäre. Schließlich hat sie von so etwas ja zuvor gesprochen. Wir sehen es als unsere Schuld an, nicht noch einmal intensiver nachgebohrt zu haben, ob dieser Betrag auch dann noch gilt, wenn wir je ein Getränk konsumieren. Dass es in Italien so etwas wie eine Benutzungsgebühr für Teller, Gläser, Besteck, Tischdecken und Servietten gibt, wissen wir. Oft findet sich im Kleingedruckten der Speisekarte ein Hinweis, wie hoch sie ist. Wir haben es irgendwie vermasselt und ärgern uns doch sehr, für solch einen kleinen Snack mit zusätzlichen fünf Euro gestraft worden zu sein.

Unsere Postkarten können wir auch nicht mehr zu Ende schreiben, da die Kellnerin es nun sehr eilig hat dichtzumachen. Missmutig schleichen wir davon, trösten uns aber damit, die Toilette benutzt zu haben. Bisher haben wir nur öffentliche WCs gesehen, die pro Nutzung 1,50 Euro kosten sollten. Mit zwei multipliziert, sind das schon drei Euro. Na, da haben wir die Gebühr ja fast wieder raus!

Mit einem Wasserbus tuckern wir zum Tagesabschluss über den Canal Grande. Immer wieder kreuzen andere Schiffe unseren Weg. Wir schippern an imposanten Gebäuden vorbei, die unverrückbar am Wasser stehen. Mächtige Bauweisen kontrastieren mit filigranen Figuren und Säulenschmuck. Schlichte und aufwändige Häuserwände wechseln einander ab und reihen sich wie eine Perlenkette am Ufer des Kanals auf. Boote, die an Pfählen festgemacht sind, schaukeln friedvoll auf sanften Wellen. Manche Bauwerke ruhen so dicht aneinander, dass nicht einmal ein Blatt Papier zwischen die Mauern passen würde.

Wir steigen so aus, dass es nicht mehr weit bis zu Alberto ist. Auch wenn immer wieder Kundschaft den Laden betritt, bleiben wir einige Zeit darin, um mit unserem Weinkenner zu plaudern. Der gebürtige Venezianer wohnt eine halbe Zugstunde von der Stadt entfernt. Einerseits, weil es ihm hier zu teuer ist und andererseits, um den Touristenmassen entfliehen zu können. Wir nicken. Uns ist die Stadt eindeutig zu voll, was sicherlich auch daran liegt, dass in vielen Ländern gerade Sommerferien sind. Warum sich massenhaft Leute mit Kinderwagen durch die engen, überfüllten Straßen pressen, bleibt uns ein Rätsel. Sowohl für Schulkinder als auch Babys können wir uns bessere Reiseziele vorstellen.

Und was denkt Alberto über sein Land? „Die Menschen hier sind romantisch, nehmen manche Dinge nicht so ernst und erfreuen sich generell einer entspannten Lebenshaltung."

„Dolce vita, nicht wahr?", werfe ich ein.

Auf diese Frage schüttelt er den Kopf. „Nein. Das süße Leben gehört der Vergangenheit an. Das war früher vielleicht einmal so. Heute, in Zeiten der Wirtschaftskrise, spricht kaum noch jemand davon."

Immer wieder betreten Kunden das Geschäft und ich will wissen: „Wie viel merkst du von der Krise?"

Er berichtet, dass er glücklicherweise nicht allzu sehr darunter leidet. Es mache sich dennoch bemerkbar, sein Absatz sei nicht mehr so hoch wie noch vor einigen Jahren.

„Was fällt dir zu unserem Land ein?", frage ich weiter.

„Deutsche sind viel ernster und strikter, nehmen die Dinge sehr genau. Zudem seid ihr viel ordentlicher als wir. Ich war schon oft in Deutschland und finde, es ist ein sehr schönes Land, das viel Abwechslung bietet."
Mehr bekomme ich aufgrund der Sprachbarriere, die zwischen uns steht, nicht aus ihm heraus. Alberto beherrscht Englisch, aber nur spartanisch. Es genügt, um einfache Dinge zu klären, bei komplexeren Sachverhalten ist es schwieriger.
Wir sorgen für ein wenig Umsatz und lassen uns, so ist es hier üblich, eine Plastikflasche mit dem Rotwein befüllen, den wir für den besten halten.
Alberto verabschiedet uns mit dem Hinweis, dass wir – sofern uns eine Gondelfahrt interessiere – am besten mit einer Gondelfähre reisen. Ansonsten sei der Spaß nämlich ganz schön teuer. Zwischen achtzig und einhundert Euro müssen für vierzig Minuten einkalkuliert werden. Die Fähren hingegen kosten zwischen siebzig Cent und zwei Euro und überqueren den Canal Grande an verschiedenen Punkten, wie zum Beispiel bei Sant` Angelo sowie am Rialto Fischmarkt-Ca D´Oro. Wir winken Alberto zu, verabschieden uns und kündigen an, morgen wiederzukommen.
Mit dem ausnahmslos besten Rotwein, den wir je auf den Zungen hatten, sitzen wir am Kanal, lassen die Beine von der Mauer baumeln und genießen den Abend. Ohne den Trubel gefällt uns die Stadt viel besser. Tagsüber haben wir einige Nerven gelassen und uns deshalb entschieden, morgen ein wenig abseits zu spazieren. Auch hierfür haben wir von Alberto einen Tipp bekommen.
Genussvoll nippen wir Wein aus der Plastikflasche und beobachten die Boote. Eine Gruppe Jugendlicher düst mit voll aufgedrehter Stereoanlage vorbei. Manche Kids bekommen zum 18. Geburtstag ein Auto geschenkt. Hier steht sicherlich eher ein Wasserfahrzeug auf der Wunschliste. Auch Polizei und Ambulanz schippern entlang. Einige Bootsfahrer winken uns fröhlich zu. Selbst ohne die wohlige Wirkung des fantastischen Weins wären wir genauso glückselig, wie wir es genau in diesem Moment sind. Wer braucht schon Restaurants, Besteck, Gläser und einen weichen Stuhl zum Sitzen? Wir nicht! Das kostet ja sowieso nur extra … Verträumt schauen wir auf das Wasser.
Zurück in „unserer" Wohnung kocht Cornelia ein fantastisches Pasta-Gericht. Dazu gibt es noch mehr Rebensaft. Die Enthaltsamkeit kann warten, halten wir weinselig fest. Deutschland und die Herausforderungen des Alltags werden uns noch schnell genug einholen. Unser Zelt bauen wir zur Hälfte ab, sodass wir auf dem kleinen Hof Platz zum Essen finden. Stunden-

lang schlemmen wir, lauschen den Stadtgeräuschen und reden bis tief in die Nacht hinein.

Erst nachdem ich erneut eine der Katzen entkommen lasse und Cornelia sie wieder einfangen muss, gehen wir schlafen. Es ist warm, wir tragen nur sehr dünne Kleidung, die Schlafsäcke bleiben geöffnet. Alles fühlt sich so leicht, unbeschwert und wohlig an. Das ist er – unser ganz individueller Stadtsommer in Venedig.

Venedig, 31. Juli – Gondelfahrt und Eiscreme

Halb zehn stehen wir auf und betreten eine sehr aufgeräumte Küche. Scheinbar war Susan hier, um die Katzen zu füttern. Unser Geschirr ist abgewaschen, steht ordentlich neben der Spüle. Auf dem Küchentisch liegt ein Zettel: „Guten Morgen Mädels! Ich hoffe, ich habe euch nicht gestört. Verzeiht mir meinen Sauberkeitsfimmel. Ich konnte einfach nicht anders, als die Gläser abzuspülen."

Nachwirkungen des Rotweins spüren wir überhaupt nicht. Offensichtlich gibt es einen beachtlichen Unterschied zwischen dem, was fertig abgefüllt monatelang in den Regalen steht, und Albertos edlem Nass. Auch preislich ist unser venezianischer Freund nicht zu schlagen. Pro Liter nimmt er, je nach Wein, selten mehr als 2,30 Euro.

Es regnet in Strömen, sodass wir wieder sehr ausgiebig und lange frühstücken. Gegen Mittag machen wir uns auf den Weg in den Bereich, den Alberto uns als touristenärmeren Abschnitt angepriesen hat. Ohne Hektik und mit wirklich bedeutend weniger Menschen vor den Füßen, wandeln wir auf der Fondamenta Zattere Al Ponte Lungo, einer Straße im Süden der Innenstadt, entlang. Nach dem Regen ist der Fußweg von Pfützen überzogen, die Passanten, die uns entgegenkommen, spiegeln sich im Wasser.

Wir stoppen und beobachten ein riesiges Kreuzfahrtschiff. Bei aller Faszination, die solch ein Ozeanriese auch auf uns ausübt, sind wir uns dennoch einig, dass uns eine Kreuzfahrt so gar nicht interessiert. Es würde uns kaum gut gehen, ausschließlich zwischen anderen Touristen verweilend, mit künstlich geschaffenem Freizeitangebot und Animationsprogramm. Nicht entscheiden zu können, wie lange wir uns wo aufhalten wollen, kommt für uns nicht in Frage. Die Landgänge stehen fest. Ein Fakt, der nicht zu unserer Art zu reisen passt. Auch wenn wir sehr gern schlemmen und uns am Buffet garantiert wohlfühlen würden, so möchten wir dies nicht gegen den selbstbestimmten Einkauf im Supermarkt eintauschen. Familien mit Kindern, ältere Personen, Partyurlauber und viele andere mögen ihre Kreuzfahrten lieben. Das ist in Ordnung, denn so unterschiedlich die Menschen sind, so vielfältig gestalten sich auch ihre Vorlieben zu reisen.

Apropos Supermarkt: Davon, dass die venezianische Eiscreme vorzüglich schmeckt, konnten wir uns schon überzeugen. Allerdings finden wir die Kugelpreise gepfeffert, weshalb wir folgendes Experiment machen: In einem Einkaufsgeschäft durchsuchen wir die Kühltruhe nach einer großen Box Eiscreme italienischer Herkunft. Schnell erweckt ein Eimer Karamelleis von Barattolino Sammontana unsere Aufmerksamkeit. Noch schnell einige Plastiklöffel gekauft und schon sitzen wir am Wasser, zwischen uns die kühle Süßspeise. Dicke Karamellfäden hängen am Löffel, nachdem ich damit vollem Elan in die Creme getaucht bin. Meine Augen sind geschlossen, als ich das Eis genüsslich durch meinen Mund schiebe. Es ist süß, sehr cremig und schmeckt intensiv nach Karamell. Wer sparen will, trotzdem Lust auf Eis hat und gern an venezianischen Kanälen sitzt, dem empfehle ich die Discounter-Variante. Cornelia und ich sind sehr zufrieden mit dem Geschmack und können kaum einen Unterschied zur Eistüte aus der Gelateria feststellen. Reichhaltig ist es außerdem. Nur knapp gelingt es uns aufzuessen. Und das will etwas heißen!

Unser Bummel führt weiter bis zum Punta della Dogana, einem Kunstmuseum, und vorbei an der Basilica di Santa Maria della Salute, einer barocken Kirche, in ein Kunstviertel. Läden mit venezianischen Glaskunstobjekten und verschiedene Galerien reihen sich hier aneinander. Nachdem wir die Collezione Peggy Guggenheim passiert haben, laufen wir in Richtung des Markusplatzes, wo wir von Touristenströmen empfangen werden. Unser nächstes Ziel ist der Rialto Fischmarkt-Ca D´Oro. Hier wollen wir den Tipp von Alberto beherzigen und mit einer Gondelfähre fahren. Für zwei Euro gibt es ein Ticket. Ich mag es, Städte aus der Wassersicht zu betrachten und freue mich auf das Erlebnis, mit einer echten venezianischen Gondel unterwegs zu sein.

Es ist gestattet, den Kanal stehend zu überqueren, was wir dankend ablehnen. Schnell klettern wir bis nach hinten durch und setzen uns direkt vor den Gondoliere. Ich muss meine Sinne schon sehr schärfen, um in den geschätzten dreißig bis vierzig Sekunden, welche die Überfahrt dauert, alles aufzunehmen. Fotos machen, filmen, Stadtansicht beachten, Gondel inspizieren – all das tun wir im Schnelldurchlauf. Ganz fix ist noch ein Selfie mit dem Gondoliere im Hintergrund gemacht, da müssen wir auch schon wieder aussteigen.

Der Tag endet bei Alberto. Wir dürfen andere Sorten verkosten und bleiben doch bei unserem Favoriten „Raboso". Heute lassen wir uns zwei Flaschen befüllen, da wir meine Pilgerfreundin Stefanie aus Südtirol damit beschenken wollen.

Zuhause angekommen, widmet sich Conny wieder dem Pastagericht, während ich einen Salat zubereite. Von Susan haben wir eine Tüte mit Löwenzahnblättern bekommen. Ihr Verzehr soll zur Leberentgiftung beitragen. Ob es zwischen diesem Geschenk und dem Alberto-Wein-Tipp einen Zusammenhang gibt? Emsig mische ich Tomaten, Mozzarella, Olivenöl und Gewürze unter die grünen Blätter. Ruhigen Gewissens genehmigen wir uns ein großes Glas von Albertos Zaubertrank und verbringen einen weiteren lauschigen Abend im Hof. Verträumt schauen wir in die Küche, die in warmes Licht getränkt ist. Ein wellenförmiges Muster an der Wand verleiht dem Raum eine gewisse Gemütlichkeit. In der Glastür spiegelt sich der Himmel, der allmählich dunkler wird und unweigerlich der Nacht entgegengeht.

Südtirol, 1. August – Dolomiten in Sicht

Heute verabschieden wir uns von Venedig. Menschen wie Alberto und Susan werden uns fehlen und auch an die Unterkunft erinnern wir uns bestimmt noch sehr lange. Die vielen Besucher, mit denen wir uns durch die Gassen geschoben haben, und auch die Servicegebühr im Restaurant werden wir kaum vermissen. Es ist Zeit, weiterzuziehen.

Susan kommt zum Abschied noch einmal vorbei und besteht darauf, dass wir beim nächsten Venedigbesuch kostenlos bei ihr schlafen. Wir bieten ihr an, einmal nach Deutschland zu reisen und uns zu besuchen. Daraufhin winkt sie nur müde ab. „Ich bin zu alt zum Reisen!" Ungläubig starren wir sie an und widersprechen energisch.

„Ach Mädels, in eurem Alter wäre ich auch gern um die Welt gezogen. Aber damals als allein reisende Frau war das alles nicht so leicht. Heute ist es sicherlich einfacher herumzukommen. Ich hab das verpasst und nun ist es zu spät." Ich habe nicht den Eindruck, dass sie diese Worte mit Reue spricht. Dennoch finde ich es schade, eine so lebendige Frau – die alles ist, nur nicht auf den Mund gefallen – vor mir zu haben und zu hören, sie sei zu alt zum Reisen. Es ist nicht immer einfach und auch keinesfalls für jeden jederzeit realisierbar, die eigenen Reisefantasien wahrwerden zu lassen, aber sofern es irgendwie möglich ist, sollten wir nach dem Träumen auch handeln, so denke ich. Nachdem ich miterlebt habe, wie jemand aus meinem Freundeskreis viel zu früh gehen musste, hat sich diese Ansicht noch verstärkt. Die Endlichkeit unseres Daseins ist mir in dieser Situation mit brutaler Härte deutlich geworden. Ich weiß, dass ich die Chancen, welche mir das Leben bietet, nutzen will. Im Gegensatz zu manch anderem, lebe ich möglichweise leichter. Ich habe keine Kinder, kann mir meine Zeit weitestgehend frei einteilen. Die Wege zum erfüllten Leben sind so unterschiedlich wie die Menschen selbst. Die Pfade, die andere nehmen, zu beobachten, finde ich interessant. Wie langweilig wäre es auch, wenn all meine Freunde Freiberufler und Reisende wären …

Wir verlassen die Stadt mit einer Bahn, die uns bis Verona, wo wir umsteigen wollen, mitnehmen wird. Der Tag ist schwül, die Luft riecht wie vor einem Gewitter. Blaue Gardinen werden vom Fahrtwind umhergewedelt und tanzen ausgelassen vor den Zugfenstern. Vollgefressene Wolken ziehen im dunklen Kostüm am Himmel entlang.

Ich freue mich wieder im Zug zu sitzen und dem nächsten Ort entgegenzugleiten. Diese Reise erfüllt mich auf eine ganz neue, mir unbekannte Art. Vielleicht ist es die reizvolle Mischung aus Städtetrips, Wandererlebnissen in großartiger Natur, Camping im Wald und auf dem Hinterhof. Es ist sicherlich auch das Verkehrsmittel Zug, welches es mir erlaubt, sanfter, langsamer, mit guter Aussicht und auch ohne Staus und Turbulenzen voranzukommen. Vor allem sind es aber die Begegnungen mit den unterschiedlichsten Menschen, die diese Tour so wertvoll machen.

Ich werde unsanft aus meinen Schwärmereien gerissen, als plötzlich der Schaffner vor uns steht. „Ach du Schreck!", durchfährt es mich. Wir haben das aktuelle Datum noch nicht auf unsere Interrailpässe geschrieben. Schnell holen wir dies nach. Allerdings hat der grauhaarige Mann bereits eine verbissene Miene aufgesetzt und fordert – neben den Tickets mit Datum – zudem eine Reservierungsbestätigung. Damit können wir nicht dienen.

Schon vor einigen Tagen hatten wir uns über unsere Weiterfahrt am Infoschalter des Bahnhofes Venezia Santa Lucia informiert und auch hinzugefügt, dass wir per Interrailticket reisen. Daraufhin bekamen wir eine Verbindung ausgedruckt. Wir nahmen das Blatt entgegen und gingen davon aus, dass es sich um reservierungsfreie Züge handelt. Wir gingen davon aus! Unser Fehler! Eigentlich wissen wir, dass es grundsätzlich besser ist, manche Sachverhalte doppelt und dreifach abzufragen. Das haben wir nicht getan und nun steht ein grimmiger Bahnmitarbeiter vor uns und ereifert sich darüber, dass wir weder das Datum rechtzeitig reingeschrieben haben, noch eine Sitzplatzreservierung vorweisen können. Eine Mitfahrerin, die perfektes Englisch spricht, schaltet sich ein und versucht zu helfen. Sie dolmetscht und erklärt ihm, dass man uns gesagt hätte, diese Verbindung sei für Interrailer okay. Das interessiert ihn nicht im Geringsten. Während er sich mit uns herumschlägt beziehungsweise wir uns mit ihm, fechtet er einen weiteren Kampf mit einem anderen Fahrgast aus. Worum es geht, wissen wir natürlich nicht, aber die Auseinandersetzung wirkt lebendig. Unsere Übersetzerin ergreift noch einmal das Wort für uns und hält dem Herrn ihre eigene Reservierungsbestätigung unter die Nase. Cornelia und ich sitzen nämlich auf einem ihrer Plätze und sie versichert dem Schaffner, dass dies für sie kein Problem sei. Es hilft alles nichts. Er tippt etwas in seine kleine Maschine ein, es rattert und heraus kommt eine Quittung, die er uns mit steifem Blick aushändigt. Eine fettgedruckte Zahl grinst uns hämisch an. Cornelia streckt ihm die geforderten 36 Euro, die neben der Reservierungsgebühr vermutlich auch eine Strafzahlung enthalten, entgegen. Er verschwindet. Unsere Unterstützerin schüttelt enttäuscht den Kopf und entschuldigt sich dafür, dass sie nichts ausrichten konnte. Wir bedanken uns bei ihr und müssen dann auch schon aussteigen, weil wir bereits in den Bahnhof Veronas einfahren.

Das nächste Fahrzeug ist ein reservierungsfreier Regionalzug. Wir kramen unseren Proviant hervor. Heute stehen die übriggebliebenen kalten Nudeln von gestern Abend auf dem Plan. Dank des Speiseeis-Gelages und dem damit verbunden Plastiklöffel-Kauf verfügen wir über genügend Esswerkzeug, um nun die Pasta à la Cornelia ein zweites Mal zu genießen.

In Bolzano, hierzulande vielleicht besser bekannt als Bozen, haben wir eine Dreiviertelstunde Aufenthalt, die wir damit verbringen, eine Hochgeschwindigkeitsbesichtigung der Innenstadt zu unternehmen. Wir gewinnen den Eindruck, dass die Menschen entweder total sportlich gekleidet oder sehr nobel und chic unterwegs sind. Bozen ist die Landeshauptstadt Südtirols und mit ihrer guten Lage, inmitten wunderbarer Natur mit weiten Tälern und prächtigen Bergen, ein beliebtes Urlaubsziel für Freizeitsportler. Ich selbst kenne einige Leute, die hier gern zum Klettern herfahren.

Für uns ist es an der Zeit, nach Brunico weiterzureisen. Dort angekommen erfragen wir die Verbindungen für unsere Fahrt in die Schweiz am kommenden Sonntag. Auch wenn der Herr am Schalter nur ein mäßiges Interesse daran hat, uns mit den gewünschten Informationen zu versorgen, bleiben wir hartnäckig und fragen gut und gerne auch noch ein drittes Mal nach, ob wir eine Reservierung vornehmen müssen. Er verneint, wir verlassen den Bahnhof und warten an der Bushaltestelle auf das Fahrzeug, das meine Bekannte Stefanie uns per SMS mitgeteilt hat. Da wir nur die Richtung, nicht aber die Nummer wissen, spreche ich eine Frau mit peppigem Bobschnitt an. Wir kommen auf Englisch miteinander ins Gespräch und erfahren, dass die Ungarin in die gleiche Richtung muss wie wir.

„Kennst du die Abfahrtszeiten?", will ich wissen. Lachend schüttelt sie den Kopf und erwidert: „Ist das hier nicht Italien? Da weiß man doch nie so genau, wann der Bus kommt!" Sie bleibt die nächsten drei Wochen hier, um ihrem Mann einen Besuch abzustatten. Er arbeite hier, wie sie uns erzählt.

„Ungarn und Südtirol, da habt ihr es aber ganz schön weit!", bedaure ich ihre Beziehung.

Sie nickt, scheint dieses Tatsache aber gelassen zu nehmen. Wir erzählen weiter und lachen oft. Sie gehört zu den Menschen, bei denen wir schon nach ganz kurzer Zeit wissen, dass wir sie mögen. Die Chemie stimmt einfach. Unser Linienfahrzeug ist noch immer nicht in Sicht und wir stellen uns vor, wie wir an Ort und Stelle unser Zelt aufschlagen. Zu dritt kämen wir notfalls darin unter. Zudem haben wir – für eine angemessene Abendgestaltung – ja noch den Wein für Stefanie dabei. Unsere ungarische Campingfreundin würde Sandwiches beisteuern. Das perfekte Dinner ist damit besiegelt. Der Bus biegt um die Ecke und zerstört mit brummendem Motor unsere Fantasien.

Nach knapp einer Stunde Fahrzeit treffen wir in La Villa ein. Der malerische Ort liegt auf etwa 1.500 Metern inmitten des Gadertales. Es verweist mit seinem Namen auf den Fluss Gader, welcher das Tal entwässert. Meine Pilgerfreundin Stefanie steht bereits an der Haltestelle und empfängt uns mit einer herzlichen Umarmung. Bis auf die Haarfarbe hat sie sich kaum verändert, seit ich sie vor drei Jahren auf dem Küstenweg das erste und letzte Mal sah. Natürlich ist sie heute besser gekleidet und geschmackvoll geschminkt, was auf dem Jakobsweg einfach weniger Relevanz besaß.

Wir verfrachten die Rucksäcke in ihr Auto und düsen auf den Parkplatz einer Pizzeria. Es ist noch nicht ganz dunkel, sodass wir in den Genuss dieser atemberaubenden Landschaft kommen: Grüne Wiesen, Hügel, die Sonne, wie sie mit ihren letzten Strahlen die Berge der Dolomiten anlächelt. Ich bin schon wieder verliebt.

„Als junger Mensch wollte ich hier weg, hatte wenig Lust, in einem winzigen Ort wie diesem zu leben." Stefanie, Cornelia und ich sind im Gespräch versunken. Ich kenne die Südtirolerin nur von einem einzigen Abend meiner Pilgerreise vor drei Jahren. Aus irgendeinem Grund tauschten wir unsere Kontaktdaten aus. Schon damals fühlte ich, wir sind auf einer Wellenlänge. Trotz der nur sehr sporadischen Kommunikation über Facebook hat sie diesem Treffen sofort zugestimmt und uns sogar das alte Zimmer ihres Bruders angeboten. Es berührt mich zutiefst, mit diesen zwei Menschen, Stefanie und Cornelia, hier zu sitzen und innerhalb kürzester Zeit in Gesprächsebenen zu tauchen, die sehr privat sind.

Nach ihrer Pilgerreise lebte Stefanie monatelang in Peru, arbeitete mit Kindern, Jugendlichen und jungen Müttern. Sie fühlte sich in Südamerika und mit ihren Aufgaben dort wohl, ging darin auf zu helfen. Schnell wurde ihr sehr deutlich bewusst, wie überflüssig viele Dinge bei uns sind. Ihr Job als Frisörin, den sie nach dieser Zeit wieder aufgenommen hat, konfrontiert sie auch heute noch so manches Mal mit dem bedeutsamen Unterschied zwischen „Habenwollen" und „Wirklichbrauchen". Nachdem sie nun auf dem Jakobsweg, in Peru und auch in Indien war, hat sie einen anderen Blick auf ihre Heimat gewonnen. Wegziehen möchte sie nicht mehr so unbedingt.

Das kann ich verstehen. Auszuwandern ist auch für mich, die bereits viele schöne Länder sehen durfte, keine Option. Bei Menschen, die viel reisen, kann zweierlei passieren: Entweder sie gehen aus ihrer alten Heimat fort, weil es ihnen woanders besser gefällt oder sie kehren umso lieber zu ihren Wurzeln zurück. Ich bin gern sehr lange unterwegs, wie einst zum fünfmonatigen Studium in Kanada. Letzten Endes liebe ich es aber zurückzukehren. Ich bin eine Reisende auf Bewährung. Es ist vor allem mein soziales Umfeld, welches mich immer wieder zurückruft. Für mich gilt: Ohne Heimweh auch kein Fernweh!

Die Nacht ist längst angebrochen, als wir ein Hotel betreten, das von Stefanies Mutter betrieben wird. „Und hier befindet sich das alte Zimmer deines Bruders?", will ich ungläubig wissen und sehe mich in der gemütlich eingerichteten Unterkunft um.

„Nein, wir haben ein Zimmer frei, das wir euch gern geben möchten." Sie stößt die Tür zu einem Raum mit Balkon, Bad, TV-Gerät und kuscheligem Doppelbett auf. Wir machen große Augen. „Aber, das kostet doch sicher ...", setze ich an.

„… für Pilgerfreunde gar nichts!", beendet die sympathische Tirolerin meinen
Satz. „Frühstück gibt es von halb acht bis um zehn!", verschwindet sie über
den Flur.
Und wieder bleiben wir dankbar und glücklich zurück.

Südtirol, 2. August – Festmahl in der Bärenhöhle

Mit Südtirol verband ich bisher Schnee, Kälte und Skifahren. Einige Kilometer westlich des Gadertals erlernte ich die Wintersportart, mithilfe von
Skilehrer Karl-Heinz, vor wenigen Jahren. Statt in die steifen Skischuhe zu
schlüpfen, heißt es nun: Wanderstiefel zubinden und los! Dank des hervor-
ragenden Frühstücks im „Garni Miriam", wie die Unterkunft von Stefanies
Mutter heißt, sind wir bestens gestärkt. Meine Pilgerfreundin muss heute
leider bis zum Abend im Salon arbeiten, weshalb sie uns nicht begleiten kann.
Allerdings hat sie uns mit einigen Routenvorschlägen versorgt und auch ihr
Bruder, der die Bar der Pension betreibt, hilft uns bereitwillig weiter.
Weg Nummer vier soll uns zum anvisierten Piz La Ila Hochplateau bringen.
Es handelt sich zwar um eine leichte, aber teilweise sehr steile Route ohne
technische Schwierigkeiten. Ein Pärchen auf Fahrrädern überholt uns und
scheint sich dabei ordentlich zu quälen. Wir jedenfalls sind sehr froh, hier
zu Fuß und nicht auf Gummischläuchen hochzukriechen. Nach einiger Zeit
holen wir die beiden wieder ein. Tempomäßig scheint es sich nicht viel zu
nehmen, den Berg per pedes oder Rad zu bezwingen. Der Mann ist seiner
Freundin immer eine Fahrradlänge voraus. Irgendwann pfriemelt er eine
Kamera hervor und fotografiert die hinter ihm einsam hoch schnaufende
Frau. Als sie zu ihm aufgeschlossen hat, steigt sie tomatenroten Kopfes vom
Rad und beginnt eine Diskussion. Wir passieren und spekulieren, dass das
Fotoshooting für Gesprächsstoff sorgt. Es ist sicherlich wenig erfreulich, mit
brennender Lunge einen Berg per Zweirad zu erklimmen, immer hinten zu
fahren und dann auch noch abgelichtet zu werden. Das bleibt unsere letzte
Begegnung mit den beiden. Wir sehen sie nicht mehr wieder.
Durch leichten Nieselregen setzen wir unseren Weg fort und erreichen nach
knapp zwei Stunden die Hütte Moritzino Club. Da ein bedrohlich dunkler
Wolkenteppich in den Bergspitzen hängt, machen wir lieber eine Pause und
schlürfen einen Kaffee. Geradeso können wir noch einen freien Platz ergattern. Wie wir von Stefanie wissen, ist das Gebiet eher ein Winter- als ein

Sommersportort. Vor allem in diesem Jahr soll die warme Jahreszeit noch schlechter besucht sein. Es regnet viel und auch die Wirtschaftskrise macht sich bemerkbar. Gerade die italienischen Urlauber bleiben aus. Von Einbrüchen im Tourismussektor merken wir in diesem Gasthaus nichts. Lautes Stimmengewirr hallt durch den Raum, Tassen und Teller scheppern, am WC muss ich anstehen. Als ich im stillen Örtchen warte, bekomme ich mit, wie eine Frau vergeblich versucht, ihre Tür von innen zu öffnen. Mich langsam nähernd, spreche ich sie an. Sie flucht auf Italienisch und klingt als wäre sie bereits etwas älter. Mit meinen englischen Beruhigungsversuchen kann sie nicht viel anfangen, weshalb ich auf Spanisch umschalte. Es funktioniert. Da ich die Tür von außen auch nicht aufbekomme, erkläre ich ihr langsam, dass ich hoch ins Restaurant gehen werde, um jemanden vom Personal zu verständigen. Als ich mir sicher bin, dass sie mich verstanden hat, steige ich die Treppenstufen hinauf und spreche den ersten Kellner, den ich sehe, an und erkläre ihm die Situation. Wie so viele Südtiroler spricht auch er Deutsch und versichert mir zu helfen. Ich kehre zum Waschraum zurück und werde überschwänglich von einer erleichterten Dame begrüßt. Die Gefangene hat es doch noch geschafft, aus eigenen Kräften zu entkommen. Zügig kehre ich nach oben zurück und melde die bereits erfolgte Problemlösung.

Berg auf, Berg ab …

Cornelia, die mich aus der Entfernung wie ein aufgescheuchtes Huhn hat hin- und herrennen sehen, kläre ich auf, bevor wir starten.

Es regnet und die Wolken sehen nicht aus, als würden sie in den nächsten Stunden gute Laune bekommen. Uns bleibt nichts anderes übrig als umzukehren. Per Gondel tauchen wir in das klitschnasse Tal ein und schlendern noch einige Zeit durchs verregnete Dorf. Den Spätnachmittag verbringen wir fernsehschauend in unserem Zimmer. Eine Unglücksmeldung jagt die nächste, ein Gewaltverbrechen folgt dem anderen. Die Nachricht über ein Zugunglück in Mannheim macht uns auf besondere Weise betroffen. Ein Güterzug ist mit einem Eurocity, der sich auf dem Weg von Graz nach Saarbrücken befand, zusammengestoßen. Zwei Waggons wurden aus den Gleisen gehoben und fielen um. Darin saßen 110 Passagiere. Bisher ist „nur" von Verletzungen, nicht aber von Todesfällen die Rede. Wir schauen einander an. Wieder einmal wird uns klar, dass innerhalb eines einzigen Wimpernschlages alles anders sein kann …

Pünktlich, wie per SMS verabredet, holt uns Stefanie um 20:00 Uhr ab. Anna, eine Mailänderin, die seit vielen Jahren in Südtirol lebt, ist heute Abend auch mit von der Partie. Zu viert düsen wir in ein Lokal namens „Bärenhöhle" und lassen uns die traditionellen Gerichte erklären. Früher, als die Menschen körperlich noch sehr hart und ohne Hilfe von Maschinen arbeiteten, brauchten sie gehaltvolles Essen. Eine dicke Vollkorngerstensuppe, Spinat-Topfen, Schlutzkrapfen mit Parmesan und brauner Butter sowie Turtres, Teigtaschen nach Dolomiten-Art, finden den Weg auf unseren Tisch. Vor uns steht ein ladinisches Abendessen, das hervorragend duftet. Die Ladiner bilden eine romanisch sprachige Ethnie, deren Mitglieder im Norden Italiens, in Südtirol, im Trentino und in der Provinz Belluno leben. Stefanie beherrscht sowohl ladinisch als auch italienisch, englisch, spanisch und deutsch.

Der Name des Restaurants kommt nicht von ungefähr. Neben mir sitzt ein dicker Plüschbär, die Decken sind sehr flach, die Bänke aus Holz. Warme Felle, Bilder, Hexenfiguren, die zu Tausenden auf ihren Besen von der Zimmerdecke hängen und scheinbar über die Tische schweben, verleihen der Bärenhöhle ein lauschig-schauriges Ambiente.

Nicht nur die Raumatmosphäre ist schön, sondern auch die Stimmung. Stefanie, Anna, Cornelia und ich führen angenehme Gespräche und lachen oft. Außerdem erfahren wir viel über das Land, das wir gerade bereisen. Pizza und Pasta sind hier die größten Promis, wie wir längst bemerkt haben. Die beiden Freundinnen erinnern uns aber auch daran, dass die Italiener typischerweise viel mit den Händen reden, beim Sprechen wild gestikulieren. „Typisch italienisch? Das ist aber auch sehr stark von der Region abhängig", klärt Stefanie auf. „Zwischen dem Norden und dem Süden liegen in mancherlei Hinsicht Welten. Je weiter unten im Stiefel, umso unpünktlicher, lockerer sind die Menschen. Hier im Norden arbeiten wir zuverlässig und kommen termingemäß. Als ich in Peru war, arbeitete ich mit vielen Süditalienern zusammen. Nur selten erschienen sie, wie am Vortag angekündigt. Ich, die rechtzeitig kam, wurde dafür vom Chef bald mit einem dicken Schlüsselbund belohnt, für den ich die Verantwortung trug."

Cornelia kramt die Quittung unserer Straffahrt hervor. „Könnt ihr uns erklären, was es damit auf sich hat? Wie setzt sich der Betrag zusammen?"

Neugierig inspizieren die beiden Frauen den Zettel. „Seht ihr, das ist typisch deutsch", lacht Stefanie. „Ein Italiener hätte es nicht hinterfragt. Wir regen uns zwar auf, nehmen die Dinge aber nicht so genau wir ihr und würden die Rechnung vermutlich keines weiteren Blickes würdigen." Cornelia und ich nicken bestätigend. Stefanie und Anna schauen sich den Bon sorgfältig an und kommen zu keinem Schluss. „Für was ihr da bezahlen musstet, wird nicht deutlich. Macht es wie die Italiener: Knüllt den Wisch zusammen, zuckt mit den Schultern und vergesst den fiesen Schaffner!" Wir stoßen lachend an.

Anna grübelt laut weiter: „Typisch für unser Land ist das gute Aussehen seiner Bewohner", zwinkert sie mit einem schelmischen Grinsen. „Die meisten von uns machen sich gern hübsch und legen viel Wert auf ihr Äußeres."

„Ach ja …", schaltet sich Stefanie wieder ein. „Italiener bleiben lange in ihrem Elternhaus wohnen, nicht selten bis zur eigenen Hochzeit. Eigentlich geht das Verwöhnprogramm schon im Kindesalter los. Ich arbeite als Skilehrerin und mir ist aufgefallen, dass deutsche Kids nicht so sehr in Watte gepackt werden wie ihre italienischen Altersgenossen. Die Eltern italienischer Sprösslinge vergewissern sich ununterbrochen, ob ihre Zöglinge auch nicht frieren oder ihnen sonst irgendetwas fehle. Mit den deutschen Kindern kann ich besser arbeiten, weil sie nicht so zimperlich sind."

„Das ist ja interessant", finde ich. „Und was ist noch typisch deutsch?" Anna und Stefanie schwärmen von Oktoberfest, Weißbier und Volkswagen. Auch das Eltern-Kind-Verhältnis kommt erneut zur Sprache: „Deutsche Eltern machen auch einmal ohne Kinder Urlaub und fühlen sich deshalb nicht gleich als Rabeneltern. Außerdem", so schließen die beiden, „geben Deutsche besonders viel Trinkgeld!"

Wir plaudern noch lange. Insbesondere unsere gemeinsame Reiseleidenschaft bietet viel Gesprächsstoff. Annas Vater ist Fotograf und zusammen mit ihm hat sie schon viel von der Welt gesehen. Vor allem Afrika und Asien sind ihr vertraut. Ihre Bachelorarbeit schrieb sie auf Kuba.

Wir philosophieren über eine gemeinsame Kubareise mit der Mailänderin als unserer Fremdenführerin. Darin, dass wir vier ein gutes Reiseteam bilden würden, sind wir uns einig. Es ist gar nicht so leicht, Menschen zu finden, die in ihren Kompetenzen unterschiedlich, aber in grundlegenden Ansichten doch gleich genug sind, um gut miteinander auszukommen. Auf Reisen kann man sich nicht ohne weiteres aus dem Weg gehen und ungewöhnliche Situationen werden schnell einmal zur Belastungsprobe. Cornelia und ich vertreten nur sehr selten verschiedene Ansichten und haben gelernt, auch in außergewöhnlichen Situationen miteinander umzugehen. Wir wissen mittlerweile ziemlich genau, wann es zu schweigen gilt, zum Beispiel am Ende eines langen Wandertages, wenn jeder Muskel streikt …

Außerdem reist es sich mit ähnlichen Biorhythmen und Lebenseinstellungen am besten. Uns fallen nur wenige Menschen ein, mit denen wir länger als ein Wochenende unterwegs sein wollten. Möglicherweise beruht das auf Gegenseitigkeit.

Wir erheben unsere Gläser und halten – erst einmal in Gedanken – fest: „Wir fliegen nach Kuba!"

FAZIT: MEIN ITALIEN

Es ist ein Land, das mit Vorurteilen nicht verschont wird. Zunächst möchte ich deshalb mit einigen davon aufräumen. In Italien, so heißt es, scheine immer die Sonne. Ich habe das Land von Ende Juli bis Anfang August besucht und in dieser Zeit beinahe mehr Wasser als im Islandurlaub abbekommen.

Weiterhin reden alle von den italienischen Machos, die so leidenschaftlich gern an allen Frauen herumbaggern. Ich habe das Gefühl, egal wie blond meine Haare sind, solange meine unlackierten Zehennägel in Sportsandalen stecken, mein Dekolleté von Funktionsstoff umhüllt ist und meine Unterschenkel aus den Hosenbeinen mausgrauer Shorts hervorstaksen, interessiert sich kein Italiener für mich. Das ist ein Umstand, der meine These widerlegt und mich eher erfreut als enttäuscht. Es wäre ja doch nur anstrengend, müsste ich mich nach jedem Pfiff umdrehen …

Von der so viel zitierten Unpünktlichkeit habe ich nichts mitbekommen. Sowohl die Züge als auch meine italienische Freundin aus Südtirol waren stets zur verabredeten Zeit da.

Von Alberto lernte ich, „la dolce vita" ist nicht viel mehr als ein romantisches Relikt vergangener Zeiten. Aufgrund der Wirtschaftskrise bleiben in Norditalien die italienischen Touristen aus. Auch das zeigt, dass die Landesbewohner andere Sorgen als Luxus, Nichtstun und Vergnügungen haben. Genuss, Geselligkeit und gutes Essen schlagen sich scheinbar auch in Krisenzeiten wacker. Ich habe köstliche Pizza vertilgt, Eis geschlemmt und den weltbesten Rotwein geschlürft. Allerdings erfuhr ich auch, dass Italien kulinarisch mehr zu bieten hat als Pasta und Tiramisu. Bei ladinischer Gerstensuppe und Schlutzkrapfen – ein schönes Wort! – lernte ich eine ganz andere als die weltweit verbreitete italienische Küche kennen.

Stimmt es denn nun, dass die Italiener immer gut aussehen wollen? Die Mailänderin Anna findet, es gibt besonders viele Menschen, die Wert auf ihr Äußeres legen. In den Straßen Venedigs und auf manchem Bahnsteig habe ich sorgfältig gestylte Männerfrisuren und modische Frauenkleider gesehen. Reicht das aus, um zu schlussfolgern, die Italiener sind alle wunderschön? Ich lasse diese Frage im Raum stehen …

Italiener sind ein entspanntes Völkchen, das es versteht zu genießen und mit einer gelassenen Haltung durchs Leben geht. Darin waren sich meine Gesprächspartner einig. Wie überall lassen sich auch hier nicht alle über einen Kamm scheren. Nicht nur zwischen den einzelnen Individuen herrschen unterschiedlich starke Ausprägungen, auch zwischen Nord- und Süditalien liegen beachtliche Mentalitätsunterschiede, wie ich von Stefanie erfuhr. Logisch eigentlich! In Hamburg bummeln sie ja auch nicht in Lederhosen durchs Hafenviertel.

Ebenso in Italien herrscht in Punkto Ordnung, Ernsthaftigkeit sowie Genauigkeit ein sehr homogenes Bild über die Deutschen. Wir seien strikt und nicht zimperlich – das treffe schon auf die Kleinsten zu, wie wir von Stefanie hörten.

Italiener wollen ein bisschen mehr wie wir sein? Das war eine der Aussagen, die mich am meisten überrascht haben. Machen wir unser eigenes Land manchmal selbst zu schlecht? Im Ausland meiden Cornelia und ich den Kontakt zu Landsleuten, schämen uns für das eigene Volk, wenn es sich an der Busschlange vordrängelt, und freuen uns, wenn wir – wie so oft – für Däninnen, Schwedinnen oder Niederländerinnen gehalten werden. Vielleicht stünde uns etwas mehr Nationalstolz ganz gut? Wir sind sicherlich nicht die einzigen, die sich damit – aus bekannten Gründen – schwertun.

ZEIT DER BESINNUNG: Geburtstag im Zug

Heute vor 29 Jahren wurde ich geboren. Schon seit langer Zeit begleitet mich ein Spruch, den mir eine gute Freundin einmal mit auf den Weg gab: „Dein Leben ist wie eine Zugfahrt: Viele Menschen steigen in deinen Zug ein, einige steigen wieder aus und nur ganz wenige bleiben bis zum Schluss darin sitzen." Diese Weisheit ist eine Metapher, die auf das Leben übertragbar ist. Es ist mein Lieblingszitat und war nie lebendiger als heute, einem Tag, an dem ich tatsächlich und auch noch sehr lange auf Schienen unterwegs bin.

An Geburtstagen und auch auf Reisen erinnere ich mich besonders häufig an den formulierten Lehrsatz. Wenn ich umherziehe, egal ob ausschließlich als Pilgerin oder wie in diesem Jahr auch auf Bahnlinien, lerne ich immer wieder neue Menschen kennen, teile ein Stück meines Weges mit ihnen und nehme nach einiger Zeit Abschied. Von denjenigen, die mir heute gratulieren, rufen viele schon seit Jahren an, manche kennen mich und meinen Jahrestag erst seit kurzem und zu einigen, die nur einen bestimmten Lebensabschnitt mit mir teilten, besteht keine Verbindung mehr.

Eine Vielzahl meiner Jahrestage verbrachte ich auf Reisen. Genauso wie meine Entwicklung als Mensch hat auch mein Leben als Rucksacktouristin eine Kindheit und Jugend durchlaufen, bevor es erwachsen werden konnte. Die ersten Schritte unternahm ich im Jahr 2005 auf den Lofoten in Norwegen. Damals tourte ich mit vier Freunden über die Inselgruppe. Wie es sich für ein unerfahrenes Kind gehört, machten wir Fehler: Unser Gepäck war zu schwer und die Rucksäcke in mancherlei Hinsicht fehlerhaft gefüllt: Vom Deospray trug ich zu wenig, von der Kleidung zu viel mit mir.

Jahre später hatte ich das Laufen erlernt und beging sicheren Schrittes meinen ersten Jakobsweg. Das Equipment war bedachter gewählt, die Landessprache ging mir über die Lippen und ich befand mich zur geplanten Zeit am gewollten Ziel. Auf Island und auch in Kanada reifte ich, wuchs heran und sammelte Erfahrungen im Umgang mit Mensch und Natur.

In der späten Jugendzeit meines Reiselebens war ich dann erstmalig vollkommen auf mich gestellt. Allein bewanderte ich den nordspanischen Küstenweg. Ich genoss meine Freiheit, fällte Entscheidungen, gewann Erkenntnisse.

Und heute? Statt eines oder zwei Ländern sind nun bereits sechs ausländische Nationen auf meiner Landkarte markiert. Und dieses Mal bin ich auch nicht einfach nur losgefahren, sondern verfolge von vornherein ein Ziel: Ich will Neues erkunden! Was ist das Tolle an unseren europäischen Nachbarn und macht Zugfahren Spaß? Wie denken andere Menschen über ihr eigenes Land und was halten sie von meiner Heimat?

Bin ich erwachsen geworden, weil Erwachsensein heißt, dass man einem Plan folgt? Ich weiß es nicht. Aus den Kinderschuhen bin ich heraus, soviel steht fest. Aber typisch jugendliche Eigenschaften wie Unbeschwertheit und Spontaneität trage ich noch immer in mir. Hoffentlich bleiben sie mir sehr lange erhalten – auch dann noch, wenn meine Haare längst ergraut sind.

FÜNFTE STATION SCHWEIZ
Käse, Schokolade und Kühe

Obwohl sie unmittelbar an Deutschland grenzt, habe ich die Schweiz noch nie bereist. Seltsam eigentlich. So ist es doch ein Land, in dem ich viele meiner Leidenschaften ausleben kann: Wandern in atemberaubender Natur, von cremiger Schokolade naschen, aromatischen Käse verspeisen.

Ähnlich wie bei Italien fiel es mir leicht, Kennzeichen zu finden. Neben den bereits erwähnten Leckereien gelten literarische Figuren wie Heidi, Peter und der Alm-Öhi als typisch schweizerisch. Die Autorin Johanna Spyri schuf mit ihren Romanen ein noch heute weit verbreitetes romantisches sowie idealtypisches Bild ihres Heimatlandes.

Auf eine Alm gehören Kühe. Die Wurzeln des Schokoladenherstellers Milka liegen in der Schweiz, weshalb ich davon überzeugt bin, hier garantiert mindestens ein lilafarbenes Tier anzutreffen. Kommt es zu nah, werde ich es mir mit meinem Schweizer Taschenmesser vom Leibe halten.

Den Bewohnern dieses Landes sagt man einen übertriebenen Zwang zur Pünktlichkeit nach. Außerdem seien sie langsam und leiden an einem extremen Sauberkeitsfimmel.

Die Schweiz – ein teures sowie reiches Land, in dem gierige Investmentbanker leben und es von Bankautomaten nur so wimmelt? Ich werde es herausfinden …

3. August, Rorschach a. Bodensee – Willkommen auf dem Jakobsweg

Ein langer Reisetag liegt vor uns. Schon um sechs Uhr müssen wir aufstehen, um unsere Verabredung pünktlich wahrnehmen zu können: Freundinnen von Stefanie wollen zu einer Fortbildung nach Brunico, nehmen uns in ihrem Auto mit und setzen uns am Bahnhof ab.

Diesen kennen wir bereits von unserer Ankunft vor zwei Tagen. Vereinzelt stehen Menschen am Gleis. Es ist Sonntag und ich habe Geburtstag. Ein wenig verschlafen sitze ich am Bahnsteig und nehme Abschied von den Bergen, über die hin und wieder eine weiße Wolke huscht. Schatten tanzen über die kupferfarbenen Schienen und manchmal schickt die Sonne ein Lächeln auf die Erde. Rote Ampellichter leuchten. Dunkle Stahlkonstruktionen lauern erhaben oberhalb des Gleisbettes. Vergleichsweise dünne Oberleitungen spannen sich weit über den Himmel. Ein Kran ragt stolz über das Bahnhofsgelände. Ein Zug nähert sich schnaufend und kommt quietschend zum Stehen.

Wir treten ein und lassen uns in das weiche Polster der Sitze sinken. Nun sind wir also wieder unterwegs, auf dem Weg zu einer weiteren Station. Beim nächsten Stopp verlassen einige Fahrgäste die Bahn, andere steigen zu. Ich schmunzele. Ja, so funktioniert das. Auch wenn ich zu den Menschen hier keine persönliche Verbindung habe, stehen sie symbolisch für all die Personen, die mich begleiten, länger, kürzer, bereits mein Leben lang. Mein Mobiltelefon macht sich mit einem Piepton bemerkbar. Eine Kurznachricht von meiner Mutter erscheint auf dem Display. Es sind Geburtstagsgrüße, Wünsche eines Menschen, der seit dem ersten Atemzug in meiner Lebensbahn sitzt.

Nach kurzer Fahrzeit steigen wir in Fortezza, einem kleinen Ort mitten in den Bergen, um. Als nächstes Ziel steht die Station Brennero, ein Bahnhof am gleichnamigen Grenzpass zwischen Österreich und Italien, auf dem Plan. Was uns hier besonders auffällt: Mehrere junge Männer sind teils allein, teils in kleineren Gruppen unterwegs und machen den Bahnsteig unsicher. Sie beobachten die vorbeilaufenden Fahrgäste sehr sorgfältig, tuscheln miteinander und spielen sich irgendwelche kleinen Gegenstände zu. Während ich auf dem WC bin, beobachtet Cornelia, wie sich ein Kerl vor der Tür des Waschraums positioniert. Er streckt seine Hand aus und versucht den Toilettengängern weiszumachen, dass die Benutzung Geld koste und er autorisiert sei, selbiges einzukassieren. Niemand fällt darauf herein, weshalb er kurz darauf zu Conny hinüberschlendert, um sie direkt und unvermittelt nach Bargeld zu fragen. Glücklicherweise genügt ihr Kopfschütteln, ihn zu vertreiben. Sorgfältig prüfen wir, ob keine unserer Habseligkeiten abhandengekommen sind, bevor wir abfahren.

Im österreichischen Innsbruck gebe ich auf meinen Geburtstag ein Mittagessen aus und dann geht es auch schon weiter nach Buchs, eine Gemeinde in der Schweiz. Die Bahn, die zwischen diesen beiden Orten verkehrt, platzt vor lauter Fahrgästen beinahe aus den Nähten. Zusammen mit unzähligen Reisenden schieben wir uns durch die Gänge, bleiben mit den großen Rucksäcken ständig irgendwo hängen, versuchen entweder dem Gegenverkehr standzuhalten oder drücken uns in voll besetzte Sitzreihen, um auszuweichen.

Mit Schweißperlen auf der Stirn landen wir in einem Waggon, in dem zwei vereinzelte Plätze frei sind. Ich stelle meinen Rucksack auf dem Tisch eines Viererplatzes ab, öffne den Verschluss, um Wasserflasche, Kamera und Pullover herauszufischen. Dabei fallen meine feuchten Socken zwischen die Fahrgäste. Seit der letzten Handwäsche sind sie noch nicht getrocknet, weshalb sie ausnahmsweise einmal etwas muffig riechen. Mit rotem Kopf befreie ich die Betroffenen von meinen Fußkleidern und verschließe hastig den vollen Rucksack. Nur mit Hilfe gelingt es mir, diesen in der Gepäckablage über meinem Kopf abzulegen.

Ich nehme Platz und spüre eine große Müdigkeit. Während einer Zugfahrt zu schlafen, ist angenehm. Es ruckelt, rauscht, Stimmen murmeln – von all dem lasse ich mich gern in einen Traum entführen. Sanft gleite ich vom Wachstadium über einen schwerelosen Dämmerzustand in eine tiefe, erholsame Ruhe.

Als der Waggon plötzlich schwankt, weil er sich kraftvoll in eine Kurve legt, wache ich auf und bemerke einen freien Platz neben mir. Hoffentlich hat dieser nichts damit zu tun, dass ich geschnarcht oder mich mit dem Kopf an einer fremden Schulter angelehnt habe. Winkend gebe ich meiner Freundin zu verstehen, dass sie sich umsetzen kann.

Im Ort Buchs steigen wir in eine S-Bahn um. Unser Ziel ist Konstanz, wo der Schweizer Jakobsweg beginnt. Jakobsweg? Ja! Die Bezeichnung „Jakobsweg" umfasst eine Anzahl verschiedener Pilgerwege durch ganz Europa. Das angebliche Grab des Apostels Jakobus in Santiago de Compostela ist Bestimmungsort der Wallfahrer.

Cornelia und mich hat es wieder gepackt: Das Pilgerfieber. Wie ich schon vor drei Jahren vermutete: Einmal Pilgerin, immer Pilgerin! Während meiner Zeit auf dem spanischen Küstenweg traf ich viele Menschen, die genauso wie ich nicht zum ersten Mal auf einem der zahlreichen Pfade unterwegs waren. Auf Jakobs Wegen zu wandeln, hat etwas Magisches. Gelbe Pfeile und Muschelsymbole deuten dem Wanderer die Richtung und erzeugen das Gefühl, durchs Land getragen zu werden. Jeden Tag zu gehen, stundenlang zu laufen, öffnet Herz und Verstand, macht durchlässiger, aber auch stärker. Auf Menschen zu treffen, die alle das gleiche Ziel verfolgen – irgendwann in Santiago de Compostela einzutreffen – schafft eine unsichtbare Verbindung. Bei vielen Gesprächen, die ich hatte, ging es nicht darum, belanglos zu plaudern. Smalltalk gab es selten, stattdessen führten Unterhaltungen teilweise ziemlich unvermittelt in die Tiefe. „Warum bist du hier?" Eine Frage, die schnell einmal auf den Grund menschlicher Sorgen und Nöte führen konnte.

Ich habe es schon beschrieben: In den Lebenslauf meiner Reisebiografie ordne ich den Alleingang auf dem Küstenweg in die Teenagerzeit ein. Um ein bisschen von dem Zauber, den die Jugendliebe bekanntlich mit sich bringt, wachwerden zu lassen, geht es nun also auf den Schweizer Jakobsweg, allerdings nur für einige Tage. Bis nach Galicien wollen wir dieses Mal nicht.

Ein besonderes Spannungsfeld liegt für mich darin, in einem Land, das wie kaum ein anderes mit Geld in Verbindung gebracht wird, als genügsame Pilgerin unterwegs zu sein. Cornelia und ich möchten am Wegesrand zelten, (gezwungenermaßen) aufs Duschen verzichten, keine Genussmittel konsumieren. Einzig Schokolade klammere ich aus. Laufen, schlafen, essen, nur für das Nötigste Geld ausgeben. Das ist der Plan …

Als auf der Anzeigetafel im Zug der Ort Rorschach auftaucht, entflammt ein Geistesblitz in meinem Kopf. Irgendwoher kenne ich diesen Namen. Wir blättern unser kleines Buch durch und werden fündig. Der Bodensee-Ort markiert den Beginn des so genannten Appenzellerweges. Diese Route war im Mittelalter bei Pilgern beliebt, die sich über Bayern auf den Weg machten. In der Schweiz gibt es mehrere Punkte, an denen der Start auf einen Jakobsweg möglich ist. Durchgehend markiert sind davon zwei Varianten: Der erwähnte Appenzeller- und auch der Schwabenweg. Dieser hat seinen Anfang in Konstanz und von dort aus gingen damals Pilger los, die über Schwaben in die Schweiz kamen. Kurz vor Einsiedeln, einer Gemeinde im Kanton Schwyz, die vor allem für ihr Kloster bekannt ist, treffen beide Routen aufeinander.

Rorschach wird als nächster Halt angekündigt und wir beschließen auszusteigen und unsere Wallfahrt hier und nicht in Konstanz zu beginnen. Heftiger Regen begrüßt uns. Soll das etwa schon die erste Probe sein, auf die uns der Jakobsweg stellt? Frei nach dem Motto: Pilgern ist nicht immer angenehm? Als wüssten wir das nicht!

Wir schlüpfen in unsere Regensachen und wollen nach einem Campingplatz Ausschau halten. Da wir noch nicht wissen, wie geeignet Wildcampingplätze außerhalb von Siedlungen sind und sich das Himmelwasser fleißig weiter über uns ergießt, halten wir dies für die beste Möglichkeit.

Bei verschiedenen Passanten fragen wir uns durch. An der S-Bahn-Haltestelle am Hafen des Ortes angekommen, schließen wir Bekanntschaft mit einer freundlichen Frau. Die sportliche Rentnerin, die hier früher einmal gelebt hat, nimmt sich viel Zeit und grübelt, wohin sie uns am besten schicken soll. Als ihr ein Zeltplatz in der Nähe einfällt, analysieren wir den Fahrplan. Ein junger Mann mit Kopfhörern und einem Smartphone in den Händen gesellt sich zu uns und bietet seine Hilfe an. Er zieht sich die Stöpsel aus den Ohren und googelt den kürzesten Weg. Zu viert steigen wir in eine Bahn ein.

Die Rentnerin ist erstaunt, dass wir kein internetfähiges Telefon besitzen.

„Hätten wir eines dabei, so wären wir nicht in den netten Kontakt mit Ihnen gekommen!", reagiere ich auf ihre Feststellung.

Mit einem Lächeln auf den Lippen nickt sie bekräftigend.

Sowohl der Teenager als auch die Rentnerin geben sich die größte Mühe, ein für uns gut verständliches Deutsch zu sprechen. Immer wenn sie sich miteinander austauschen, schalten sie auf Schwyzerdütsch um – eine Mundart, die wir kaum verstehen können.

Während der Fahrt fallen der netten Dame immer bessere und nähere Orte für unser Nachtlager ein. „Ich lebe hier schon sehr lange nicht mehr. Deshalb muss ich erst einmal in meinem Gedächtnis kramen", erklärt sie.

Nach einigen Minuten Fahrt erreichen wir eine Station, an der sie uns hinausschickt – nicht ohne zuvor genauestens beschrieben zu haben, wie wir laufen müssen.

Tatsächlich stehen wir kurz darauf an der Rezeption des Campingplatzes der Stadt Arbon, acht Kilometer nordwestlich von Rorschach. Ein sehr humorvoller Mitarbeiter nimmt unsere Daten auf.

„Was ist denn das für ein Mistwetter?", beschweren wir uns schmunzelnd bei ihm.

„Hier regnet es erst, seit ihr da seid! Zuvor war es sonnig und warm", kontert er.

Für insgesamt 22 Euro kommen wir unter, was sogar noch ein wenig preiswerter als auf dem slowenischen Platz ist.

Es nieselt nur noch leicht, als wir unsere Habseligkeiten auf einer Wiese direkt am Ufer ausbreiten. Über dem Wasser hängen dicke Wolken und ein dichter, trüber Schleier aus Nässe bedeckt den Bodensee.

Meinen Geburtstag lassen wir am Kiosk des Platzes bei schweizerischem Bier für umgerechnet rund 3,50 Euro pro Glas ausklingen. Untermalt wird unser Abend von stimmungsvollen Partymelodien. In den Klang der Musik mischt sich das Geräusch fahrender Züge. Ich vernehme ein blechernes Rauschen, lausche einem tiefen Tosen. So also hört sich das Ende eines Geburtstages an, der an einem schläfrigen Bahnhof begann, auf scheinbar endlos langen Schienen seinen Lauf nahm und mit S-Bahn-Geräuschen auf einem Zeltplatz endet.

4. August, Rorschach - St. Gallen (13,2km) – 1. Etappe

Nach einem Sonnenfrühstück direkt am See machen wir uns auf den Weg zur S-Bahn-Station und fahren nach Rorschach zurück. Der Startpunkt des Jakobsweges liegt im Zentrum des Ortes. Am Kronenplatz, südwestlich von Bahnhof und Hafen, verlassen wir die Siedlung südwärts. Bevor wir die Ortsgrenzen überschreiten, stoppen wir an einer Kirche mit der Absicht, den ersten Stempel für unseren Pilgerpass zu erhalten. Die Ausweise stammen vom „Dachverband Jakobsweg Schweiz" und sind uns, gegen ein geringes Entgelt, per Post vor der Reise zugestellt worden.

Eine Frau mittleren Alters überquert den Kirchplatz und erkundigt sich nach unserem Anliegen.

„Wir möchten gern einen Stempel haben", geben wir bekannt und zeigen ihr unsere Pilgerdokumente. Interessiert greift sie danach und observiert die Ausweise.

„Ich wusste ja gar nicht, dass hier der Jakobsweg langgeht", äußert sie sehr verwundert.

Erstaunt mustern wir sie. Das ist ja ein bisschen so wie auf dem Küstenweg. Während der Hauptweg bei fast allen Spaniern bekannt ist, konnten mir die Dorfbewohner der maritimen Alternativroute nicht immer weiterhelfen.

„Kommt mal mit!", fordert sie uns auf.

Wir folgen ihr in ein Büro, in dem sie uns aufgeregt ihrer Kollegin vorstellt. „Die beiden Mädels sind Pilgerinnen. Ist das nicht toll?" Die Angestellte nickt, kramt einen Stempel hervor und drückt ein rundes schwarzes Siegel auf unser Papier. „Jakobsweg Rorschach". Nun sind wir also ganz offiziell Pilgerinnen. Freudig verstauen wir die Pässe und erzählen den beiden Frauen noch ausgiebig von unserer gesamten Europatour. Mit den besten Wünschen entlassen sie uns auf den Weg.

Dieser führt uns durch Hügellandschaften. Kühe liegen zufrieden grasend auf der Wiese, Flaggen wedeln vor zahlreichen Haustüren. Das weiße Kreuz auf rotem Untergrund schmückt viele Grundstücke, da hier gerade erst Bundesfeiertag war.

Der Regen von gestern ist längst vergessen. Beschwingt wandern wir durch die grüne, sonnige Idylle. Hin und wieder passieren wir Höfe mit Selbstbedienungsständen, an denen Bauern ihre Produkte per Vertrauenskasse anbieten. Honig, Sirup, Eier, Obst und Gemüse stehen zur Auswahl. Meist sind die kleinen Verkaufsorte liebevoll mit Blumenkränzen dekoriert. Über diesem Land liegt eine Harmonie, die so lebendig ist, dass ich meine, sie greifen zu können. Die Landschaft ist unbeschreiblich schön, Dorfbewohner grüßen freundlich, der Himmel leuchtet blau.

Im Gegensatz zu den spanischen Jakobswegen ist hier viel weniger los. Erst am Nachmittag machen wir in der Entfernung eine Frau aus, die wir als Wallfahrerin erkennen. An ihrem Rucksack befindet sich eine Muschel, das Symbol der Pilgerschaft. Mit zwei Wanderstöcken unterstützt sie ihre Füße und geht gemächlich voran. Als sie am Wegesrand pausiert, holen wir sie ein. Wir grüßen und setzen unseren Weg über weiche Wiesenwege fort.

Bei einer längeren Rast mit Müsliriegeln und viel Wasser taucht die schlanke Frau mit den dunklen, kurzen Haaren erneut auf. Dieses Mal kommen wir miteinander ins Gespräch. Sie stellt sich als Jacqueline aus der Zentralschweiz vor. Es ist ihre erste Pilgerreise. Bis auf eine Arbeitskollegin weiß niemand etwas von ihrer Unternehmung. „Ich möchte endlich einmal etwas für mich tun", erklärt die sportliche Wanderin. „In meiner aktuellen Lebenssituation dürfte dies das Richtige sein", fährt sie fort.

Neugierig lauscht sie daraufhin unseren Berichten über vergangene Touren. „Nach Spanien möchte ich auch unbedingt. Der Weg in meinem Heimatland soll nur der Anfang sein. Mein Ziel ist Santiago de Compostela", meint sie zuversichtlich.

Ich versorge Jacqueline mit Informationen über den Küstenweg, den ich persönlich landschaftlich reizvoller als den Hauptweg finde. Nachdem wir ausführlich miteinander gesprochen haben, verabschieden wir uns. Cornelia und ich freuen uns über den angenehmen Kontakt. Dass wir hier weniger Bekanntschaften als auf der Iberischen Halbinsel machen werden, war uns klar. Spaniens Jakobswege haben ganz eindeutig Promistatus.

Noch weiß ich nicht, wie viel von dem, was eine Wallfahrt für mich ausmacht, wir in dieser Woche erleben werden. In erster Linie verbinde ich mit dem Pilgern geruhsames Gehen, Kennenlernen von Gleichgesinnten, Muskel- und Fußschmerzen und das Gefühl, mich einem Weg hingeben zu können. Die letzten Kilometer verlangen uns viel ab und die Strecke zu unserem heutigen Ziel St. Gallen zieht sich elendig lang hin. Wie so oft am Ende eines Pilgertages sind die Gliedmaßen erschöpft. Bei unserer Ankunft in der Ostschweizer Metropole, die mit gut 70.000 Einwohnern die siebtgrößte Stadt des Landes ist, sind wir ziemlich entkräftet. Eigentlich hatten wir geplant, dem Ort nur einen kurzen Besuch abzustatten, um einzukaufen und uns einen Stempel abzuholen. Als wir die Herberge in der Linsebühlstraße passieren, macht sich in meinem Bauch aber auf einmal ein seltsames Kribbeln breit.

„Ich habe das Gefühl, wir sollten hier bleiben", teile ich meiner Freundin mit.

„Du willst nicht mehr rauslaufen, um das Zelt in der Natur aufzuschlagen?", hakt Cornelia nach.

„Nein. Ich glaube, wir finden heute keinen geeigneten Platz. Lass uns in der Unterkunft fragen. Vielleicht gibt es einen Hof, auf dem wir campen dürfen", schlage ich vor.

Cornelia nickt. Bauchgefühl ist Bauchgefühl und darüber wird nicht diskutiert.

Über eine Treppe gelangen wir in eine Küche, an deren Tisch eine freundlich lächelnde Frau sitzt. „Hallo ihr beiden! Braucht ihr Schlafplätze?", begrüßt sie uns.

„Wir suchen eigentlich einen Ort zum Zelten", geben wir bekannt und fügen hinzu: „Es ist unser Ziel, die Schweiz möglichst luxusarm zu bereisen."

Für ein spanisches Bett in einer öffentlichen Unterkunft habe ich durchschnittlich zwischen drei und fünf Euro bezahlt. Hier soll ein Nachtlager um die 16 Euro kosten. Das ist nicht sehr teuer. Die Herberge sieht außerordentlich gepflegt, sauber und gemütlich aus. In Spanien gibt es neben den offiziellen, also den staatlichen, kirchlichen oder kommunalen Pilgerherbergen, auch private Unterkünfte, in denen der Übernachtungspreis zwischen 10 und 15 Euro liegen kann. Auch wenn die Kosten in der Schweizerischen Herberge gerechtfertigt sind, kommt es für uns nicht in Frage zu bleiben. Wir wollen ja eigentlich überhaupt kein Geld fürs Schlafen ausgeben.

„Einen Ort zum Zelten? Es gibt zwar einen Hof, aber weil das ein Wohnhaus ist und wir hier auch nur Mieter sind, ist es nicht möglich zu campen." Die Pilgermutti fährt sich mit der Hand übers Kinn. „Vielleicht kommt ihr mit zu mir. Ich lebe mit meinem Mann ganz in der Nähe und seit unser letztes Kind ausgezogen ist, haben wir ein Gästezimmer frei."

Fassungslos über solch einen großzügigen Vorschlag nicken wir und erwidern: „… aber nur, wenn es Ihnen keine Umstände bereitet." Die Möglichkeit, auf diese Weise in einen intensiven Kontakt mit Einheimischen zu kommen, reizt uns.

Energisch schüttelt sie den Kopf. „In der gestrigen Sonntagsmesse sprachen wir darüber, wie gut es tut, anderen Menschen zu helfen. Ich denke, es ist ein Zeichen, dass ihr mir heute begegnet seid, und ich bestehe darauf, euch zu unterstützen. Kommt doch in einer Stunde wieder! Dann sind die letzten Pilger, die sich telefonisch angemeldet haben, untergebracht und wir gehen gemeinsam zu mir nach Haus."

„Das ist unglaublich großzügig. Tausend Dank! Dürfen wir Ihnen aus dem Supermarkt etwas mitbringen? Eine Flasche Wein, etwas zum Abendessen, eine Schachtel Pralinen …?" Gern wollen wir uns mit einem kleinen Geschenk erkenntlich zeigen. Anstatt nur zu nehmen, ist es unser Wunsch, auch etwas zu geben.

„Auf gar keinen Fall!", wehrt sie ab. „Es ist mir ein Bedürfnis, euch zu unterstützen – ohne Gegenleistung. Außerdem", fügt sie an: „habe ich sechs Kinder großgezogen und war auch immer froh, wenn sich im Ausland andere Menschen um sie kümmerten."

Dem können wir nichts mehr entgegensetzen. Die Frau ist fest entschlossen, uns in ihrem privaten Heim aufzunehmen.

„Wir heißen Cornelia und Mady", holen wir die Vorstellung nach.

„Cornelia?" Ein Lächelt huscht über ihr freundliches Gesicht. „Meine älteste Tochter heißt genauso!"

Wir decken uns im Supermarkt mit Brot, Käse, Tomaten und Schokolade ein. Da wir auf Eigenmarken zurückgegriffen haben, fällt die Rechnung zwar etwas höher als im deutschen Supermarkt, aber lange nicht so preisintensiv wie befürchtet aus.

Auf der Wiese vor der Stiftskirche, einem römisch-katholischen Bau, picknicken wir mit Blick auf die hellgrauen Doppeltürme. Viele kleine Menschengruppen verteilen sich fleckenartig über den grünen Rasen. Familien, Jugendliche, Männer und Frauen sitzen und liegen auf Wolldecken und genießen die ruhige Atmosphäre, die von diesem Bauwerk ausgeht.

Eine Tafel Schokolade haben wir für nur fünfzig Rappen erstanden. Ich bin erstaunt, wie gut sie für diesen Preis ist. Im Gegensatz zu deutscher Billigschokolade schmeckt sie mir ganz vorzüglich. Die Süßigkeit ist viel cremiger und vollmundiger als das deutsche Pendant aus dem Discounter.

Wie verabredet, kehren wir zur Pilgerherberge zurück. Weil die zwei angemeldeten Personen noch nicht eingetroffen sind, machen wir es uns im Aufenthaltsraum bequem und schmökern in einigen der zahlreichen Bücher, die in einem Regal an der Wand stehen.

„Was macht ihr denn hier?", ertönt auf einmal eine Stimme und Jacqueline betritt frisch geduscht den Raum und nimmt auf einem der Stühle Platz. Wir berichten ihr von unserer Verabredung, woraufhin unsere Pilgerfreundin zufrieden nickt. „Ich freue mich für euch. Es ist schön, dass ihr bei der Herbergsmutter unterkommen dürft!"

„Ja, ein großherziges Angebot haben wir damit bekommen", pflichten wir bei.

„Das ist typisch schweizerisch", quittiert Jacqueline unsere Aussage.

„Ach ja?", hake ich interessiert nach. „Was noch ist typisch für dein Land?", wittere ich meine Chance auf ein gutes Interview.

„Käse, Schokolade und Fondue", fährt sie erwartungsgemäß fort „... auch das Matterhorn dürfte ein bekannter Klassiker sein."

Ich schreibe fleißig mit.

„Außerdem haben wir Schweizer dieses Halskratzen", lachend fährt sie sich über den Kehlkopf. „Wenn wir sprechen, schwingt immer so ein Krächzen mit."

„Fallen dir noch weitere Charaktereigenschaften ein?"

„Wir Schweizer sind manchmal sehr engstirnig, kleinlich und scheinheilig. Je nach Kanton sind diese Merkmale unterschiedlich stark ausgeprägt. Dort, wo ich herkomme, sind traditionelle Ansichten, wie sie die Kirche vertritt, ziemlich verbreitet."

„Engstirnig?" Die Herbergsmutter betritt das Zimmer und setzt sich zu uns. „Dazu kann ich auch etwas erzählen." Neugierig lauschen wir ihren Worten.

„Ich bin in einem gemeinnützigen Pilgerverein aktiv. Wir kümmern uns um diese Herberge genauso wie um die Beschilderung des Pfades. Früher gab es einmal ganz viele Wegweiser, welche die Richtung hierher eindeutig zeigten."

Jacqueline, Cornelia und ich nicken bestätigend.

„Ich habe mich verlaufen, weil ich zuletzt keine Signale mehr fand", wirft Jacqueline ein.

Auch wir sind schließlich nur noch Zeichen gefolgt, auf denen das Wort „Wanderweg" stand. Von Muscheln und Pfeilen war nichts mehr zu sehen.

„Genau das ist das Problem. Einige Mitlieder der hiesigen Wandergesellschaft waren der Meinung, es gebe zu viele Schilder. Sie zwangen uns dazu, unsere Pfeile abzuschrauben."

„So ein Blödsinn!", entgegnen wir drei synchron.

„Tja, auch das ist leider ziemlich schweizerisch!", fügt sie hinzu.

Ich schüttele meinen Kopf. „Als wäre es auf ein Schild mehr oder weniger angekommen …"

„Nun verkaufen wir die abmontierten Hinweistafeln hier in der Herberge für fünfzig Franken das Stück", endet die grauhaarige Frau.

Lachend bestätigen wir ihr, dass sie damit das Beste aus der Situation gemacht haben.

„Was findet ihr, ist typisch für Deutschland?", nehme ich den Faden wieder auf.

„Wurst und Weizenbier", weiß Jacqueline wie aus der Pistole geschossen. „Ansonsten haben Deutsche hier in der Schweiz nicht den besten Ruf. Eure Landsleute gelten als arrogant. Im Bus beispielsweise wollen sie die ersten sein und erwarten, dass alle anderen zurücktreten, wenn sie da sind. Gerade zur Fußballweltmeisterschaft fiel mir auf, dass Deutsche nicht sehr beliebt sind. Als eure Nationalelf weiterkam, hielten sich die Jubelschreie der Schweizer in Grenzen."

Erstaunt hängen wir an ihren Lippen.

„Deshalb bezeichnen wir Deutschland gern als den großen Kanton im Norden", schließt sie an. „Das spiegelt die Meinung wider, die Deutschen seien überheblich."

So schnell kann es gehen. In Italien noch hoch gelobt, in der Schweiz tief gefallen.

Uns beide nimmt Jacqueline von diesem Bild aus.

Das Telefon klingelt und die Herbergsfrau, die selbst eine Pilgerin ist, verschwindet. Kurz darauf kehrt sie zurück und berichtet, es hätte ein Missverständnis gegeben. Die zwei Personen, auf die sie noch gewartet hatte, kommen erst in zwei Wochen, nicht heute. Daraufhin bietet sie uns die frei gewordenen Betten an: „Wenn ihr wollt, könnt ihr darin schlafen. Ich werde den fälligen Betrag für euch begleichen und an den Verein übermitteln. Das Angebot, bei mir unterzukommen, steht aber dennoch. Wie ihr wollt …" Ihre gutmütigen Augen ruhen auf uns.

Für kurze Zeit sind wir sprachlos, dann fallen wir uns gegenseitig ins Wort: „… wow! Das sind überaus tolle Vorschläge. Aber …"

Wir wissen nicht so recht mit dieser außergewöhnlich freundlichen Einladung umzugehen. Einerseits möchten wir die reife Wallfahrerin besser kennenlernen und hatten uns schon auf einen gesprächigen Abend gefreut. Andererseits bleibt ihr Gästezimmer verschont, wenn wir in der Herberge nächtigen. Aber, dass sie aus ihrer Tasche Geld für uns auf den Tisch legt, finden wir unangenehm.

Als würde sie unsere Gedanken lesen, ergreifen ihre warmen Hände unsere Handgelenke: „Mädels, bitte. Ich bestehe darauf, euch zu unterstützen."

Daraufhin erwidere ich, wir hätten ja auch eigenes Geld und seien keinesfalls pleite. Auf gar keinen Fall möchten wir, dass der Eindruck entstehen könnte, wir würden uns durchmogeln.

Ich äußere meine Bedenken, woraufhin die freundliche Rentnerin abwinkt: „Ich weiß, ihr seid keine Nutznießerinnen. Den Eindruck habt ihr nicht hinterlassen. Keine Sorge! Wenn ihr bei eurer Freundin Jacqueline bleiben wollt, könnt ihr mein Angebot ruhigen Gewissens annehmen. Die Betten sind frei!"

Als auch Jacqueline sich einschaltet und hinzufügt: „Nehmt es einfach an!", nicken wir. „Dürfen wir Sie wenigstens einmal in die Arme nehmen?" Nacheinander drücken wir unsere edle Spenderin und schenken ihr Aufkleber und Aufnäher unserer Stadt. „… damit Sie wissen, wo wir wohnen. Kommen Sie gern einmal bei uns vorbei!" In Gedanken halten wir fest, spätestens zu Weihnachten, einen Groschen per Onlinebanking an den Verein abzugeben.

Sie verabschiedet sich und wir beziehen die beiden freien Betten der insgesamt zehn Schlafplätze, die dieses charmante Pilgerhaus bietet. Auf jedem Bett liegen ein frisch gewaschenes Handtuch, eine kleine Tafel Schokolade sowie ein farbiges Papier mit einem Spruch. Mein Zettel ist rot und mit den Worten des deutschen Benediktinerpaters Anselm Grün bedruckt. Zeile für Zeile lese ich das Geschriebene, Wirbel für Wirbel läuft mir ein Schauer über den Rücken. „Das gibt es doch gar nicht!", flüstere ich. Das, was dort geschrieben steht, könnte passender nicht sein: „Wer dankbar auf sein Leben blickt, der wird einverstanden sein mit dem, was ihm widerfahren ist", lese ich Cornelia vor.

Wir durften auf dieser Reise schon so häufig für ausschließlich positive Dinge dankbar sein, dass es uns mittlerweile schon fast unheimlich erscheint. Ich befürchte, wenn ich von unseren Erlebnissen berichte, wird sie mir keiner glauben. Je länger wir unterwegs sind, umso mehr Begegnungen, die liebenswürdiger nicht sein könnten, landen in meinem Notizbuch.

Heute beschließe ich aufzuhören, nach dem „Warum" zu fragen. Ich belasse es bei einem „Danke", das ich aufrichtiger nicht meinen könnte.

5. August, St. Gallen - Nieschberg (12,8km) – 2. Etappe

Gegen neun Uhr verlassen wir die Herberge und wandern als erstes in den Supermarkt, um uns fürs Frühstück einzudecken. Auf der Bank einer weitflächigen Bushaltestelle breiten wir Brot, Käse, Obst und Joghurt aus. Genüsslich schlemmen wir und beobachten unsere biertrinkenden Nachbarn, die diesen Ort in den Morgenstunden offensichtlich ähnlich gemütlich finden wie wir.

Wir besuchen ein Internetcafé, ich transferiere mein aktuellstes Videomaterial nach Magdeburg und dann begeben wir uns auf den Weg. Es dauert tatsächlich sehr, sehr lange, bis die letzten Behausungen der Stadt hinter uns liegen. Das wäre gestern nichts mehr geworden! Ein Zeltplatz im Grünen hätte uns zu viele weitere Kilometer gekostet. Wie gut, dass wir in St. Gallen geblieben sind. Mal ganz abgesehen davon, wieviel Großzügigkeit uns dort begegnet ist …

Über dem Tag hängt ein graues Wolkenmeer, das wie ein schützendes Dach über Wiesen, Wälder und Dörfer wacht. Asphaltstraßen und schmalere Wege gestalten unsere Wanderung. Auch Kühe und einige Regentropfen sind heute unsere Begleiter. Traurig stelle ich fest, dass unter den Rindern bisher kein lilafarbenes Tier war. Aber ich werde nicht aufgeben und weitersuchen!

Unsere Wanderschuhe können auf etwa zwölf Kilometer zurückblicken, als sich der Himmel zum Spätnachmittag zuzieht. Wind kommt auf und die Luft riecht nach Unwetter, das nicht mehr lange auf sich warten lässt.

Von Jacqueline wissen wir, wildes Campen ist verboten. Unsere eigene Recherche hatte ergeben, dass die Regelungen von Kanton zu Kanton variieren sollen. Gesetz hin oder her: Wir wollen den Tipp unserer Pilgerfreundin befolgen. Sie empfahl uns, die Besitzer von Ländereien ausfindig zu machen, um bei ihnen nach einem Platz für unser Nachtlager zu fragen. Nicht zu wissen, ob wir Abend für Abend einen gutmütigen Eigentümer finden werden, der uns das Campieren erlaubt, erfordert unser Vertrauen in diese Unternehmung. Da wir bisher viele gute Erfahrungen gesammelt haben, wollen wir das Experiment wagen. Wir rufen uns in Erinnerung, entspannt zu bleiben. Denn, wenn wir es zu sehr darauf anlegen, einen Platz zu bekommen, klappt es womöglich nicht. Ich habe den Jakobsweg bisher so kennengelernt, dass er auf Wünsche gern reagiert, nicht aber auf Forderungen. Wir äußern also die Bitte, uns nicht im Regen stehenzulassen und uns ein kleines Fleckchen Erde zu schenken.

Kurz darauf erweckt eine abschüssige Wiese, an deren Fuß eine dichte Baumgruppe wächst, unsere Aufmerksamkeit. Oberhalb des grünen Hügels steht ein Kuhstall. Ein älterer Herr ist gerade damit beschäftigt auszumisten. Wir treten an die Tierbehausung heran und fragen den Bauern nach einem Platz. Dabei deuten wir auf die Baumgruppe unserer Wahl. Verständnislos ruhen seine Augen auf uns. Dann lächelt er und beginnt zu sprechen. Ich wünschte, ich würde den Sinn von dem, was er sagt, enträtseln können. Und so stehen wir voreinander da und starren uns an: Drei Menschen, die fast die gleiche Muttersprache beherrschen, und sich doch nicht verständigen können. Dass es so schwierig wird, hätte ich nicht vermutet. Dagegen wird es mir regelrecht leicht fallen, in Frankreich zurechtzukommen – trotz der erst kürzlich wiederbelebten Sprachkenntnisse. Warum wandern wir eigentlich nicht in der französischen Schweiz?

Wir beginnen unser Anliegen erneut vorzutragen und malen mit unseren Händen ein Zelt in die Luft. Dann deuten wir auf die Wiese. Noch bevor die Pantomime-Show zu Ende ist, gesellt sich ein zweiter Mann zu uns. Er ist bedeutend jünger und lauscht unseren Worten. Glücklicherweise merkt er, dass wir mit dem Schwyzerdütsch so unsere Probleme haben, und bemüht sich redlich, hochdeutsch zu sprechen. Seine Einwilligung zum Zelten erhalten wir prompt. Allerdings sollen wir uns nicht auf den ausgespähten Platz stellen, da er diesen für zu schräg hält. Stattdessen deutet er auf eine Ansammlung von Heuballen, die unmittelbar neben dem Stall lagern. Wir müssen lediglich den Elektrozaun öffnen und schon können wir mit dem Aufbau beginnen. Während wir die Stangen in unsere Behausung schieben, zerbreche ich mir den Kopf darüber, wie schlau es ist, bei einem eventuell hereinbrechenden Gewitter, zwischen Elektrogehege und trockenem Heu zu campieren. Immerhin: Wenn es brennt, dann wenigstens richtig!

Erfreulicherweise gibt es kein Unwetter und es gelingt mir, das heutige Abendessen nicht als Henkersmahlzeit zu betrachten. Mit Blick auf unser Nachtlager verspeisen wir Brot und Käse. Trinkwasser durften wir am Kuhstall zapfen. Schön, wie schnell unser Wunsch nach einem guten Schlafplatz wahr geworden ist.

Auch wenn unser Wandertag mit knapp dreizehn Kilometern für spanische Verhältnisse recht kurz war, so sind wir genügend ausgepowert. Dieser Jakobsweg führt stärker bergauf und auch öfter über unwegsames Gelände, wie schmale Wiesenpfade. Zwischen Rorschach und diesem Standpunkt hier haben wir rund 500 Höhenmeter bewältigt. Der Nieschberg, in dessen unmittelbarer Nähe wir sind, liegt auf 900 Metern. Unser Gepäck ist schwerer als auf vergangenen Wallfahrten. Bei unserer ersten Pilgerreise hatten wir zwar auch ein Zelt dabei, allerdings nur ein leichtes aus dem Discounter, da wir eigentlich nicht vorhatten, es zu nutzen. Nur für den Notfall war es vor-

Heuballen, Zelt, Elektrozaun, Kuhstall

gesehen. Schnell wurde daraus allerdings unser Hauptschlafort. Wir liebten die Flexibilität, die es uns ermöglichte. Nicht hetzen zu müssen, um noch ein Herbergsbett abzubekommen und ausschlafen zu dürfen statt im Morgengrauen auf die Straße gesetzt zu werden, waren eindeutige Pluspunkte. Nachteile, wie mangelnde Körperpflege, schoben wir mit dem Argument des kollektiven Miefens beiseite. Dieses Mal ist die Pilgerreise nur ein Teil der gesamten Tour. Wir haben ein schwereres, aber wetterbeständigeres Zelt dabei, mehr Video- und Fototechnik, einen E-Book-Reader …

Neben Jacqueline und uns nächtigten letzte Nacht sieben weitere Pilger in St. Gallen. Keiner von ihnen ist uns heute begegnet. Im Gegensatz zu Spanien dominieren hier nicht die Wallfahrer das Bild, sondern Kühe.

Früher als sonst befinden wir uns in den Schlafsäcken. Stumm liegen wir nebeneinander und lauschen den Geräuschen der Natur.

Urplötzlich zucke ich zusammen, als ich ein lautes, kraftvolles Plätschern vernehme. „Was ist das denn?", setze ich mich erschrocken auf.

Cornelia schüttelt sich vor Lachen und bringt prustend hervor: „Du Stadtkind! Das sind die Kühe. Sie pieseln!"

Mit weit aufgerissenen Augen starre ich meine Freundin an. „Quatsch! So viel können sie unmöglich getrunken haben!" Ungläubig ziehe ich den Reißverschluss auf und schaue hinaus. Die Landwirte haben den Stall einen Spalt weit offen gelassen, sodass ich tatsächlich beobachten kann, wie sich der Schwanz einer Kuh leicht anhebt und kurz darauf literweise Flüssigkeit aus ihr herausschießt. Auf dem harten Stallboden angekommen, spritzen die Wassermassen in alle Himmelrichtungen. Körperwarmer Dampf zieht auf. Kopfschüttelnd schließe ich das Zelt.

„Na siehst du!", sind die letzten Worte, die ich von Cornelia vernehme.

Zu dem sympathischen Geräusch, welches in regelmäßigen Abständen ertönt und dem zauberhaften Geruch, der von den Tieren ausgeht, schlafe ich ein. Auch heute sage ich: „Danke!" und frage nicht nach dem „Warum".

Gute Nacht!

6. August, Nieschberg - hinter Churfirsten (16km) – 3. Etappe

Wir werden von kraftvollem Muhen und Gebimmel geweckt und stecken die Köpfe aus der Behausung. Unsere animalischen Nachbarn sind längst munter und bewachen unser Lager, das in der vergangenen Nacht glücklicherweise keinem Unwetter standhalten musste.

Das trockene Zelt verschwindet wieder im Rucksack, wir werfen uns eine Handvoll Trinkwasser ins Gesicht und starten in einen sehr sommerlichen Tag.

Nach zwanzig Minuten erreichen wir eine Feuerstelle mit einer Bank. Sie wird von kräftigen Sonnenstrahlen beleuchtet und scheint nur darauf zu warten, dass wir Platz nehmen. Mit weitem Blick auf das Tal frühstücken wir genüsslich. Zwei wandernde Frauen passieren und berichten, heute sei seit Anfang Juli der erste Tag, an dem es in der gesamten Schweiz einmal keinen Regen geben soll. Als wir von unserer Tour erzählen, geraten sie ins Schwärmen: „Ihr seid sechs Wochen lang unterwegs?"

Ich nicke und Cornelia fügt hinzu: „Fünf. Aber das ist auch toll ..."

Sie mustern uns, das Gepäck, welches vor unseren Füßen auf dem Rasen liegt, und die belegten Brote. „Sieht so aus, als wenn ihr vollkommen frei seid. Ihr wirkt sorglos ...", erwidert eine der Wanderinnen.

Wir bejahen.

„Ihr macht es richtig, Mädels! Alles Gute!", wünschen sie.

Dass sie es ehrlich meinen, glauben wir ihnen.

Tatsächlich fühle ich mich frei und das macht mich glücklich. Mir geht es gut, weil ich diese Reise erleben darf, weil ich wieder als Pilgerin unterwegs bin und mir ein simples, aber köstliches Frühstück bei einer grandiosen Aussicht schmecken lasse. Mit den Wanderschuhen an den Füßen und dem Rucksack auf dem Rücken fühle ich mich unbeschwert. Ich kann aus eigener Kraft laufen und mir mit meiner Ausrüstung ein warmes Bett für die Nacht herrichten. Genügsamkeit – etwas, an das mich der Jakobsweg erinnert.

Sein weiterer Verlauf erstreckt sich über Wiesen, schickt uns über Waldwege, Pisten, hoch und runter. Mehr als einmal führt er unvermittelt über Kuhweiden. Brav öffnen und verschließen wir immer wieder Zäune. Auf einer Grasfläche, auf der sich gerade ein Rind genussvoll am Wegweiser reibt, werde ich mutig und trete – für meine Verhältnisse sehr nah – an das Vieh heran. Cornelia muss die Kamera zücken und ein Beweisbild schießen. Auf einmal kommt aus einer anderen Ecke eine weitere Kuh zielstrebig dazu. Ob sie mit aufs Foto möchte oder mich von selbigem entfernen will, weiß ich nicht. Da das Tier Geschwindigkeit aufnimmt und unvermittelt auf mich zusteuert, nehme ich Reißaus. Auf meiner Flucht trete ich in einen warmen Fladen. Mit wedelnden Armen rutsche ich über die stinkende Masse und schaffe es nur knapp, mein Gleichgewicht zu halten. Erst als ich die Weide verlassen und den Zaun verschlossen habe, beginne ich damit, meinen Schuh vom Dreck zu befreien. Fluchend ziehe ich meinen Fuß meterweit über sauberes Gras hinter mir her, bleibe stehen und reinige auch die Ränder der Sohle.

Cornelia lacht und filmt.

Über Wiesengelände und durch einen schattenspendenden Wald erreichen wir den höchsten Punkt dieser Etappe. Das Bergrestaurant Sitz liegt auf 1.084 Metern. Auf einer Bank unterhalb des Lokals nehmen wir Platz und naschen Nüsse und Trockenobst. Die Sonne brennt heiß vom Himmel. Nach einer Weile kämpft sich Jacqueline den Berg hinauf. Froh über das Wiedersehen teilen wir Erfahrungen und Knabbereien miteinander. Noch einige Zeit später gesellen sich drei weitere Pilger, die wir aus der Herberge kennen, zu uns. Die beiden Frauen und der Mann stammen aus der Westschweiz und beherrschen Französisch sowie Deutsch. Wir schätzen die sympathische kleine Gruppe altersmäßig auf Anfang sechzig. Unsere Freundin Jacqueline ist Ende vierzig. Auch die anderen Pilger, die wir vor zwei Tagen in der Unterkunft sahen, waren älter als wir. Offensichtlich sind wir auf diesem Weg die Küken. Auch in Spanien lernten wir viele Rentner kennen, einige Pilger mittleren Alters, aber auch ein paar gleichaltrige Wanderer. Ein schulpflichtiges Mädchen, das mit seinem Vater lief und eine Gruppe Jungs, die gerade ihr Abitur gemacht hatten, gehörten zu den seltenen Wallfahrern, die weniger Lebensjahre als wir zählten.

Ist Pilgern eher etwas für reifere Menschen? Nein, das finde ich nicht. Gerade für meine Generation, deren Leben sich durch Schnelllebigkeit und rasante Informationsübermittlung auszeichnet, dürfte es interessant sein, auch einmal Tempo herauszunehmen und zu gehen. Langsam. Kilometerweit. Tagelang. Meine Zeit auf dem Küstenweg bewies, dass schon viele daran Gefallen gefunden hatten. Dort sind mir bedeutend mehr junge Menschen begegnet als auf der Hauptroute. Mich entspannt das Laufen und es sorgt dafür, dass Gedanken auftreten, die mir in einem Alltag aus Termindruck und Rastlosigkeit nicht gekommen wären. Wie schön ist es, sich hin und wieder die Zeit zum Nachdenken zu nehmen – über Simples und auch Tiefgründiges.

An Wiesen und Weiden entlang, an Wäldchen und Bauernhöfen vorbei, gelangen wir abwärts nach St. Peterszell, eine 500-Seelen-Gemeinde. Eine Stunde lang pausieren wir vor einem Lebensmittelladen, in dem wir uns mit Essen und kalten Getränken eindecken.

Das Dorf verlassend, sehen wir Jacqueline noch einmal wieder. Sie möchte bis Wattwil kommen – einen Ort, der knapp zehn Kilometer entfernt ist. Dort lebt eine Bekannte, die zum Abendessen Ofengemüse und Knoblauchbrot auftafeln will. Jacqueline strahlt über das ganze Gesicht. Das Pilgern erfüllt sie so sehr, dass sie überlegt, den Urlaub zu verlängern, um es noch bis zu ihrer Haustür zu schaffen. Ungefähr drei weitere Tage müsste sie dafür einplanen. Wir wünschen ihr zunächst ein gutes Vorankommen in Richtung ihres vielversprechend klingenden Mahls. Es erfüllt uns mit Freude zu sehen, wie sehr die Frau, die in der letzten Zeit ein schweres Los tragen musste, nun so friedvoll und sorgenfrei davon geht. Das Pilgern scheint Balsam für ihre Seele zu sein.

An einem Einfamilienhaus erbitte ich Trinkwasser. Anstatt mir die leeren Flaschen abzunehmen, werde ich in das Gebäude gebeten und darf mir selbst so viel abfüllen, wie ich brauche.

Bisher habe ich die Schweizer als äußerst hilfsbereites, zufriedenes und überaus freundliches Volk kennengelernt. Hier zu leben, muss glücklich machen, in einem Land, welches neben einem hohen Lebensstandard auch noch atemberaubend schöne Natur zu bieten hat.

Irgendwann müssen wir hinter Churfirsten sein und haben etwa 16 Kilometer zurückgelegt. Es ist an der Zeit, nach einem Nachtlager Ausschau zu halten. An einem großen Eigenheim mit Pferdekoppel klingeln wir und bitten darum, unser Zelt auf einer Wiese, einige Meter vom Haus entfernt, aufschlagen zu dürfen. Auch hier müssen wir nicht lange bangen. Die Besitzerin willigt, ohne zu zögern, ein.

Durch hohes, feuchtes Gras gelangen wir an eine geeignete Stelle und bauen unweit eines Maulwurfshügels auf. Nach einer Brotzeit schlüpfen wir in die Schlafshirts und Fleecepullover. Ich, die nur sehr schlecht aufs Duschen verzichten kann, merke, dass ich mich so langsam mit dem permanenten Schweißfilm auf meiner Haut vertraut mache. Auch meine schwerer gewordenen Haare kann ich ertragen. Am ersten Tag ohne Körperpflege habe ich noch sehr unter der fehlenden Seife gelitten, aber nun kommt es mir so vor, als würde ich mich von diesem Luxus entwöhnen. Kein Bett, kein warmes Essen, keine Badewanne. Es funktioniert. Warum auch nicht?

Weniger reibungslos läuft hingegen unsere Einschlafphase ab. Auf den Isomatten liegend, bemerkt Cornelia plötzlich ein Pochen unter ihrem Kopf. Es scharrt und kratzt aufgeregt. Meine Freundin hebt die Matte an und wir observieren den Zeltboden. Urplötzlich schießt etwas Rundes aus dem Boden hervor. Wäre kein Stoff zwischen uns und der Wiese, läge nun vermutlich ein

Maulwurf auf den Schlafsäcken. Ich weiß, die Tiere sind eher scheu. Da der Hügel jedoch so nah ist und unser Besucher auch etwas größer als eine winzige Feldmaus zu sein scheint, halten wir unseren Gast tatsächlich für einen Maulwurf. Noch zwei oder drei Mal drückt sich der pelzige Kopf nach oben, bevor er begreift, dass er hier nicht durchkommen wird. Wir bedauern, dem buddelnden Blinden sein Revier streitig gemacht zu haben. Hoffentlich findet er trotz Sehschwäche einen Ausweg, der außerhalb unseres Vorzeltes liegt. Morgen sollten wir vor dem Losgehen sehr genau schauen, ob wir nicht einen blinden – im wahrsten Sinne des Wortes! – Passagier mit uns führen.

7. August, Hinter Churfirsten - St. Gallenkappel (15km) – 4. Etappe

Nach vielen Stunden sehr erholsamen Schlafes wachen wir auf. Beim Zusammenfalten unseres Nachtlagers untersuchen wir sorgfältig den Zeltstoff. Glücklicherweise hat der abendliche Besucher nichts zerfressen oder kaputt gemacht. Eine Stunde später, die brauchen wir stets, um alles zusammenzupacken, brechen wir in das etwa vier Kilometer entfernte Wattwil auf.

Ich habe heute erstmalig die Gelegenheit, mit meinen Lieblingstieren in Kontakt zu kommen. Unzählige weiße Schafe tummeln sich auf Wiesen und Wegen. Einige lassen sich sogar streicheln – eine Tatsache, die mich besonders erfreut. Vorsichtig fahre ich über weiche Schnauzen und kuschlige Rücken.

Von den Tieren offensichtlich zu sehr abgelenkt, biegen wir kurz darauf falsch ab. Erst als eine Anwohnerin auf einem Motorroller stoppt und uns anspricht, wissen wir, dass wir den korrekten Pfad verpasst haben. Dankend kehren wir um und laufen über einen Wiesenhügel in den Ort Wattwil hinein. Ein köstliches Frühstück mit einigen Leckereien vom Bäcker versüßt uns den Vormittag.

Auf der Suche nach dem Pfarramt, um dort die Pässe stempeln zu lassen, treffen wir wieder auf unsere Schweizer Freundin, die das Gleiche will. Gemeinsam klopfen und rütteln wir an verschiedenen Türen. Es dauert eine ganze Weile, bis wir endlich jemanden finden, der autorisiert ist, uns das gewünschte Siegel zu verpassen.

Erstmalig laufen wir zusammen weiter. In stiller Übereinkunft verbringen wir die folgenden Stunden mit Jacqueline. Das ist auch etwas, das ich typischerweise mit dem Pilgern verbinde: Mal geht es allein, mal zu zweit oder innerhalb einer kleinen Gruppe voran. Oft wird die Entscheidung, wann jeder wieder für sich sein will, stumm und einvernehmlich getroffen. Manche Laufrhythmen passen gut zueinander, andere überhaupt nicht. In einem sehr homogenen Tempo besteigen wir die Anhöhe, auf der die Burg Iberg seit Mitte des 13. Jahrhunderts thront und über Wattwil wacht. Hier oben erklärt sich unsere Pilgerfreundin bereit, vor die Kamera zu treten. Wie in jedem Land drehen wir einen Videoclip.

Beim Weiterlaufen durch die saftige Idylle erzählt Jacqueline von einer Begegnung, die sie am Tag zuvor während einer Pause gehabt hat. An einer Hütte, die einem etwa siebzigjährigen Bewohner gehörte, kam sie mit selbigem ins Gespräch. Ihrer Meinung nach gäbe das Haus die perfekte Pilgerherberge ab. Das sagte sie ihm auch. In den buntesten Farben malte sie ihre Fantasien aus und ließ den alten Herrn an ihren Ideen teilhaben. Erst nickte er, dann erwiderte er trocken: „Das ist mir zu anstrengend! Ich heirate dich und dann machst du das hier!" Wir lachen ausgelassen. Tja, so schnell ist frau unter der Haube und kann ihren täglich wachsenden Wunsch, eine eigene Herberge zu eröffnen, wahrmachen …

In der Nähe des Laadpasses, einem rund eintausend Meter hohen Punkt, lassen wir uns in einer gemütlichen schattigen Nische aus Holz auf einer Bank nieder. Der Anbau gehört zu einem Privatgrundstück. Ein gefüllter Kühlschrank, aus dem wir uns per Bezahlung auf Vertrauensbasis kaltes, alkoholfreies Bier nehmen, ermöglicht uns eine angenehme Rast. Auch für die weiteren Köstlichkeiten wie Tee, Kaffee und Obst existiert eine Preisliste, an die wir uns selbstverständlich halten. Ein Mischlingshund, in dem eine ordentliche Portion eines Schweizer Sennenhundes steckt, gesellt sich schwanzwedelnd zu uns. Offensichtlich findet er mich besonders interessant und kann gar nicht damit aufhören, an mir hochzuspringen, meine Hand abzuschlecken und sich an meine Oberschenkel zu kuscheln. Ich bin eine Hundefreundin, das spürt er offensichtlich. Tiere dieser Rasse gelten als ausgesprochen familientauglich und sind gute Wachhunde. Mutig beschützen sie Haus, Hof und vor allem ihr Rudel. Offensichtlich meint er in mir eine Artgenossin gefunden zu haben, so sehr wie er mich behütet. Hat er, genauso wie ich, etwa schlechte Augen? Jedenfalls habe ich meine Mühe und Not, den Vierbeiner wieder loszuwerden. Als er dann aber auch Conny anspringt, sich auf ihrem Schoß ausbreitet und den Eindruck erweckt, er wolle uns damit vom Gehen abhalten, bin ich beruhigt. Scheinbar freut er sich einfach nur über Gesellschaft. Einzig zu Jacqueline geht er nicht. Wahrscheinlich duftet sie zu frisch …

Tierischer Freund auf dem Schweizer Jakobsweg

Wir lassen unseren behaarten Freund zurück und schreiten weiter durch den Traum von Grün. Das frische Gras duftet und Wälder ruhen auf rasenbewachsenen Hügeln, die scheinbar endlos in die Ferne reichen. Keineswegs reden wir die gesamte Zeit miteinander, sondern jede von uns ist auch auf ihrem ganz eigenen Jakobsweg unterwegs. Die Beschaffenheit des Bodens ist gut und erfordert nicht viel Konzentration beim Laufen. Es fällt mir leicht, in Grübeleien zu versinken. Im Gegensatz zur letzten Pilgerreise will ich nichts Bestimmtes über mich herausfinden. Fragen, die vor drei Jahren noch in meinem Kopf herumgeisterten, sind längst beantwortet. Es ist mir gelungen, meinem Alltag eine Richtung zu geben, der ich gern folge. Hier in der Schweiz sind es eher lockere Gedanken und auch Ideen, die kommen, verschwinden, bleiben.

Nach einer oder zwei Wanderstunden gelangen wir an einen Bach. Ich wittere meine Chance auf ein Bad und animiere meine beiden Begleiterinnen zu einem Halt. Die Isomatten ausgebreitet, beziehen wir einen gemütlichen Rastplatz, der bei Brot, Käse, Salat, Schinken und Schokolade zum bunten Basar aus Köstlichkeiten wird. Jede von uns steuert etwas bei. Gestärkt und hoffentlich mit einigen Gramm mehr wärmenden Fettes auf den Rippen, begebe ich mich ans Flussufer. Mit Sandalen bekleidet, wate ich um eine Biegung. Als ich sicher sein kann, dass ich vom Weg aus nicht mehr zu sehen bin, hänge ich meine Sachen an einen Baum und lasse mich vorsichtig in dem eiskalten Wasser nieder. Mir gefriert das Blut in den Adern, während das sanft fließende Gewässer mir den Schweißfilm vom Körper zieht. Ausnahmsweise kreische ich mal nicht. Es ist mir ein Bedürfnis, mich hier zu waschen. Einen Tag zuvor habe ich zwar bemerkt, dass es auch ohne Reinigung geht, aber die Möglichkeit, mich zu säubern, möchte ich nun doch nicht ungenutzt lassen. So genieße ich es fast schon, in diesem Eisstrom zu hocken und immer reiner zu werden. Ich trockne mich ab und kehre zu meinen Mitpilgerinnen zurück.

Cornelia kann es kaum fassen, keine Schreie gehört zu haben. „Mady brüllt normalerweise wie am Spieß", klärt sie unsere Wanderkollegin auf.

Fröhlich verabschiedet sich diese bald von uns, da sie noch einige Kilometer mehr als wir zurücklegen will.

Während Cornelia im Fluss verschwunden ist, koste ich meine aktuelle Gefühlslage in vollen Zügen aus. Ich denke, nur wer schon einmal eine ähnliche Erfahrung gemacht hat, kann sie ehrlich nachvollziehen. Warmes Blut verteilt sich in der letzten Faser meines Körpers, die Haut ist glatt. Vitalität strömt durch meine Adern. Ich fühle mich belebt und sauberer denn je. Herrlich! Was für ein Genusstag: Erst das kalte Getränk auf der Holzbank, dann die köstlichen, selbst belegten Brote am Fluss und schließlich das Bad im Gewasser. All diese Dinge erscheinen mir unglaublich wertvoll.

Das kalte Nass hat offensichtlich meine Sinne geschärft, wie wir beim Weiterlaufen feststellen. Vor allem der siebte Sinn ist es, der uns vor noch mehr Wasser schützt. Kurz nach der Rast am Fluss klatschen vereinzelte Regentropfen in die Landschaft. An einer Holzlagerstelle bestehe ich darauf anzuhalten. Und obwohl der Himmel den Wetterwechsel gar nicht so deutlich angekündigt hat, bricht es nur Sekunden später aus den Wolken heraus. Froh über diese rechtzeitige Eingebung, harren wir so lange aus, bis der unerbittliche Schauer über das Land hinweggefegt ist.

Weiter geht es recht mühelos und verhältnismäßig gerade über Pisten und Asphaltabschnitte. Von einem älteren Ehepaar, das gerade zu Abend isst, erhalten wir neues Trinkwasser. Kurz vor der Ortschaft St. Gallenkappel treffen wir, nahe einer Haltestelle, auf Jacqueline. Sie klagt über heftige Schienbeinschmerzen und will mit dem Bus zu einer weiteren Bekannten, die direkt am Weg lebt, gelangen. Mittlerweile bedauert sie es ein wenig, feste Verabredungen getroffen zu haben. Da sie nicht mehr laufen kann, aber noch weiter muss, bleibt nur das motorisierte Verkehrsmittel – eine Fortbewegungsart, die eigentlich nicht zum Pilgerleben gehört. „Vielleicht fahre ich ja morgen hierher zurück und mache genau an dieser Stelle weiter ...", stellt Jacqueline in Aussicht.

Winkend verabschieden wir uns voneinander.

Mit sorgenvollem Blick schauen wir zum Himmel über uns. Schon wieder sieht es schwer nach Unwetter aus. Aus diesem Grund wollen wir den Wandertag lieber beenden und klingeln an einem Haus mit Kuhweide, Stallanlagen und Waldrand. Es poltert und ein junger Mann in Unterwäsche öffnet die Tür. Wir mustern die engen Boxershorts, in denen seine schlanken Beine stecken.

„Dürfen wir unser Zelt bei dir aufschlagen?"

Verschlafen nickt er. Dann tritt er heraus und lugt zu der Wiese hinüber, auf die wir deuten und erklären, dass wir am liebsten dort campieren mögen.

„Da?", versichert er sich.

Wir nicken.

„Nee, das geht nicht. Genau dort schicke ich im Morgengrauen die Kühe entlang."

Herrje. Gut, dass wir so genau nachgefragt haben ...

„Seht ihr den gemähten Abschnitt am Zaun?"

„Ja."

„Da könnt ihr euer Lager aufschlagen!", bietet er an.

Wir lassen uns die Wasserflaschen befüllen und entfernen uns dankend vom Haus. Auf dem empfohlenen Rasenstück angekommen, beginnen wir auch gleich mit dem Aufbau. Es wird immer dunkler und uns bleibt bis zum nächsten Schauer vermutlich nicht mehr viel Zeit. Das Zelt hat sich gerade zu seiner vollen Größe aufgerichtet, als zwei Radfahrer auftauchen. Die beiden Männer sprechen uns an: „Na, steht ihr auch auf der richtigen Seite der Weide?"

Eifrig bejahend erwidern wir: „Wir haben uns bei dem jungen Mann abgesichert." Ich deute zum Haus.

Daraufhin lachen die beiden laut: „Da wart ihr beim größten Charmeur des Ortes. Euer Lager wird heute Abend sicherlich noch einer persönlichen Kontrolle unterzogen!"

Dann radeln sie davon und lassen uns mit ihrem Witz allein. Einen aufdringlichen Eindruck hat der Charmeur, wie ihn die Radler nannten, auf uns nicht gemacht. So glauben wir keinesfalls, dass er uns einen Besuch abstatten wird.

Stattdessen erscheint weniger als eine Viertelstunde später ein reiferer Mann. Er stellt sich als Besitzer des Grundstücks sowie Vater des Unterwäscheträgers vor. Donnergeräusche ertönen und dicke Tropfen landen auf der Erde. „Mädels", eröffnet der Schweizer das dialektreiche Gespräch. „Es wird bald sehr nass werden. Möchtet ihr nicht lieber unter unserem Garagendach zelten?"

Ich öffne meinen Mund und will erwidern: „Och, meinen Sie, dass es stark regnen wird?" Bevor ich auch nur ein einziges Wort dieses Satzes hervorbringen kann, öffnen die Wolken auch schon ihre dicken Bäuche und entladen ihre gesamte Füllung über unseren Köpfen. In Windeseile ziehen wir die Heringe aus dem Boden, greift der Mann das eine Ende unseres Zeltes, ich das andere. Cornelia stopft alles übrig Gebliebene in die Rucksäcke, während ich mit unserem Helfer den Wiesenweg zum Grundstück hinaufhechte. Das aufgespannte Zelt in den Händen geben wir sicherlich ein urkomisches Bild ab.

Am Carport angekommen, laden wir ab. Cornelia schießt mit triefenden Locken um die Ecke und wirft das Gepäck von sich. Unser Retter inspiziert den Kiesuntergrund und kommt zu dem Schluss, dass der Boden für unser Nachtlager ungeeignet ist. Er signalisiert uns zu warten, verschwindet und kehrt kurz darauf mit seinem Sohn zurück. Der Sprössling ist nun vollständig bekleidet. Zusammen zeigen sie uns eine Scheune, in der ein Traktor und eine riesige Landmaschine stehen. „Wollt ihr nicht lieber dort schlafen? Der Boden ist glatt." Noch bevor wir etwas erwidern können, sitzt Sohnemann auch schon auf dem Trecker und fährt ihn weg. Dann greift er nach einem Besen und befördert eine große Menge feinen Staubes hinaus. Mit einer einladenden Handbewegung geben beide zu verstehen, dass unser Heim nun bezugsfertig sei.

Während wir es uns bei Kuhgeruch – der Stall ist nur einige Armlängen entfernt – gemütlich machen, taucht der Senior noch einige Male auf und versichert sich, ob es uns auch gut gehe und an nichts fehle. Erst nachdem er uns das Versprechen abgenommen hat, morgen Früh vor dem Gehen noch einmal zu klingeln, um uns zu verabschieden, kehrt er nicht mehr zurück. Wir lachen, denn bevor er verschwand, hatte er seine Lippen gespitzt und wilde Schmatzgeräusche von sich gegeben. Damit wollte er scherzhaft demonstrieren, wie wir am morgigen Tag voneinander Abschied nehmen werden.

Wir fühlen uns in der Gesellschaft der fürsorglichen Bauern sehr wohl und haben keinerlei Bedenken, an schlechte Menschen geraten zu sein. Während unserer gesamten Tour hat es bisher keine einzige Situation gegeben, in der wir Angst hatten. Sicherlich liegt das auch daran, dass wir zu zweit sind. So sehr ich meinen Alleingang in Spanien vor drei Jahren auch genoss, hin und wieder gab es Momente, in denen ich mich nicht einhundertprozentig wohlfühlte. Einsame Wegabschnitte, verlassene Dörfer, zwielichtige Gestalten – all das konnte unter gewissen Bedingungen Ängste auslösen. Aber zusammen und mit so eindeutigen Vereinbarungen, wie zum Beispiel unserer „Bauchgefühl-hat-Priorität-Abmachung", geht es uns gut.

Im Schutze der Scheune beobachten wir die rapide ertrinkende Landschaft. Der Regen klatscht noch immer mit heftiger Kraft auf die Erde und bietet ein Schauspiel, wie wir es selten erlebt haben. Im Zelt wären wir mittlerweile längst zurück nach Italien gespült worden. Unfassbar, dass schon wieder fremde Menschen für unser Wohlergehen gesorgt haben … Danke!

8. August, Vor St. Gallenkappel - Pfäffikon (22km) – 5. Etappe

Mein Blick schweift über die zahlreichen Plaketten an der Wand. Dampf steigt aus den Kaffeetassen. Gemeinsam mit dem älteren Bauern und seiner Frau sitzen Cornelia und ich auf der Eckbank ihrer gemütlichen Küche.

Von Jacqueline wissen wir, dass Plaketten an Kuhställen darauf hindeuten, wie gut die Rinder eines Bauern sind. Je mehr Auszeichnungen, umso besser die Zucht. Oft schon haben wir beim Vorbeiwandern solche Schilder gesehen. Unsere Gastgeber zeigen ihre Lorbeeren offensichtlich an der Innenseite ihres Hauses.

Ausführlich berichten wir ihnen von unserer Reise und wollen wissen, ob sie selbst schon einmal auf dem Jakobsweg unterwegs waren. Schließlich legen sie jeden Tag einige Meter darauf zurück – immer wenn sie von der Kuhweide zu ihrem Hof laufen. Auf die entgeisterten Blicke, die daraufhin auf uns ruhen, folgt ein Lachen: „Um Gottes Willen, nein!", erwidert die Bäuerin. Dann schütteln beide energisch die Köpfe und fügen zeitgleich hinzu: „Dazu haben wir doch gar keine Zeit!" Er bemerkt außerdem, dass seine Frau viel zu ängstlich sei und sich vor Schlangen fürchte.

Wir verabschieden uns mit den besten Wünschen füreinander und wandern davon. Beschwingt und leichtfüßig kommen wir voran und erreichen bald schon die ersten Häuser Schmerikons, ein Ort mit sehenswerter Pfarrkirche und direkt am Zürichsee gelegen. Das 42 Kilometer lange Gewässer erinnert in seiner Form an eine Banane. Die Umgebungstemperatur ist sommerlich warm und wir freuen uns auf ein erfrischendes Bad im kühlen Nass. An verschiedenen Stellen hüpfen Menschen ins Wasser, wie wir beim Entlangspazieren an der Seepromenade feststellen.

Auf Anraten von Jacqueline haben wir uns für eine Alternativroute des Jakobsweges entschieden. Sie führt ab Schmerikon am rechten Seeufer entlang Richtung Rapperswil, einer 25.000-Einwohner Stadt am oberen Zürichsee. So können wir sehr genau nach einem ruhigen Badeplatz Ausschau halten. Wir laufen und laufen. Auf einmal gibt es nur noch eingezäunte Privatgrundstücke. Die Füße beginnen wehzutun, mein Rucksackgurt drückt besonders stark auf meine linke Schulter und verursacht ein leichtes, aber andauerndes Schmerzgefühl. Die Kniegelenke werden steifer und die Freude am Gehen trübt sich Meter für Meter immer mehr. Ewig weit schleppen wir uns voran, bis es endlich wieder möglich ist zu baden.

Vollkommen entkräftet lassen wir die Rucksäcke von unseren Schultern gleiten, streifen die Wanderschuhe von den Füßen und fallen in das weiche Gras. Auf der Grünfläche tummeln sich noch etwa zehn bis zwölf weitere Badegäste. Wir allein verursachen ein Chaos für zwanzig Personen. Etwas zu Kräften gekommen, verstreuen wir nämlich unsere gesamten Habseligkeiten auf der Wiese. Auf der Suche nach Bikini und Handtuch – natürlich ganz unten im Rucksack! – landen Proviant, Ladegeräte, Kleidungsstücke, Wasserflaschen und Informationsmaterial in buntem Durcheinander auf der Grünfläche.
Nacheinander erfrischen wir uns im See. Ich, die leider ohne Sandalen über den steinigen Untergrund stolpert, ziehe mir eine Schnittwunde an meiner großen Zehe zu. Humpelnd kehre ich zurück und bin erleichtert, zu erkennen, dass es blutiger aussieht, als es ist.
Ich betreibe Wundpflege, während Conny uns Ei-Brote schmiert. Die festgekochten gelb gefärbten Tierprodukte gab es im letzten Supermarkt. Bleibt zu hoffen, dass sie nicht vom vergangenen Osterfest stammen und sich zu meiner Blessur womöglich noch eine Lebensmittelvergiftung gesellt. Auch meine Freundin hat Probleme mit ihren Füßen. Ihre Wanderschuhe sind so altersschwach, dass die Haut darin überhaupt nicht mehr atmen kann. Nach nur wenigen Gehstunden haben sich die Füße deshalb immer sehr stark mit Flüssigkeit vollgesogen und erwecken den Eindruck, man hätte sie über Wochen in der Badewanne vergessen. Auch einige Blasen sind auf diese Weise entstanden.
Mehr als eine Stunde später beseitigen wir unseren Wirrwarr aus Pflasterpapier, Eierschalen und Klamotten. Dann tauscht Cornelia ihre Boots gegen

Sandalen und nimmt meinen Wanderstab als Stütze hinzu. Ihre Fußprobleme sind doch schlimmer als vermutet. Mein Kratzer ist hingegen harmlos und bereitet mir keinerlei Schmerzen.

Unter der heiß brennenden Sonne zieht sich der Weg nach Rapperswil aber für uns beide wie ein Gummiband. Die Ortschaft ist ein beliebter Ausflugsort. Das Schloss, der Fischmarktplatz und Hafen sowie die Stadtpfarrkirche sollen sehenswert sein. Wir planen, uns in der Pilgerherberge einen Stempel zu holen. Auch wenn es die meistbesuchte Herberge der Schweiz sein soll, die jährlich über tausend Pilgernde aufnimmt, so wollen wir uns die zwanzig Franken pro Person sparen und außerhalb zelten. Also: Zähne zusammenbeißen! So weit kann es nicht mehr sein.

An Yachthäfen und Parkplätzen mit noblen Karossen vorbei, kommen wir Schritt für Schritt voran. Wir passieren einen nüchternen Platz mit Dauercampern und ein Spaßbad, das unserer Meinung nach eine hervorragende Lage direkt am See genießt. Unzählige Radfahrer und Fußgänger sind bei diesem tollen Badewetter unterwegs.

Cornelia hat beachtliche Fußschmerzen, als wir die Stadt, die seit der Vereinigung zweier Gemeinden den vollständigen Namen Rapperswil-Jona trägt, erreichen.

Wir sind nicht sicher, ob wir uns in die Altstadt quälen sollen, um an den Stempel zu kommen, oder die Siedlung, so schön sie auch zu sein scheint, lieber auf kürzestem Weg wieder verlassen. Ein Erholungsort für die Nacht erscheint uns letztendlich wichtiger, in Anbetracht der Erschöpfung, die von unseren Körpern Besitz ergriffen hat.

So verlassen wir Rapperswil-Jona über einen imposanten Holzsteg. Seit 2001 verbindet er den Ort mit einer Halbinsel am gegenüberliegenden Ufer des Sees. Die Konstruktion ist knapp 850 Meter lang und ruht auf 16 Meter langen Eichenpfählen. Auf einem Steg derartiger Größe bin ich zuvor noch nie gewesen. Auch wenn es Spaß macht, auf diese Weise über das Gewässer zu gelangen, so freue ich mich, als wir endlich auf der Halbinsel eintreffen.

Von dort aus wandern wir ewig an Bahngleisen entlang – ohne auch nur den Hauch einer Chance, hier irgendwo mit dem Zelt unterkommen zu können. Dafür rauschen immer wieder Züge tosend an uns vorbei. Wie gern würde Cornelia jetzt in einer der Bahnen sitzen, anstatt sich hier die Füße wundzulaufen. Sie hat das Sprechen längst aufgegeben, ich kann diesen Wunsch aber deutlich in ihrem Gesicht ablesen. Ich schweige. Wir beide können die dunkle

Wolke sehen, die metaphorisch, nicht buchstäblich, über uns schwebt. Reden würde nicht helfen, nur anstrengen, deshalb die Stille zwischen uns …

Als wir plötzlich schon am Bahnhof Pfäffikon stehen, sind wir wirklich verzweifelt. Knapp fünf Extrakilometer hatten wir kräftemäßig nicht eingeplant. In dieser Ortschaft wollten wir eigentlich erst morgen ankommen. Und ausgerechnet heute, nachdem Cornelias Schuhwechsel für fünf weitere Blasen und nicht für Entlastung gesorgt hat, ist weit und breit kein Schlafplatz in Sicht. Stellt uns der Weg nach allem Guten, was er uns bisher beschert hat, nun auf die Probe?

Unter dem Bahnhof führt die in unserem „Outdoor" Buch beschriebene Route hindurch. Wir allerdings versuchen den Jakobsweg auszutricksen, was er uns noch übel nehmen wird. So verlassen wir ihn und gehen weiter geradeaus, auf ein Gestüt zu. Hier können wir bestimmt bleiben, denke ich und laufe rufend über das Gelände. Gebäude säumen das Areal und ich klingele an diversen Türen. Kaum zu fassen! Keiner reagiert. Das ist uns ja noch nie passiert! Am Eingang eines Gartens mit Laube verfahre ich ähnlich. Auch hier ist das Resultat leider das gleiche.

Cornelia sitzt mittlerweile in einem Hauseingang. Die Schmerzen, die sie spürt, sind in jedem Muskel ihres Gesichts zu erkennen. Es ist bereits 20:00

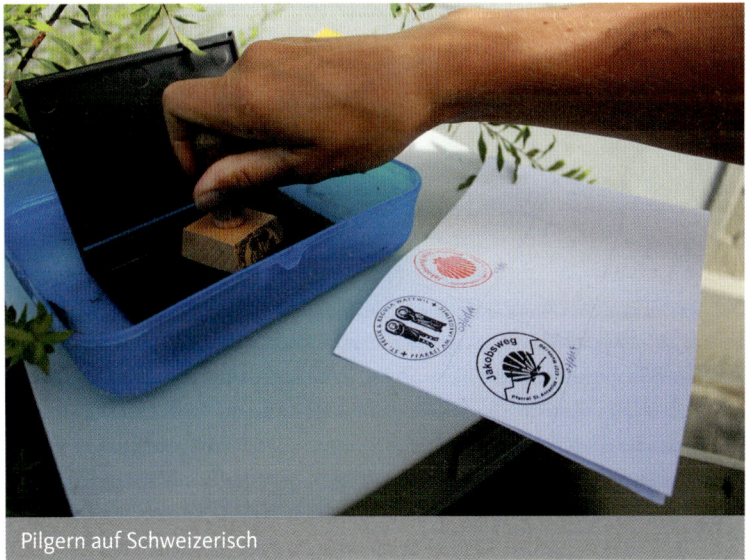

Pilgern auf Schweizerisch

Uhr. Auch ich werde unruhig. Da es mir, bis auf absehbare Erschöpfungserscheinungen, wie Muskel- und Gelenkschmerzen, gut geht, laufe ich weiter und halte bald einen Traktorfahrer an. Ich vermute, er ist der Landbesitzer. Ein tiefer Seufzer entfährt mir, als ich erfahre, dass ihm das Areal nicht gehört. Aus diesem Grund kann er uns keine Erlaubnis zum Campieren erteilen. Ich will mich gerade umdrehen und fortgehen, als er mich zurückhält und mir einen Hinweis hinterherruft. Er spricht von einem Erlebnisbauernhof oberhalb Pfäffikons. Der Lützelhof befinde sich direkt am Jakobsweg und biete ein Matratzenlager.

Ich kehre zu Cornelia zurück und berichte von meiner Recherche. Dass es zu besagtem Hof noch einmal bergauf gehen wird, verschweige ich. Gemeinsam und sehr langsam treten wir den Weg dorthin an. Natürlich müssen wir zunächst zum Bahnhof laufen, um wieder auf den Jakobsweg zurückkehren zu können. Ich kann förmlich hören, wie er blafft: „Ich habe es euch doch gleich gesagt!"

Auf der Route passieren wir noch ein Haus mit großem Grundstück und da es für meine Freundin wirklich auf jeden Meter ankommt, fragen wir nach Unterstand. Eine langhaarige Frau mittleren Alters lehnt unser Gesuch ab, allerdings nicht, da es sie störe, sondern weil es sich bei dem Areal um ein Schulgelände handele, auf das sie keine Fremden lassen darf. Mit hängenden Köpfen schlurfen wir weiter bergauf, bis wir endlich das rettende Schild entdecken: „Lützelhof".

Die Farbe weicht uns Stück für Stück aus dem Gesicht, als wir rufend über das Gelände irren, aber keine Menschenseele ausmachen können. Meine Beine fühlen sich steif und unbeweglich an, die Fußsohlen hämmern vor Schmerz. Ich bin mittlerweile so erschöpft, dass ich mich gar nicht mehr bewegen möchte. Aber wir brauchen einen Schlafplatz und das am besten sofort. Cornelia kann, nur auf die Wanderstöcke gestützt, humpeln, so kaputt ist ihre Haut und schmerzen ihr die Gliedmaßen.

„Bleib du hier unten!", deute ich auf eine Bank. „Ich gehe jetzt alles ab. Irgendwo muss jemand sein."

Ich linse in den Kuhstall, rufe hinein. Tiefes Muhen ist die einzige Antwort, die zurückkommt. Die schmale Straße, an der sich das Grundstück befindet, hoch- und runterlaufend, schmiede ich einen Notfallplan. Möglicherweise könnten wir unser Zelt ungefragt aufbauen und mit einem Zettel versehen, der unsere Lage erklärt. Falls jemand vorbeikäme, bevor wir wach wären, wüsste er Bescheid.

Ich will gerade zu Cornelia zurückkehren, um von meinem Vorhaben zu berichten, da taucht plötzlich ein Hund neben mir auf. Mit ihm nähert sich ein Mann. Der Mittfünfziger kommt gelassen von einem Hügel herabspaziert, während er dicken Qualm zwischen seinen Lippen hervorstößt. Energisch gehe ich einige Schritte auf ihn zu. „Gehören Sie zu diesem Hof?", will ich mit flehender Stimme wissen.

Er nickt, zieht an seiner Zigarre.

„Sie retten uns das Leben!", überschütte ich ihn erleichtert.

Daraufhin zucken seine Mundwinkel und verziehen sich zu einem sparsamen Lächeln.

„Wir brauchen einen Platz für unser Zelt. Dürfen wir es hier irgendwo aufschlagen?", will ich begierig wissen.

Er deutet auf eine Wiese. „Dort oben unter der Pergola ist es gut."

„Wie viel kostet es?" Eine Frage, deren Antwort die Freude noch einmal ordentlich trüben könnte.

„Zehn Franken pro Person. Bad und Dusche inbegriffen", erwidert er.

Erleichtert tragen wir unser Gepäck zu der empfohlenen Stelle und bauen unser Zelt auf. Mit etwas mehr als acht Euro pro Person können wir uns anfreunden. Als wir die letzten Handgriffe tun, drücken sich dicke Regentropfen durch das Pflanzendach über unseren Köpfen. Schnell werfen wir die Rucksäcke in unser Zuhause und ziehen die Reißverschlüsse hastig zu. Die Dunkelheit hat eingesetzt, Blitze jagen über den Himmel und starker Regen prasselt auf uns nieder. Ohne die grüne Behausung, unter der wir geschützt ruhen, würde es bald hereinregnen, so heftig ist der Niederschlag.

Das Glück hat heute auf sich warten lassen. Ausnahmsweise. Im Gegensatz zu all den anderen Tagen wurde unsere Geduld ordentlich auf die Probe gestellt. Cornelia musste Schmerzen erdulden, die sich mit jedem Schritt mehr in ihr Bewusstsein bohrten. Meine Freundin leiden sehen, zu ertragen, wie sich ihr Gesicht Meter für Meter immer stärker vor Anstrengung verzog, war schlimmer als meine eigene Erschöpfung zu spüren. Selbst unsicher, wie der Tag ausgehen und wann es uns gestattet sein würde, zu rasten, fühlte ich eine tiefe Hoffnungslosigkeit. Hätten wir womöglich in Rapperswil bleiben sollen? War es absehbar, dass die Gegend zu besiedelt zum Campen ist? Fragen, die mich in den letzten zwei Stunden, Minute für Minute intensiver beschäftigt haben. Was wären die Alternativen gewesen? Die Nacht am Bahnhof verbringen? In ein Hotel investieren? Die fünf Kilometer zur Herberge zurücklaufen? Ich weiß es nicht.

Cornelia versorgt ihre Blasen, sticht sie auf, balsamiert mit Wundsalbe. Es ist nicht unsere erste Wallfahrt und wir haben verstanden, was Pilgern bedeutet: Lange laufen, langsam gehen, ohne Luxusgüter auskommen, Besonderheiten am Wegesrand wahrnehmen, mit Menschen in intensiven Austausch kommen, Geschenke machen und selbst welche annehmen, dankbar sein … Aber auch: Schmerzen haben, Verzweiflung ertragen und Belastungen standhalten. Letzteres hatte bisher noch gefehlt. Die Wallfahrt lief zu reibungslos ab. Aus welchen Gründen auch immer wir heute entschieden haben weiterzugehen: Es musste wahrscheinlich sein, weil es dazu gehört.

Damit und mit der Feststellung, dass wir an einem sicheren Platz ruhen, der besser nicht sein könnte, schlafen wir ein.

Danke!

9. August, Pfäffikon - Einsiedeln (12km) – Letzte Etappe

Riesige Nasenlöcher in einer braun-weißen Schnauze, eine blassrosa farbene Zunge, behaarte Ohren. Ich betätige die Spülung und begutachte den Toilettendeckel, von dem aus mich eine grinsende Kuh anschaut. Diese Unterkunft punktet mit liebevollen Details und einer Reinheit, die ich eher in einem Arztzimmer als auf einem Bauernhof erwarten würde. Die Duschkabine glänzt so sehr, dass ich ruhigen Gewissens darauf verzichte, Sandalen zu tragen, und barfuß auf die überaus saubere Fläche trete. Warmes Wasser rinnt über meine Schultern, der Geruch duftender Seife und Haarwäsche steigt mir in die Nase. Genussvoll erlebe ich die erste Dusche seit Tagen. Aus einem Sammelsurium an Föhnen suche ich mir den besten heraus und puste meine Haare mit warmer Luft trocken. Ein großartiges Gefühl, wie leicht und locker meine Frisur liegt.

Auf einer breiten, überdachten Holzbank sitzen wir und frühstücken lange. Immer wieder kommen Autos angebraust, parken auf dem Hof, während ihre Fahrer im kleinen Laden einkaufen. Saisonale Produkte aus der Region lagern in schmalen Holzregalen und werden per Vertrauenskasse veräußert. Frisch gepresster Süßmost, knackige Äpfel direkt vom Baum, Bio-Freilandeier und Kartoffeln gehören zum Sortiment. Der Erlebnisbauernhof bietet eine gemütliche Pilgerstube mit Kaffeeautomat sowie ein Matratzenlager im Stroh. Wir sind überglücklich, nach all den Strapazen so hervorragend untergekommen zu sein, und profitieren bei mehr als einer Tasse Kaffee von dem reichhaltigen Angebot. Ein junger Bauer müht sich damit ab, ein widerspenstiges Kalb über den Hof zu treiben, während eine Frau mit Gummihandschuhen eifrig die sanitären Anlagen putzt. Sie wischt sogar Türen und Klinken sorgfältig ab und bestätigt damit das Klischee des sauberkeitsverliebten Schweizers. Es ist unser letzter Pilgertag. Nur noch zwölf Kilometer trennen uns von Einsiedeln. Weil wir einen beachtlichen Teil der für heute geplanten Wegstrecke bereits gestern zurückgelegt haben, gönnen wir uns den Luxus, spät zu starten.

Erst als es zum frühen Mittag aufhört zu nieseln, gehen wir los: Langsam und stetig bergauf, bis wir eine weite Sicht auf den Zürichsee genießen und zum Fotografieren pausieren. Einige Esel komplettieren das Motiv.

Cornelia hat kaum noch Schmerzen und die Blasen sind gut verheilt. Bei ihrem letzten Gang zum Bad vergangene Nacht dachten wir schon, wir müssten abbrechen. Nur auf meine Schulter gestützt, konnte sie sich noch fortbewegen. Doch so wie auch das Gewitter übers Land gezogen ist, sind auch ihre Qualen verschwunden …

Durch einen Wald führt der Jakobsweg auf den 950 Meter hohen Etzelpass. Von Pfäffikon aus gerechnet, legen wir 540 Höhenmeter zurück. Mit schweißnasser Stirn und feuchtem T-Shirt kommen wir an. Ein Gemälde aus verschiedenen Grüntönen, blauen Bergspitzen, roten Häuserdächern und fülligen, grauen Wolken tut sich vor unseren Augen auf.

Zusammen mit Bikern, Motorradfahrern und anderen Wanderern pausieren wir an der Kapelle St. Meinrad. Offensichtlich handelt es sich um einen beliebten Ausflugsort. Neben dem Pilgerpfad führt auch eine Straße hier hinauf.

Eine Gruppe von Nonnen, die zu Scharen aus dem kleinen Gotteshaus strömen, erweckt unsere Aufmerksamkeit. Die Frauen tragen zu ihren Ordensgewändern feste Bergschuhe mit breiten Sohlen sowie Trekkingrucksäcke. Sie laufen auf moderne Teleskopwanderstöcke gestützt. Die Kombination aus traditioneller Kluft und moderner Sportausrüstung erzeugt ein kontrastreiches Bild, von dem wir uns lange nicht abwenden können. Interessiert beobachten wir, wie sie sich Schritt für Schritt entfernen und irgendwann von dem grünen Tal verschluckt werden.

Nach langer Rast folgen wir ihren Spuren und gehen zielstrebig dem letzten Ort unserer einwöchigen Wallfahrt entgegen. Das Laufen hat sich bei mir automatisiert und es ist fast so natürlich wie das Atmen geworden, jeden Tag zu gehen.

Diese Erfahrung ist für mich keine neue. Auch auf den anderen Pilgerreisen hat sie mich begleitet. Nach den ersten Wandertagen haben sich die Muskeln an die Belastung gewöhnt, sind die Füße stärker geworden. Auch der Kopf, der anfangs noch skeptisch nachbohrte, weshalb er schmerzende Kniegelenke und verkrampfte Waden in Kauf nehmen sollte, hörte irgendwann zu fragen auf. Bisher wurde das Gehen nach einigen Tagen immer zu einer Selbstverständlichkeit. Weder Körper noch Geist wollten dann noch wissen, warum ich von ihnen hunderte Kilometer Fußweg forderte.

Vor dieser Reise habe ich mich auf die Pilgerwoche in der Schweiz am allermeisten gefreut. Sehr stark reizte mich die Wallfahrt innerhalb malerischer Bergwelten. Ich gehöre keiner Konfession an, bin aber auch keine Atheistin. Als Agnostikerin habe ich mich bisher auf christlichen Pilgerwegen stets sehr wohl gefühlt. Ich vermute, dass über ihnen eine unsichtbare Energie liegt, die mich beschützt. Auch deshalb zieht es mich immer wieder auf Jakobswege zurück. In dieser Woche erhielten wir Abend für Abend einen sicheren Schlafplatz. Vertrauensvoll, etwas für die Nacht zu finden, gingen wir Morgen für Morgen los und wurden nicht enttäuscht.

Jetzt, wo sich die Wallfahrt ihrem Ende neigt, frage ich mich, ob ich noch weitermachen würde, wenn ich keine Verabredungen in Zürich sowie Frankreich hätte. In der Ferne grüßen bereits die Türme des barocken Stifts und ich merke, dass ich mich auf das Ankommen freue. Gleichermaßen bedaure ich es, ab morgen keinem Pfad mehr zu folgen. Die Zeit, die ich auf dem Jakobsweg verbrachte, war zu kurz, um richtig und vollkommen in das Pilgerleben einzutauchen. Uns ist es in dieser Woche gelungen, vieles von dem zu erleben, was eine Pilgerreise ausmacht: Genügsamkeit, Muskelschmerz, Dankbarkeit, Freundschaft, gutes Wetter und schlechtes. Auch eine Krise hat es gestern, auf den letzten Pfiff noch geschafft, sich in unsere Erfahrungskette einzureihen. Dennoch bleibt diese kurze Zeit eine Kostprobe, nur eine Art Schnuppern an der Hauptspeise. Ich komme also zu dem Schluss, dass ich gern noch einige Zeit länger in diesem Land, auf diesem Weg verbringen würde, es aber auch okay ist, weiterzuziehen. So freue ich mich ehrlich auf die nächste Station, auf ein weiteres Land, auf neue Eindrücke.

Zum späten Nachmittag sind wir vor den Toren der Stadt, die den Endpunkt unserer Pilgerschaft markiert. Bei den Bewohnern eines Einfamilienhauses, das auf einer Bergkuppe liegt, erfragen wir einen Zeltplatz, den wir ohne Schwierigkeiten bekommen. Mit einem weiten Blick in den Ort, verbringen wir die letzte Nacht auf dem Jakobsweg. Noch lange sitzen wir vor dem Camp und beobachten, wie sich die Landschaft mit sanft einsetzender Dunkelheit verändert – es ist, als würden die Bäume, Hügel und Wiesen in ein dunkles Kostüm schlüpfen, das sie verschwinden lässt. Der Geruch der Nacht legt sich über unsere Behausung. Frischer Wind rüttelt an den Stoffwänden. Das Rauschen tanzender Äste und Blätter schickt uns in einen tiefen Schlaf.

Einsiedeln und Zürich, 10. und 11. August – Stadtbesichtigung

Nach einem Tag der Kontaktpflege mit deutschen Freunden statten wir Zürich einen Besuch ab. Es ist mit rund 400.000 Einwohnern der größte Ort der Schweiz. Seit Jahren wird die Stadt als eine der Metropolen mit der weltweit höchsten Lebensqualität und gleichzeitig den höchsten Lebenshaltungskosten gelistet.

Ungeachtet dessen, besuchen wir einen Sportladen. Es geht nicht anders: Cornelias langjährige Begleiter, die in Spanien, Island, Kanada, Irland, Schottland sowie Portugal ihre Füße sicher und gesund transportierten, haben ausgedient. In einem Outlet-Geschäft wird sie fündig und – siehe da! – bekommt zum Schnäppchenpreis echte Meindl Boots. Von wegen teure Schweiz … Ein wenig traurig, die alten Weggefährten zurücklassen zu müssen, aber froh über den neu gewonnenen Komfort, läuft sie die Schuhe beim Besuch der City langsam ein.

An der lebendigen und dynamischen Stadt schätze ich besonders die kopfsteingepflasterten Gassen, deren Seiten von bunten, alten Häusern gesäumt sind. Wie bei einer Orgel blicken ihre Dächer aus unterschiedlichen Höhen auf die vorbeibummelnden Passanten herab. Farbige Fassaden, Kirchtürme, Brücken, unter denen sich der Fluss Limmat durchschiebt, prägen das Bild. Nach der ländlichen Idylle fällt es uns schwer, in den Rhythmus des Stadtlebens zurückzufinden. Wir bummeln recht träge durch die Straßen und pausieren oft. Natürlich bedauern wir es, dass uns die Lust für intensives Sightseeing fehlt.

Überpünktlich am Bahnhof angekommen, erledigen wir noch einen Weg. In einer Tourismusinformation interviewe ich eine leider etwas kurz angebundene Mitarbeiterin. Ich beginne aufzuschreiben.

„Käse, Schokolade und Berge, all das ist typisch", erklärt die Fremdenverkehrsfrau. „Außerdem gelten die Schweizer als engstirnig und verschlossen", fährt sie fort und schweigt dann. Entweder ihr fällt nichts mehr ein oder sie will unser Gespräch verkürzen.

Warten auf den nächsten Zug

„Und Deutschland?" Ich bin gespannt, ob ihre Aussagen sich mit denen von Jacqueline decken.

„Deutsche sind korrekt. Außerdem gibt es in diesem Land gutes Bier", gibt sie wenig Überraschendes preis. Dann erzählt sie weiter: „Fußball, vor allem die gewonnene Weltmeisterschaft verbinde ich mit dem Land."

Kein Sterbenswörtchen von Überheblichkeit und Anmaßung.

„Das Unternehmen MeinFernbus fällt mir noch ein. Dort buche ich immer meine Reisen", schließt sie.

Es ist nicht verwunderlich, dass ich als deutsche Besucherin einer Auskunftsstelle nichts Negatives über mich und meine Landsleute zu hören bekomme. Für die Fremdenverkehrsfrau gehört es sich nicht, über andere Nationen herzuziehen. Das verstehe ich und gebe mich mit den mageren Auskünften zufrieden.

In der ausgedehnten Bahnhofsvorhalle setzen wir uns an den Rand und beobachten Menschen. Ihre Schritte und Worte hallen an den hohen Gemäuern wider. Die Personen, die an uns vorbeiziehen, unterscheiden sich in Haut- und Haarfarbe, Körpergröße, Geschlecht, Kleidung und Nationalität. Die Gründe, weshalb sie hier sind, sind vermutlich so vielfältig wie ihr Aussehen. Ich kenne die diversen Motive nicht. Für mich persönlich steht jedenfalls fest, dass die Schweiz mehr als Käse, Schokolade und pieselnde Kühe zu bieten hat.

FAZIT: MEINE SCHWEIZ

Ich möchte mit der Äußerung, die mich am meisten überrascht hat, anfangen: In einem Land, das für Reichtum und hohe Lebenshaltungskosten bekannt ist, habe ich preiswerter denn je gelebt. Die Nacht auf dem Campingplatz am Bodensee war günstiger als das slowenische Pendant, in der Pilgerherberge in St. Gallen schliefen wir kostenlos und auch auf Wiesen, Kuhweiden und in Scheunen durften wir gratis campieren. Beim Lebensmittelkauf griffen Cornelia und ich auf Billigmarken zurück, die nur in manchen Fällen etwas teurer waren als die deutsche Entsprechung. Mit dem Verzicht auf Restaurantbesuche und Hotelnächte lässt es sich hier zumindest als Pilgerin für eine bestimmte Zeit preisgünstig leben.

Apropos nicht kostspielig: Sowohl die Käse- als auch Schokoladenkostproben, die in unseren Einkaufswagen landeten, waren bezahlbar und vor allem sehr schmackhaft. Die gelben Milchprodukte schienen meistens so cremig zu sein, dass das gute Schweizer Taschenmesser keine Probleme mit dem Zurechtschneiden hatte.

Landschaftlich hält das Land, was es meiner Fantasie versprochen hatte. Neben unzähligen Bergspitzen prägten vor allem Wiesen und Weiden das Bild.

Unter all den Kühen, die ich in dieser Woche nicht nur riechen und muhen hören durfte, war jedoch kein einziges Exemplar im lilafarbenen Gewand dabei. Auch die drei Romanfiguren aus Johanna Spyris Erzählungen haben sich versteckt gehalten. Dabei hätte ich so gern mit Peter die Geißböcke zusammengetrieben … Naja, wenigstens durfte ich meine Lieblingstiere, flauschige Schafe, streicheln.

Wie übertrieben pünktlich das Volk ist, kann ich nicht sagen, da es bei Pilgerreisen auf eines am allerwenigsten ankommt: Fristgerechtes Erscheinen. Ähnlich verhält es sich mit der Behauptung, die Schweizer seien langsam. Wer den Sinn des Pilgerns verstanden hat, wird während seiner Reise nicht hetzen. Auf der Basis meiner Erlebnisse kann ich deshalb keinen Rückschluss auf das generelle Lebenstempo der Landesbewohner ziehen.

Auf die Frage nach dem Sauberkeitsfimmel fällt mir sogleich die emsig schrubbende Dame vom Lützelhof ein. Wenn schon die WC-Türen auf einem Bauernhof so penibel gereinigt werden, wie wird es dann anderswo aussehen? Weil auch die Pilgerherberge in St. Gallen makellos war, stimme ich der Ansicht zu.

Bier und Fußball waren die beiden Merkmale, die sowohl Jacqueline als auch der Frau aus dem Tourismusbüro für Deutschland in den Sinn kamen. Allerdings hat gerade der bei uns so populäre Sport auch ein interessantes Thema auf den Tisch gebracht: Schweizer mögen keine Deutschen und waren betrübt, als die Nationalelf in diesem Jahr die Weltmeisterschaft gewann. Die deutsche Arroganz und Überheblichkeit haben meinem Heimatland hierzulande den Beinamen „Großer Kanton im Norden" eingebracht. Warum das so ist, kann ich nur vermuten: Von unseren Auswandererfreunden wissen wir, dass die Schweizer von der deutschen Direktheit, Probleme zu lösen, wenig halten. Wenn wir mit einer Dienstleistung unzufrieden sind, so sagen wir es geradeheraus, während der Schweizer lange um den heißen Brei herumredet – so zumindest die Erfahrungen unserer Landsleute.

So hart wie die Schweizer mit uns ins Gericht gehen, tadeln sie auch sich selbst als engstirnig – eine Eigenschaft, von der wir nichts mitbekommen haben. Würden denn kleinkarierte Menschen so bereitwillig ihre Grundstücke zum Campieren hergeben? Wohl kaum! Stattdessen haben wir viel von der von Jacqueline zitierten Großherzigkeit mitbekommen. Nie mussten wir an mehr als einer Haustür klingeln, um Wasser und Schlafplatz zu erhalten.

Die Schweiz – ein teures Land? Nicht für uns. Aber auch nur, weil es so viele Menschen ausgesprochen gut mit meiner Freundin Cornelia und mir gemeint haben. Warum? Nicht fragen, danke sagen!

BESONDERES ERLEBNIS: Fahrt im Nachtzug nach Cannes

Zugfahren – seit Jahrhunderten der Inbegriff des Reisens, seit Wochen fester Bestandteil meines Lebens. Wenn ich mir vorstelle, wie die Menschen früher gereist sind, so kommen mir vor allem zwei Bilder in den Kopf: Ich sehe hohe Schiffsmauern mit einem Deck, auf dem sich Fahrgäste tummeln. Sie winken hinab zu denjenigen, die am Hafen zurückbleiben. Aber ich stelle mir auch vor – und diese Fantasie ist sogar noch lebendiger – wie eine Eisenbahn den Bahnhof verlässt. Langsam setzt sie sich in Bewegung, stößt zischend und kraftvoll dicken Dampf aus. Das Geräusch ihrer Maschinen klingt wie ein Herzschlag, der zunächst langsam geht, aber bald immer schneller wird. Ihr Signalhorn gibt einen selbstbewussten lang gezogenen Ton von sich. An den Gleisen stehen Menschen mit Taschentüchern und winken den aus den Fenstern schauenden Köpfen hinterher. Die Tränen werden vom Fahrtwind getrocknet, während die Zurückgebliebenen ihre Tücher sinken lassen, um sich damit das Gesicht abzutupfen.

Früher waren die Menschen länger unterwegs, liefen Motoren nicht so schnell, lagerten schwere Lederkoffer in den Netzen alter Schienenfahrzeuge. Heute reisen wir rascher, komfortabler und mit leichterem Gepäck. Vor allem jedoch ist etwas, das vor Jahrzehnten noch etwas ganz Besonderes war, selbstverständlich geworden. Für viele ist der Zug ein wenig spektakuläres Verkehrsmittel, mit dem sie täglich zur Arbeit gelangen. Von Eisenbahnromantik dürfte kaum noch die Rede und das verklärte Bild der davonziehenden Bahn, welche die Landschaft in einen dichten Schleier aus Dampf hüllt, verblasst sein. Obwohl schon lange unterwegs, dringt aber genau diese Vorstellung heute in meinen Kopf. Warum? Vielleicht, weil eine besonders ausgedehnte und aufregende Fahrt vor mir liegt und das Bahnreisen für mich keine Alltäglichkeit ist.

Um 19:34 Uhr beginnt die Tour in Zürich. Der folgende Halt ist Basel, von wo aus es weiter nach Mulhouse Ville geht. Planmäßig sollen wir um 9:04 Uhr am Folgetag in der südfranzösischen Filmfeststadt Cannes einfahren. Eine vergleichsweise lange Fahrt in einem Nachtzug erwartet uns. Im Flüsterton setzt die Dunkelheit ein, während wir von der Schweiz nach Frankreich brausen. Ich bin gespannt auf die nächtliche Reiseerfahrung, die sich entschieden ankündigt. Das rapide vorbeirauschende Band aus Grün, wechselt seine Farbe ins Grau, dann in ein tiefes Schwarz, das bald nur noch von bunten Lichtern durchstochen wird.

Beim Umsteigen schieben wir uns durch lange Gänge. Grelles Licht weist den Weg. Anzeigetafeln blinken, einfahrende Züge quietschen, als hätten sie Schmerzen. Menschen mit üppigem Gepäck eilen an uns vorbei. In der vom Kunstlicht ertränkten Dunkelheit, als ich gerade einen Schritt vor den anderen tue, um das nächste Gleis zu erreichen, wird mir etwas sehr deutlich bewusst: Mit dem Rucksack auf dem Rücken umherzuziehen, auf Schienen von Ort zu Ort zu gleiten, anzukommen, um wenig später wieder zu gehen, ist zu einer Selbstverständlichkeit geworden. Seit vier Wochen bin ich nun schon unterwegs und wie ein Uhrwerk funktioniert mein Kopf, der den Beinen das Signal gibt, weiterzugehen, einzusteigen, auszusteigen … Eine Routine, die mir sehr vertraut geworden ist. Meine Neugier, mein Hunger auf neue Erfahrungen, fremdartige Umgebungen sind jedoch keinesfalls in diesem Rhythmus erstickt. Noch immer kribbelt es in meinen Fingerspitzen, fahre ich in einen weiteren Bahnhof ein. Spannung, Vorfreude, Neugier gehören zu mir, egal wie natürlich dieses Nomadenleben geworden ist. Ein Gefühl, in das ich mich kuschle, wie in eine warme Decke. Vertrautheit auf der einen Seite, Aufregung und Entdeckerdrang auf der anderen – was gibt es Schöneres?

So wie Fahrpläne einer Regelmäßigkeit folgen, bewegt sich auch der Mensch in seinem Takt. Ich denke, egal, wo wir gerade sind und was wir dort machen, versuchen wir immer eine Ordnung herzustellen. Es soll uns wenigstens so vorkommen, als würden wir in Kontrolle und Sicherheit leben. Cornelia und ich haben wortlos Rituale entwickelt, denen wir konsequent gehorchen. Die Reihenfolge, in der wir unser Nachtlager am Abend auf- und am Morgen abbauen, ist immer die gleiche. Die Tüte mit der Zahnbürste liegt am Fußende, die Gummiringe der Isomatten in der Ablage darüber. Die Stirnlampe baumelt stets am Fach über unseren Köpfen. Auch in meinem Rucksack ist wenig Spielraum für Abwechslung: Der Schlafsack ruht auf dem Boden, darüber liegt der Beutel mit den Kleidern für die Nacht. Im Deckelfach sammele ich Kaufbelege und Informationsmaterial. Es geht einerseits darum, sich zurechtzufinden, und anderseits wollen wir dem Wunsch nach Beständigkeit nachkommen. Das Leben ist unstetig, weshalb der Mensch, naturgemäß ein Gewohnheitstier, versucht es so kalkulierbar wie möglich zu machen. Davon nehme ich mich nicht aus. Auch wenn ich dem hundertsten unbekannten Ziel entgegenfiebere, so werde ich, auch auf Reisen, immer einer gewissen Abfolge nachgehen.

In Mulhouse Ville, einer Stadt in der Region Elsass, im Osten Frankreichs, fährt der Nachtzug ein. Mit Blick auf die Reservierungsbelege positionieren wir uns auf dem Bahnsteig und warten an der Stelle, an der unser Waggon gleich halten wird.

Über Stufen gelangen wir in den Bauch des Schienenfahrzeuges und bewegen uns durch einen schmalen Gang, bis wir vor einem Abteil stoppen. Die Schiebetür steht weit offen. Ein älteres Ehepaar lehnt Rücken an Rücken in dem Sechsbettschlafzimmer und sortiert Gepäckstücke. Wir werfen einen Blick auf die Nummerierung an der Außenwand. Sie stimmt mit den Belegen in unseren Händen überein.

„Salut!", begrüßen wir unsere Mitfahrer.

Im fließenden Deutsch, das mit einem zart klingenden französischen Dialekt ertönt, erwidern sie unser Hallo und beeilen sich aufzuräumen, um uns Eintritt zu gewähren.

Das Liegewagenabteil ist äußerst sparsam angelegt. Je drei blau gepolsterte Liegen hängen pro Seite übereinander. Zwischen ihnen klafft ein Raum, der kaum größer als der Abstand zwischen meinem Bauchnabel und dem Haaransatz ist. Gelbes Licht verleiht dem hüftbreiten Gang zwischen den Betten eine unnatürliche Atmosphäre.

Cornelia bezieht die oberste Pritsche. Von unten helfe ich ihr, den massigen Rucksack auf die Liegefläche zu befördern. Während meine Freundin ihren Schlafsack ausrollt, richte auch ich mir mein Nachtlager ein. Zunächst dominiert jedoch eine Sorge meine Gedankenwelt: An Kopf- und Fußende meines brusthohen Schlafplatzes befindet sich nur je ein schmales Gurtband, welches das darüber- und darunterliegende Bett miteinander verbindet. Ansonsten besteht keinerlei Schutz, der die Schlafende vor dem Herausfallen retten könnte. Eine Tatsache, die mich so sehr beunruhigt, dass ich mir kaum vorstellen kann, hier auch nur für eine Sekunde lang ein Auge zuzutun. Wilde Fantasien von durcheinanderpurzelnden Fahrgästen gehen mit mir durch. Ich male mir aus, wie ich bei einer Vollbremsung in das Bett schräg unter mir geschleudert werde und zum Zwangskuscheln mit dem freundlichen Rentner gedrängt werde. Dagegen muss etwas getan werden! Und wer könnte für die Lösung solcher Probleme besser geeignet sein als meine Freundin Cornelia? Behände knotet sie die Ärmel zweier Regenjacken aneinander und bindet sie dann an den Gurten an Kopf- und Fußende fest. Auf diese Weise entsteht eine schützende Querverbindung, die auch noch wasserdicht ist.

Zufrieden lächelnd verlassen wir das Abteil und laufen so lange durch den rauschenden Zug, bis wir in einen Bereich mit Sitzplätzen gelangen. Dort breiten wir unseren Proviant aus, naschen das letzte Stück des stark riechenden Schweizer Käses, trinken einige Schlucke Wasser. Die Sitze sind breiter als in einem herkömmlichen Zug und lassen sich zudem weit nach hinten stellen. Viele Reisende ruhen hier und werden sanft in den Schlaf geruckelt. Als wir satt sind, verlassen wir diesen Bereich wieder.

An einem freien WC halten wir an und wollen uns gerade die Zähne putzen, als das Schienenfahrzeug quietschend in einen Bahnhof einfährt. Die Benutzung der Toilette ist während des Aufenthalts nicht gestattet, was uns dazu zwingt, geduldig auf die Weiterfahrt zu warten. Währenddessen beobachten wir ein Pärchen, welches das Fahrzeug mit seinen hochgewachsenen Hunden für eine Bewegungspause verlässt. Die Menschen ziehen an ihren Zigaretten, die Tiere tollen ausgelassen um sie herum. Ein kurzer, schriller Pfiff ertönt und die Landgänger huschen durch die geöffneten Türen wieder in das Innere des

Zuges. Während Cornelia im Waschraum ist, beobachte ich, wie die Fellwesen zusammen mit Herrchen und Frauchen einen Liegewagen beziehen. Es ist unvorstellbar dramatisch, wir wären in diesem Abteil gelandet! Ich kann es mir förmlich ausmalen, wie die Nacht dann für mich abgelaufen wäre: Mit vor Allergie geröteten Augen läge ich an meinem Schutzwall aus Regenjacken, würde regelmäßig niesen müssen und mir die Tränenflüssigkeit mit dem wasserabweisenden Material unserer Kleidungsstücke wegwischen …

Es ist halb elf, als wir in einen tiefdunklen Raum treten. Vorsichtig schalte ich die schwache Funzel an meinem Bett ein. Vier Menschen ruhen und schnarchen hier. Leise krabbeln wir in unsere Schlafsäcke. Ich mache das Licht aus und starre in die Dunkelheit. Es ist seltsam, das Schaukeln des Zuges am gesamten Körper zu spüren, ohne zu sehen, wohin die Reise geht. Ich drehe mich auf meine Einschlafseite, nur um mich dann Minuten später auf den Rücken zurückzurollen. Die Seitenlage hat meine Empfindung, via Blindflug durch die Landschaft zu rauschen, nur noch verstärkt. Ich bin es gewöhnt, während der Fahrt hinauszuschauen. Normalerweise sitze ich aufrecht und blicke weit in die Ferne. Im Moment aber rasen Körper und Geist in waagerechter Position durch dichte Dunkelheit. Immer, wenn es rattert, das Fahrzeug abbremst oder ein Geräusch von sich gibt, das ich nicht zuordnen kann, steigt eine Welle an Ungewissheit in mir auf. Es ist keine Angst, die ich da spüre, vielmehr ein Unwohlsein, das von meiner Gefühlswelt Besitz ergriffen hat. Suchend fahnden meine Finger in der Hüfttasche und angeln den MP3-Player hervor. Ich stopfe mir nacheinander beide Stöpsel in die Ohren und stelle Entspannungsmusik ein. Takt für Takt werde ich zwar ruhiger, finde aber nicht in den Schlaf. Nach etwa einer Stunde tausche ich die Kopfhörer gegen meine Ohrenstöpsel und gleite in einen Dämmerzustand, der bis halb vier Uhr morgens anhält. Nach einem kurzen Spaziergang durch den schlafenden Zug mit Zwischenstopp auf dem WC, gelingt es mir, endlich richtig einzuschlafen.

Drei Stunden später fahre ich erschrocken hoch. Mit einem lauten Rumsen rast die Tür auf. Die reifere Dame aus unserem Abteil steht wild gestikulierend vor ihrem Mann und schreit ihn ungehalten an: „Maurice, Maurice, wir müssen aussteigen!" Sie schüttelt ihn energisch, bis er sich verschlafen aufsetzt.

Mürrisch drücke ich mir meine Stöpsel tiefer in den Gehörgang, ziehe den Schlafsack weit über die Ohren und wälze mich grummelnd auf die Seite.

Als eine Stunde später unsere Handywecker ertönen, muss ich in meinem Gesicht erst einmal alles an die Stelle schieben, wo es ursprünglich hingehört

– so zerknautscht fühle ich mich. Cornelia begrüßt mich mit den Worten: „Das war eine tolle Nacht!"

„Wo bist du denn gewesen?", erwidere ich grimmig. „Hast du den Lärm von nebenan nicht gehört? Kam es dir nicht komisch vor, in dieser schaukelnden, schwarzen Enge zu liegen? Störte dich das Schnarchen nicht und fandst du es nicht auch blöd, als die Frau hier so herumgekreischt hat?", ergießen sich meine Fragen über sie.

Fassungslos beugt sie sich über ihr Bett und schaut mich an. „Davon habe ich nichts mitbekommen. Außerdem war ich ganz positiv überrascht, wie gut die Luftzirkulation hier drinnen funktioniert hat."

Ich nicke. Darin muss ich ihr Recht geben. Normalerweise bin ich, solange ich meinen Gehörschutz hab, auch eine sehr unkomplizierte Schläferin und kann stundenlang, sogar im Sitzen, ruhen. Warum ich mich so angestellt habe, weiß ich nicht. Selbst wenn es mir zunächst eigenartig vorkam, durch die schwarze Finsternis zu gleiten, hat sich dieses Gefühl nach einiger Zeit gelegt. Auch die Begrenzung aus Regenjacken war stabil und ich hatte keinerlei Zweifel an ihrer Haltbarkeit. Dennoch fand ich keinen guten Schlaf und das, wo ich die Möglichkeit, per Nachtzug zu reisen, vielversprechend fand: Es ist praktisch, eine große Distanz über Nacht zurückzulegen, um dann am folgenden Tag gleich einen neuen Ort erkunden zu können. Außerdem ist der Zuschlag mit rund zwanzig Euro für ein Bett im Liegewagen erschwinglich. Feuchte Kosmetiktücher, eine Flasche Wasser, eine Packung Ohropax sowie ein Einwegkissen verpassen dem Ganzen sogar noch einen Anstrich von Luxus.

Ich trete in den Gang und schaue aus dem Fenster. Das, was ich erblicke, entschädigt mich für den unruhigen Schlaf. Die Bahn bewegt sich leise, so als würde sie schweben, an der Küste entlang. Blau schimmernde Wellen glitzern im Licht der Morgensonne, Palmen säumen einen reinen Strand. Weiße Schaumkronen tanzen übers Wasser. Segelboote wiegen sich friedlich im Wind – ein Bild wie aus dem Reisekatalog.

Vor zwölf Stunden verließ ich die verregnete Schweiz, glitt durch die Nacht und das erste, was ich sehe, nachdem ich meine verquollenen Augen geöffnet habe, ist dieses Postkartenmotiv. Ich bin deutlich milder gestimmt, versöhne mich mit dem Nachtzug. Trotz schlechten Schlafes war es ein Abenteuer, in das ich mich wieder begeben würde.

SECHSTE STATION FRANKREICH
Baguettes, Baskenmützen und die Stadt der Liebe

Es sind nur sehr zarte Wurzeln, die ich in diesem Land habe. Der Cousin meiner Mutter ist Franzose. Sein deutscher Vater wollte zum Kriegsende im Jahr 1945 einer Gefangenschaft entgehen und floh von Italien nach Frankreich, wo er eine Familie gründete und fünf Kinder bekam. Eines davon ist mein Großonkel Eric, dessen Familie ich besuchen möchte.

Seit meiner Kindheit war ich nicht mehr hier. Im Jugendalter versuchte ich noch einmal nach Frankreich zu reisen, doch dank eines verpassten Fliegers misslang das Vorhaben. Nun ist es an der Zeit zurückzukommen. Ich freue mich riesig auf ein Wiedersehen mit meinen Verwandten und auf die Erprobung meiner Sprachkenntnisse. Das Stichwort Sprache führt mich auch gleich zum ersten Vorurteil: Angeblich stellen die Landesbewohner auf stur, sofern man nicht wenigstens versucht, Französisch zu kommunizieren. Sie sollen kompromisslos darauf beharren, dass in ihrem Land nur ihre Sprache erklingt.

Zu den Köstlichkeiten auf dem Teller und im Glas gehören Baguettes, Croissants, Käse und Wein. Da ich bei meinem letzten Besuch aufgrund meiner Jugend – ich war knapp sieben Jahre alt – nur Traubensaft bekam, freue ich mich nun umso mehr auf den Rebensaft für Erwachsene.

Was in Süddeutschland die Lederhose ist, soll hier die Baskenmütze sein? Dabei handelt es sich um eine aus Wolle oder Filz hergestellte Kopfbedeckung, aus deren Mitte ein kurzer Stummel ragt. Die Fantasie vieler Nichtfranzosen projiziert Scharen von baskenmützentragenden Männern auf die Straßen der romantischsten Hauptstadt der Welt.

Damit bin ich auch schon bei meinem letzten Merkmal angelangt: Paris gilt wie kaum ein anderer Ort als Inbegriff der Liebe.

In Frankreich verbringen wir von allen Ländern die meiste Zeit. Das liegt daran, dass meine Verwandten an unterschiedlichen Orten leben. Außerdem möchten wir zum Abschluss der Tour noch einmal so viel wie möglich erleben. Wir wollen wandern, Städte kennenlernen und im Meer schwimmen. Zudem haben wir eine Verabredung in Le Havre, der Partnerstadt Magdeburgs.

Werde ich am Ende also noch einmal das volle Programm erleben? Finde ich mich womöglich weinselig knutschend am Eiffelturm wieder, während ich – mit Wanderschuhen bekleidet, ein Baguette unter den Arm geklemmt, eine Baskenmütze auf dem Kopf tragend – französisch spreche, weil mich sonst niemand verstehen will …?

Cannes, 12. August – Sommerhitze

Der Dunkelheit entflohen, fährt der Nachtzug kurz nach neun Uhr in den Bahnhof der südfranzösischen Filmfestmetropole Cannes ein. Cornelia und ich betreten die Plattform und gehen in die helle Vorhalle. Die Menschen, die hier unterwegs sind, wirken auf den ersten Blick nicht viel nobler als anderswo. Dass es in diesem Ort vor Luxus nur so glänzt, wir hier kein preiswerteres Auto als einen Ferrari sehen und selbst ein simpler Kaffee für uns unerschwinglich ist, sind die Vorurteile, die in unserem Gepäck lagern. Gemütlich schlendern wir durch sonnenverwöhnte Gassen, deren Seiten von blassgelben und schwach rosafarbenen Häuserfassaden verziert werden. Rollläden sind fest verschlossen, so als würden sie ihre Aufgabe als Wächter gegen die heiße Helligkeit besonders ernst nehmen. Menschen in T-Shirts und kurzen Hosen sitzen auf Stühlen an Holztischen und trinken Espresso. Wir werfen den Blick auf eine Speisekarte und sind überrascht: Für knapp sieben Euro bekämen wir zwei Heißgetränke und je ein Croissant. Wir zögern nicht lange, lassen uns vor einem Café nieder und frühstücken. Gestärkt treten wir unseren Erkundungsspaziergang durch die berühmte Küstenstadt im Herzen der Cote d'Azur an. Wir schlendern an der Strandpromenade entlang, die von den kräftigen Sonnenstrahlen so hell beschienen wird, dass ich meine Augen zusammenkneifen muss. Wir bestaunen die eng an eng ruhenden Menschen, die sich in der unerbittlichen Hitze bräunen beziehungsweise röten. Weiter geht es zum Hafen, an dem wir uns ausmalen, eine der vielen Luxusyachten würde uns gehören und nur darauf warten, dass wir an Deck auf dem offenen Meer ein Nickerchen einlegen. Schritt für Schritt treibt es uns auf die Anhöhen der Altstadt, wo uns ein altes Kastell erwartet, in dem heute ein Museum untergebracht ist. Mit dem Ziel, eine hervorragende Aussicht auf Stadt und Bucht zu erhaschen, sind wir hergekommen und klettern auf eine begehbare Mauer. Von hier aus lässt sich das Ensemble aus Palmenblättern, Meerwasser, rötlichen Ziegeldächern, blendend weißem Strand und luxuriösen Schiffen bestens fotografieren. Im Hinterland von Cannes liegen die Ausläufer der Seealpen. Als nächstes besuchen wir den Markt Forville, der unter seinem ausladenden Dach frische Speisen anbietet. Mit der Spiegelreflexkamera halte ich die bunten Farben des Obstes, Gemüses, der Blumen und Pflanzen fest. Auch Fisch und andere Meeresprodukte, Fleischwaren und viele weitere Lebens-

Reise-Dream-Team Cornelia und ich

mittel werden von den unzähligen Händlern verkauft. Cornelia ersteht eine süßlich duftende Honigmelone.

Auf dem roten Teppich vor dem Palais des Festivals et des Congrès, dem Hauptveranstaltungsort der Internationalen Filmfestspiele, die seit 1946 jährlich im Mai stattfinden, machen wir Fotos voneinander.

Das Aufgebot an teuren Geschäften, noblen Karossen und prunkvollen Yachten ist nicht zu übersehen, dennoch haben wir uns den Ort anders vorgestellt. In der Fantasie wurden wir der Stadt verwiesen, weil keine Designerketten unsere Hälse schmücken. Mit sportlichen T-Shirts und kurzen Outdoorhosen, so glaubten wir, würden wir auffallen. Allerdings sind uns viele Urlauber begegnet, deren Beine ebenfalls in locker sitzenden Shorts steckten. Auch haben wir nicht das Gefühl, die Mehrzahl der Menschen sei überdurchschnittlich hübsch. Für uns ist Cannes ein sehenswertes, gemütliches Mittelmeerstädtchen, über das ein Hauch Glamour gehuscht ist.

Erst am Strand gelingt es uns, mit unserer Ausrüstung Beachtung zu finden. Die Sonne knallt auch am Nachmittag noch genauso erbarmungslos wie Stunden zuvor auf die Erde. Weil wir es vermeiden wollen, uns in eines der krebsroten Wesen zu verwandeln, wie sie zu Scharen hier im Sande herumliegen, bauen wir kurzerhand unsere Stoffbehausung auf, den perfekten Schattenspender. Mit einigen routinierten Handgriffen platzieren wir das Zelt direkt zwischen den Erholungssuchenden. Vor der Kulisse riesiger Hotelkomplexe muss es einen interessanten Anblick bieten. Einige Badegäste starren uns stumm an, andere lächeln, ein Mann hebt anerkennend seinen Daumen. Wir schlüpfen nacheinander hinein, ziehen uns um und gehen baden. Gemeinsam plantschen zu gehen, wollen wir uns nicht erlauben. Dafür haben wir zu viele Wertgegenstände bei uns, die wir an dem überfüllten Strand kaum im Blick behalten könnten.

Das Wasser ist selbst mir zu warm und beim Schwimmen ist es unmöglich, mal für ein paar Züge allein zu sein, so sehr wimmelt es von Menschen. Der Kontrast zur Wanderung durch die abgelegene Schweizer Bergwelt könnte kaum größer sein. Aber gerade das gefällt mir. Auch wenn ich es noch einige Tage länger auf dem ruhigen Jakobsweg ausgehalten hätte, so schätze ich die gegensätzliche Erfahrung aus Massentourismus, Hitze und Salzwasser.

Ich sitze mit einer Zeitung vor dem Zelt, während Cornelia baden ist. Ich gehöre zu der Sorte Urlauber, die es selten länger als zwei bis drei Stunden an einem Strand aushält. Momentan gelingt es mir aber recht gut, mich in das Bild der dicht an dicht liegenden, halbnackten Körper einzufügen. Hin und wieder senke ich das Schweizer Käseblatt und schiele über den Rand. Andere Menschen zu beobachten, macht Spaß. Immer wieder kommen Personen hinzu, die sich eine freie Stelle suchen, ihren Sonnenschirm in den heißen Sand drücken, ein Handtuch ausbreiten und die Kleidung von den Körpern streifen. Familien mit kleinen Kindern, frisch verliebte Paare, Teenies, Omas, Opas, Mädelsrunden, einzelne Männer und Frauen, fülligere Menschen, abgemagerte Personen, Asiaten, Mitteleuropäer, Strandbesucher mit schneeweißer und tiefdunkler Haut tummeln sich vor meinen Augen und ich werde nicht müde, sie anzuschauen. Erst als Cornelia mit tropfenden Locken vor mir steht und einen schlanken Schatten auf mich und meine Lektüre wirft, beende ich meine Beobachtungen und überlasse meiner Freundin die Isomatte. Mir ist es mittlerweile sowieso viel zu heiß hier draußen und ich entscheide mich für ein Nickerchen im Zelt. Es dauert nicht lange, bis ich in einen tiefen Schlaf gleite. In dem Moment, in dem ich aus der Wachphase in die Schlummerphase schwebe, spüre ich noch kurz das Ruckeln des Nachtzuges, vernehme ein gleichförmiges Brummen und verschwinde dann im Dusel aus Meeresrauschen, Kindergeschrei und Zeltwandwedeln.

Erschrocken fahre ich hoch. Ich weiß weder gleich, wo ich bin, noch kenne ich die Uhrzeit. Mit meiner Großcousine Vanessa, die nur drei oder vier Kilometer von der Innenstadt entfernt wohnt, habe ich per SMS verabredet, dass wir gegen vier Uhr zu ihr fahren. Der Besuch wird alte Erinnerungen wecken. Zuletzt sahen wir uns, als sie mit ihren Eltern auf Deutschlandtour war. Damals betrug ihr Alter 15 Jahre, während ich als Drittklässlerin neun Jahre zählte. Mittlerweile hat sie eine eigene Familie, bestehend aus Katze, Mann und zwei Kindern, gegründet. Ich kenne einige Fotos, die sie an E-Mails angehängt hat. Auf virtuelle Bilder zu schauen oder einander persönlich gegenüber zu stehen, sind zwei grundsätzlich verschiedene Dinge. Deshalb erfüllt es mich mit Aufregung und Vorfreude, zu ihr zu fahren.

Der Blick auf mein Telefon zeigt, es ist halb fünf. Ich stecke meinen zerzausten Kopf nach draußen und sehe, wie auch Cornelia gerade erst wach wird.

„Wir müssen los!", kündige ich an. Schnell tippe ich eine Nachricht an Vanessa.

Flink ziehen wir die Stangen aus dem Zelt und rollen den Stoff zusammen. Eilig räumen wir die Rucksäcke ein und schlüpfen oberhalb des Strandes, an einer Steintreppe, in die Schuhe. Auf der Außenseite meines Fußes lacht mich eine rötliche Fläche an. Ich hatte meine Beine aus dem Zelt herausgestreckt, während ich schlief, und darf mich nun über einen Sonnenbrand freuen, der aber glücklicherweise nicht größer als eine Skatkarte ist.

Wie per Kurznachricht zuvor beschrieben, laufen wir zur Bushaltestelle und steigen in die empfohlene Linie. Nach einigen Stopps sind wir da und werden sogleich von Vanessa empfangen. Sie trägt einen kleinen Jungen auf dem Arm, den anderen hält sie an der Hand. Bei der Begrüßung bedenken wir einander mit je einem Küsschen auf die Wange. Die Zahl dieser Liebkosungen variiert in Frankreich von Region zu Region. In den meisten Gegenden gibt es zwei Küsse, wobei man mit der rechten Wange beginnt. Ich habe nicht im Detail im Kopf, in welchem Gebiet Frankreichs wie viele Küsse auf welcher Wange zuerst landen müssen, und hoffe, dass wir es richtig machen. Da meine Cousine weder so wirkt, als wäre sie kusstechnisch unterversorgt noch den Eindruck erweckt, es seien zu viele Schmatzer auf ihrer Haut gelandet, glauben wir, die richtige Dosierung gefunden zu haben.

Ihre beiden Jungs, drei und eineinhalb Jahre alt, besitzen sehr exotische Namen, die wir uns nur schwer einprägen können. Ihr Vater stammt aus Tahiti, deshalb diese Wahl. Vanessa spricht von der ersten Sekunde an Deutsch mit uns. Sie selbst behauptet, dass ihre Kenntnisse schlecht seien, da sie zuletzt vor zehn Jahren unsere Sprache angewendet habe. Wir sehen das vollkommen anders und loben ihre Fähigkeit. Ich habe das Gefühl, sie ist ein Sprachtalent. Wie ich aus E-Mails weiß, hat sie innerhalb kürzester Zeit

Japanisch gelernt und zuletzt, bevor sie das erste Mal schwanger wurde, als Übersetzerin gearbeitet.

Vor ihrem Wohnhaus, einem mehrstöckigen Block, stoppen wir. Nacheinander betreten wir den Hausflur und gehen zum Fahrstuhl. Weil dieser zu klein ist beziehungsweise wir zu groß sind mit unseren dicken Rucksäcken, fahren zuerst Vanessa und die Kinder nach oben und dann drücken wir uns in den schmalen Lift. Es ruckt kurz und dann rumpelt es hoch, bis wir vor der geöffneten Wohnungstür ankommen.

Wir treten ein und ausnahmsweise wird es einmal gern gesehen, dass wir aus unseren wuchtigen Schuhen schlüpfen. Unsere Rucksäcke tragen wir durch die Küche auf den Balkon. Da auch in diesem Hause ein pelziger kleiner Tiger lebt, bleibt nur die Option unter freiem Himmel zu nächtigen. Das erscheint uns als eine hervorragende Alternative. Es ist schließlich warm genug und auch wenn wir nicht mehr unmittelbar am Meer sind, so riecht die Luft dennoch nach Ozean. Unser Blick gleitet über die Dächer kleinerer Häuser, wir schauen aber auch auf viereckige, gelbgefärbte, mehrgeschossige Gebäudekomplexe, in denen sich vermutlich ähnliche Apartments wie dieses befinden.

Die Wohnung, in der meine Cousine mit ihrer Familie lebt, ist etwa siebzig Quadratmeter groß und besteht aus verschiedenen Zimmern, die sternförmig von einem kleinen Flur abzweigen. Wanne und Waschbecken sind in einem anderen Raum als das WC. Neben dem Zugang von der Küche zum Balkon verbindet eine weitere Glastür den Außenbereich mit einem großzügig geschnittenen, hellen Wohnzimmer. Hier liegt haufenweise Kinderspielzeug herum, in dem sich die beiden Jungs wild kreischend beschäftigen. Vanessa hat ständig zu tun, sie immer wieder zu bändigen und dafür zu sorgen, dass der Große dem Kleinen nicht alles wegnimmt oder um die Ohren haut.

Wir nehmen an einem Tisch am Rande der guten Stube Platz und löschen unseren Stranddurst mit Wasser und Orangensaft. Währenddessen plaudern wir über alles Mögliche. Vanessa möchte wissen, wie es der deutschen Seite der Familie geht, während ich natürlich genauestens hören will, was die französischen Angehörigen so treiben.

Halb sieben schiebt sich ein Schlüssel in die Wohnungstür und Vanessas Mann Xavier kehrt von der Arbeit heim. Wir stellen uns vor. Der smarte ehemalige Insulaner trägt eine viereckige Brille mit dünnem, kupferfarbenem Rand und hat schwarzes, dichtes Haar, das zu einem Zopf gebunden, auf seinem Rücken ruht. Er arbeitet als Informatiker, einige Autominuten von Cannes entfernt.

Als die Kinder im Bett sind, essen wir zu viert ein sehr schmackhaftes asiatisches Gericht, das Vanessa gekocht hat. Sprachlich müssen wir von Deutsch auf Englisch umschalten, da Xavier sich sonst nicht am Gespräch beteiligen kann. Französisch und Tahitianisch sind die beiden offiziellen Sprachen seiner Heimat, die er im Alter von 18 Jahren verließ, um anderswo Karriere machen zu können. Als Informatiker, wie er selbst sagt, hätte er sich auf der Insel nicht weiterentwickeln können. Er hat schon in verschiedenen Teilen der Erde gelebt und gearbeitet, aber nachdem er meine Cousine in Frankreich kennengelernt hatte, schlug er hier neue Wurzeln.

Wir berichten von unserer Feststellung, dass Cannes lange nicht so nobel ist, wie wir anfangs dachten. Die beiden nicken, weisen aber auch auf die überdurchschnittlich hohe Dichte an Luxuskarossen hin. Erst kürzlich wurden sie Zeugen, wie eine vierköpfige Familie in einem Ferrari verschwand. Noch nie zuvor haben sie Kindersitze in einem solchen Wagen gesehen.

„Cannes is crazy!", lacht Vanessa. Meine Cousine ist einen halben Kopf kleiner als ich und kräftig gebaut. Ihre langen schwarzen Haare münden in einen lockeren Pferdeschwanz. An der Form ihres Gesichts und dem Ausdruck ihrer warmen braunen Augen habe ich sie, auch nach zwanzig Jahren, problemlos wiedererkannt.

Uns ist heute in der belebten Innenstadt aufgefallen, dass viele Autofahrer nicht an Zebrastreifen stoppen, um Fußgänger gewähren zu lassen. Einmal wurden wir sogar beschimpft, während wir vor einer wütend brummenden Motorhaube die Straße überquerten. Als wir unseren Gastgebern davon berichten, nicken sie eifrig. Für einen Fußgänger ist es in Cannes grundsätzlich besser, lieber nicht auf sein Recht zu pochen. Besonders vor alten, reichen Herren in teuren Wagen warnen sie uns. „Meistens halten sie erst einmal am Fußgängerüberweg an. Wenn sich der Passant in Bewegung setzen will, geben sie doch noch schnell Gas, um vor ihm davonzubrausen."

Entsetzt blicken wir Xavier an, der dieses Szenario schildert. „Viele sind zu alt, um noch richtig reagieren zu können im belebten Stadtverkehr. Da sie ihre Luxuskarren lieben, können sie es aber nicht lassen, damit herumzudüsen, und dann kommt es zu solchen Situationen", fügt er an.

„Und generell, was ist typisch französisch?", beginne ich mein erstes Interview in diesem Land.

„Wir Franzosen nörgeln leidenschaftlich gern", gesteht meine Cousine. „Auch wenn wir etwas gar nicht wirklich schlimm finden, lamentieren wir trotzdem. Solange wir uns ein wenig auslassen und beschweren können, geht es uns gut."

Neugierig schreibe ich mit. „Und das Land Frankreich? Was fällt dir dazu ein?"

„In erster Linie Käse, Camembert und so."

„Frankreich ist sehr vielfältig", schaltet sich Xavier ein. „Mir gefällt es, dass wir hier Berge, Küsten, sanftes Hügelland haben. Jede Region ist reich an Geschichte und hat neben ihren kulturellen Besonderheiten zahllose Sehenswürdigkeiten zu bieten", erklärt er.

„Für uns Franzosen ist es typisch, all diese Orte mit dem Auto zu bereisen", hakt Vanessa ein und outet ihr Volk als motorisierte Vielfahrer.

„Du warst ja schon in Deutschland. Was ist dir in Erinnerung geblieben?", erkundige ich mich weiter.

„Ihr seid sehr respektvoll und pflichtbewusst", fängt sie, ohne lange zu überlegen, an. „Ich erinnere mich noch sehr genau, wie unsere Väter damals einen Bootsausflug machten. Dabei kam es zu einem leichten Zusammenstoß mit einem im Hafen liegenden anderen Schiff. Während mein Papa das Ganze unter den Tisch fallen lassen wollte, da es ja sowieso keiner mitbekommen hatte, bestand dein Dad darauf, einen Zettel mit seinen Kontaktdaten zu hinterlassen. Für mich ein sehr eindruckliches Beispiel für die Unterschiede zwischen Franzosen und Deutschen", lacht Vanessa. „Und in Paris leben Freunde von uns. Sie fahren Mercedes und es dauerte nicht lange, bis man ihnen den Stern von der Motorhaube stahl. Daraufhin fanden sie ihren eigenen Weg, damit umzugehen: Sie suchten sich einen anderen Mercedes, nahmen sein Statussymbol einfach ab und platzierten dieses auf ihrem eigenen Auto. Natürlich kam irgendwann der nächste und entwendete auch ihr neu erworbenes Markenzeichen. Dann begann das Spiel einfach wieder von vorn ... So geht das nun schon eine ganze Weile friedlich immer so hin und her."

Wissentlich, dass dies nicht mehr als ein Klischee ist, fügt Vanessa am Ende noch die Lederhose als typisch deutsches Bild an.

Plötzlich vernehmen wir ein lautes Knallen. Durch das Fenster sehen wir, wie sich bunter Funkenregen über den Dächern der Stadt ergießt.

„Das ist typisch für das sommerliche Cannes", erklärt Vanessa. „Mehrmals im Monat gibt es eine solche Lichtexplosion."

Gemeinsam gehen wir auf den Balkon und beobachten das bunte Schauspiel aus der Ferne. Solch ein schönes und variantenreiches Feuerwerk habe ich

selten gesehen. Es endet mit herzförmigen Lichtpunkten, die auseinander-
fallen, ihre Form verlieren und sich zersetzen, lange bevor sie die Erde erreichen.

Auch für uns ist es an der Zeit, für heute Schluss zu machen und endlich zu
schlafen. Deutlich spüre ich die Müdigkeit, die sicherlich noch von der letzten Nacht rührt. Wir verabschieden uns von Vanessa und Xavier und breiten
unsere Isomatten und Schlafsäcke auf den glatten quadratischen Steinfliesen
aus. Genauso wie in Venedig tragen wir nur sehr dünne Kleidung, da die
Nacht so wunderbar sommerlich lau ist. Vanessa sagte zuvor: „Überall in
Frankreich kann das Wetter schlecht sein, hier in Cannes wird die Sonne
scheinen."

Ohne die schützenden Zeltwände schlafen wir in dieser Nacht das erste Mal
unter freiem Himmel. Der Vollmond taucht die Stadt in ein weißes Licht. Mit
einem ganz leichten Gefühl in der Brust schlafe ich ein.

Saintes-Maries-de-la-Mer, 13. August – Die Touristenphobie

Ich öffne meine Augen und blinzele in den hellen sonnigen Morgen. Die Luft
streicht mir über Gesicht und Arme. Motoren brummen, Autotüren klappen.
Fünf Etagen über den Dächern von Cannes liege ich mit halb geöffnetem
Schlafsack auf einem Balkon. Mein Körper fühlt sich schwerelos an. Wahrscheinlich ist so viel Sauerstoff in meine Lungen gedrungen, dass ich gleich
davonschwebe. Im Freien zu übernachten hat einen ganz besonderen Zauber.
So dünn Zeltwände auch sein mögen, es ist ein Unterschied, ob ich campiere
oder ganz unter offenem Himmel schlafe. Nur letzteres schafft es, ein ganz
eigenes Gefühl aus Unbeschwertheit und Natürlichkeit hervorzurufen.

Ich hebe meinen Kopf und blicke in die großen braunen Augen zweier Kinder,
die mit ihren kleinen Händen an der Glasscheibe der Tür kleben und beobachten, wie Cornelia und ich wachwerden. Wahrscheinlich fragen sie sich,
weshalb die beiden Tanten, deren Sprache so anders als ihre eigene klingt,
draußen schlafen. Ich glaube, es ist wenig sinnvoll, ihnen in meinem bruch-
stückhaften Französisch zu erklären, was eine Tierhaarallergie ist …

Teil für Teil verschwindet unsere Ausrüstung wieder in den Rucksäcken. Bei
den Isomatten angelangt, beginnen die Jungs, die uns nicht aus den Augen
lassen, freudig zu quietschen. Während des Zusammenrollens entweicht die
Luft mit einem rauschenden Zischen. Aufgeregt springen die Kinder von

einem Fuß auf den anderen und amüsieren sich köstlich über das Geräusch, das die orangefarbenen Rollen verursachen. Zum Frühstück gibt es selbstgemachtes Weißbrot, das Xavier am Vortag gebacken hat. Es ist nach einem Rezept aus seiner Heimat zubereitet und enthält Kokosmilch. Wir probieren eine riesige Scheibe davon mit einer Schicht Marmelade. Dann schlürfen wir noch einige Schlucke Cappuccino und müssen nach diesem leckeren Schlemmerfrühstück auch schon sehr bald auf Wiedersehen sagen.

Am Vortrag haben wir bereits Auskünfte zu unserer Weiterfahrt eingeholt. Die Mailänderin Anna hatte uns beim Abendessen in der Tiroler Bärenhöhle einen Reisetipp für Südfrankreich gegeben. So haben wir den Laptop von Vanessa und Xavier genutzt, um uns abzusichern, dass es dort einen Zeltplatz gibt. Wir kennen auch die Abfahrtszeiten des Zuges, den wir nehmen müssen, um in einigen Stunden im Küstenörtchen Saintes-Maries-de-la-Mer einzutreffen. Allein der Name klingt schon vielversprechend. In meiner Fantasie sehe ich das blaue Meer, träume von Palmen und schlendere durch schattige Gassen einer dünnbesiedelten Ortschaft. Ohne Schuhe laufe ich über einen weiten Strand, der mit seinen Sandkörnern meine nackten Fußsohlen sanft massiert. Überall riecht es nach Ozean, Möwen kreisen kreischend über mir und die Sonne scheint.

Nach herzlicher Verabschiedung mit den besten Wünschen für die Zukunft laufen Cornelia und ich zur nahegelegenen Hauptstraße, springen gerade rechtzeitig in einen Bus und brausen zum Bahnhof.

Dort angekommen, sichern wir uns am Schalter noch einmal ab, dass die Züge, die wir benötigen, auch wirklich ohne Zuschläge für Interrailer gelten. Mit der mündlichen Bestätigung im Kopf, dem Zettel mit der Verbindung nach Saintes-Maries-de-la-Mer in der Hand gehen wir zum Gleis. Palmen, außerhalb des Bahnhofes, winken den abreisenden Besuchern zu.

Unser Zug fährt ein. Wir betreten die Bahn und werden innerhalb weniger Minuten schockgefrostet. Schon wieder hocken wir in einem Fahrzeug mit übereifriger Klimaanlage. Es kann nur eine Frage der Zeit sein, bis wir uns erkälten. Schnell schlüpfen wir in alle Pullover und Jacken, die wir haben und verwandeln die Shorts in lange Hosen. Dann nicken wir ein, schrecken fröstelnd hoch, dösen weiter, werden erneut frierend wach, schlummern wieder leicht. Das geht so lange, bis wir in den lebhaften Bahnhof von Marseille einfahren. Laut der Informationen aus Cannes haben wir hier einige Zeit Aufenthalt und können dann mit einem weiteren Zug zu unserem Ziel fahren. Auf einer riesigen Anzeigetafel suchen wir die Verbindung, die auf dem Zettel in meiner Hand geschrieben steht. Erfolglos. An einem Informationsschalter erfahren wir, dass der Ort, in den wir wollen, gar keinen Bahnhof besitzen soll und nur per Bus erreichbar sei. Allerdings müssen wir zunächst mit noch einem Schienenfahrzeug erst einmal zum Busbahnhof gelangen. Und dieses startet bereits in weniger als einer Stunde – viel eher als gedacht. Eigentlich war geplant, Marseille einen Besuch abzustatten. Einige Freunde schwärmten mir von diesem Ort vor, weshalb ich sehr interessiert daran bin, ihn kennenzulernen. Mit dem vorhandenen Zeitfenster ist das allerdings unmöglich. Der Weg in die Innenstadt ist nicht innerhalb von fünf Minuten getan, wie wir beim Blick über die Stadt vom Bahnhofsvorplatz aus mutmaßen.

Wir lehnen uns an eine Mauer und grübeln. Sollen wir hier bleiben und diesen Ort besichtigen? Über seinen Dächern schwebt eine sonderbare Atmosphäre, die mich neugierig macht. Ich bin unentschlossen, ob sie mich anzieht oder forttreibt. Cornelia schlägt vor weiterzufahren. Wir wollen uns nicht darauf verlassen, dass die Reiseauskünfte dieses Mal stimmen. Da wir noch keinen Schlafplatz haben, sollten wir außerdem nicht zu spät ankommen. Des Weiteren zieht es uns in die Natur. Wir wollen nicht unter festen Hosteldächern nächtigen, sondern zelten. Das wäre hier in der zweitgrößten Stadt Frankreichs wohl kaum möglich. Oder doch? Ich erinnere mich an unseren venezianischen Campingplatz. Wir wollen unser Glück nicht herausfordern und es ist unwahrscheinlich, dass sich eine solche Situation wiederholt. Wir entscheiden uns also gegen Marseille, was mir nicht ganz so leicht fällt wie Cornelia.

Wenig später betreten wir einen Zug, von dem wir nicht so genau wissen, wie lange wir darin mitfahren müssen, bis wir nach Saintes-Maries-de-la-Mer umsteigen können. Die Bahn platzt aus allen Nähten und nur knapp gelingt es uns, einen freien Platz zu ergattern. Aus Mangel an Stauraum klemmen die Rucksäcke zwischen unseren Oberschenkeln. Eine Gruppe bayerischer Jungs ist auch auf Interrailreise, wie wir ihrer lebendigen Konversation entnehmen können. Es ist nicht das erste Mal, dass wir auf andere Interrailer aufmerksam werden. Auch in österreichischen, slowenischen und italienischen Bahnen erinnere ich mich, in den Händen anderer Passagiere solche Pässe gesehen zu haben. Die Geschichte dieses Tickets ist genauso lebhaft, wie die Erfahrungen, die sich damit sammeln lassen. Seit dem 1. März 1972 gibt es den Pass, der von mehreren europäischen Eisenbahngesellschaften angeboten wurde. Man wollte im Zuge des aufkommenden Rucksacktourismus, jungen Leuten eine preisgünstige Möglichkeit bieten, Europa kennenzulernen. Was im Einführungsjahr ausschließlich Leuten unter 21 Jahren vorbehalten war, galt vier Jahre später auch für bis zu 23 Jahre alte Bahnfahrer. 1998 wurde die Altersbegrenzung vollständig aufgehoben und sorgte nach dem drastischen Einbruch aufgrund der Preisanhebung im Jahr 1992 wieder für mehr Nutzer. Etwa 140.000 Reisende touren jährlich damit herum. Laut Bahn AG war seit 1972 jeder fünfte Passagier ein Deutscher. Sieben Millionen Reisende haben von dem Ticket bisher Gebrauch gemacht und Europa auf Schienen erobert. Die meisten Käufer feierte der Bahnpass im Jahr 1991. Nach Wegfall diverser Grenzen zwischen marktwirtschaftlich orientierten Staaten des Westens und planwirtschaftlich gelenkten kommunistischen Diktaturen tourten 400.000 Menschen per Interrail durch Europa.

Selbstverständlich ist es nicht, dass ich heute frei reisen darf. Es gibt viele Länder, in denen die Menschen nicht so ungebunden sind. Ein Blick in die deutsche Geschichte zeigt, dass es nicht nur eine Frage des Orts, sondern auch der Zeit ist, wie unbeschwert sich Menschen bewegen und ihre Wünsche ausleben dürfen. Denke ich an meinen Großvater, wird mir das deutlich bewusst. Im Jahr 1928 geboren, war er im zweiten Weltkrieg alt genug, als Soldat an der Front zu kämpfen. In der Nachkriegszeit, als junger Mann in der Blüte seines Lebens, plagten ihn Sorgen wie Hungersnöte, eiskalte Winter sowie Zerstörung und Wiederaufbau. Die innerdeutsche Grenze wurde 1961 errichtet. Zu dieser Zeit war er nur wenige Jahre älter als ich jetzt bin. In dem Jahr, in dem die Mauer fiel, zählte er 61 Jahre. Zusammen mit meiner Großmutter, die zu diesem Zeitpunkt noch lebte, besuchte er unsere französischen Verwandten. Eine Erfahrung, von der er heute noch schwärmt. Bevor er die Chance hatte, mehr von der Welt kennenzulernen, unterbrachen Krankheit, Tod seiner Frau und Verlust seines eigenen Augenlichts den beschwerlichen Lebensweg. Der Blick auf seine Biografie erfüllt mich mit Hochachtung, vor allem weil er trotz dieser widrigen Lebensumstände ein Mann ist, der mit seinen 86 Jahren ohne Bedauern und Selbstmitleid auf sein Leben blickt. Ich bewundere ihn zutiefst, möchte aber auf gar keinen Fall mit ihm tauschen und bin froh, in diese Zeit hineingeboren zu sein.

Die Ankunft des Schaffners reißt mich aus meinen Gedanken. Da wir noch immer nicht genau wissen, wo wir am besten aussteigen sollen, spreche ich ihn an. Entgegen meiner üblichen Vorgehensweise, eine Unterhaltung bestmöglich auf Französisch einzuleiten, starte ich jedoch gleich auf Englisch.

Weshalb? Vielleicht, weil ich so unsicher bin, wann wir den Zug verlassen müssen, und damit rechne, flink aufzuspringen. Jedenfalls kommuniziere ich in der Weltsprache mit ihm. Daraufhin schüttelt er nur müde den Kopf und erwidert etwas in seiner Landessprache. So gut es geht, beginne ich unser Anliegen auf Französisch vorzutragen. Ich stottere gerade einige Sekunden vor mich hin, als er plötzlich ein überlegenes Lächeln aufsetzt und mich im flüssigen Englisch belehrt: „Sie müssen schon erst fragen, ob ihr Gegenüber auch Englisch beherrscht. Es gehört sich nicht, ein Gespräch sogleich in dieser Sprache zu beginnen."

Mir fällt die Kinnlade herunter, so überrascht bin ich über die Wendung. Ich nehme meine Sinne schnell wieder zusammen und fahre unbeirrt auf Englisch fort: „Wir möchten nach Saintes-Maries-de-la-Mer reisen. An welcher Station müssen wir aussteigen?"

„Bei der nächsten", erwidert er und verschwindet im engen Gang.

Hektisch zerren wir unsere festgeklemmten Beine aus der vollgestopften Sitzreihe, ziehen die Rucksäcke hervor und drücken uns in den überfüllten Eingangsbereich. Menschen und Gepäckstücke lagern dicht an dicht vor den Türen. Hätten wir gewusst, dass der nächste Halt noch einige Zeit auf sich warten lässt, wären wir nicht so schnell in die Massen getaucht. Mühsam halten wir uns aufrecht, während der Zug in Kurven schaukelt.

Am Bahnhof von Arles, einer Gemeinde mit rund 50.000 Einwohnern im Süden Frankreichs, erkämpfen wir uns den Weg in die Freiheit. An einem Auskunftsschalter berichten wir von unserem Ziel. Auch hier bekommen wir zu hören, dass tatsächlich keine Bahn dorthin verkehrt. Wie die Mitarbeiterin in Cannes uns dennoch eine Zugverbindung notieren konnte, bleibt ein unlösbares Rätsel.

Trotz stark voneinander abweichender Auskünfte gelingt uns nach einstündiger Busfahrt zum frühen Nachmittag die Ankunft im Bestimmungsort. Bei der Einfahrt des Busses in die kleine Siedlung kommt es uns zunächst so vor, als handele es sich um einen echten Geheimtipp. Nur wenige Urlauber scheinen an diesem alten Wallfahrtsort in der Camargue interessiert zu sein. Die Landschaft befindet sich zum größten Teil zwischen den beiden Mündungsarmen der sich nördlich von Arles teilenden Rhône. In diesem Gebiet herrscht ein Wechselspiel zwischen Land und Wasser. Die Elemente lösen sich ab, gehen ineinander über, schaffen eine Sumpf- und Seelandschaft, in der Flamingos, weiße Camargue-Pferde sowie schwarze Stiere beheimatet sind. Wir freuen uns auf ausgedehnte Wanderungen durch das weite Areal und den rosafarbenen Vogel, der mit seinen langen Beinen durch das Wasser stakst. Je weiter der Bus in den Ort hineinfährt, umso lauter zerplatzen unsere Fantasien. Auf einmal wimmelt es von Touristen. In der Nähe des Campingplatzes steigen wir aus, wandern mit hängenden Köpfen an kilometerlangen Schlangen von Wohnmobilen vorbei und finden uns in einer langen Reihe von Menschen wieder, die hier ebenfalls einchecken wollen. Das haben wir noch nicht erlebt. Zuvor waren vielleicht maximal zwei oder drei Personen vor uns, aber nie so viele, dass wir insgesamt mehr als eine Stunde lang anstehen mussten. Cornelia und ich haben das Sprechen aufgegeben, weil ohnehin jede weiß, was die andere denkt: Am liebsten möchten wir vor den Massen wegrennen und unser Zelt an einem verlassenen Strandabschnitt aufstellen. Da wir nun aber einmal hier sind und heute auf die Schnelle auch keine Alternative finden werden, checken wir ein. Ein Plastikbändchen, das Wahrzeichen des Cluburlaubers, landet in unseren Geldbörsen statt am Handgelenk. Mit einer Platznummer im Gepäck trotten wir zu dem uns zugeteilten Rasenabschnitt. Ebenfalls eine Erfahrung, die wir bisher noch nicht machen mussten: Für unser Zweipersonenzelt wählten wir stets selbst ein gemütliches Fleckchen. Unser Weg führt an Swimmingpool, Kinderspielplatz, Geschäft, Café und unzähligen weiß glänzenden Wohnwagen vorbei. Ein Pick-up mit einem Lautsprecher auf dem Dach überholt uns und kündigt dröhnend eine Abendveranstaltung an. Wir fragen uns, ob es an unserer Art zu reisen liegt, dass wir hier landen konnten. So haben wir vorab nur Basisinformationen eingeholt und lediglich einen groben Kringel um die Provence gezeichnet. Als wir am Vortag bei Vanessa und Xavier online recherchierten, schauten wir nach Ortschaften innerhalb dieser Region. Sie mussten mit öffentlichen Verkehrsmitteln gut erreichbar sein und vor allem einen Campingplatz besitzen. Mit den Worten von Anna im Kopf entschieden wir uns für Saintes-Maries-de-la-Mer – eine Siedlung, die alle Bedingungen erfüllte. Ich gebe mir die Schuld daran, zuhause nicht sorgfältiger geprüft zu haben, wo in der Provence es verlassene Orte gibt, an denen wir in Ruhe zelten und wandern können. Cornelia erinnert mich daran, dass wir einvernehmlich hierhergekommen sind, weil wir dem Tipp der Mailänderin folgen wollten. Wir sind uns einig, dass wir mehr hätten nachfragen sollen. So ist uns nicht bekannt, zu welcher Jahreszeit sie hier war und auf welche Weise sie am liebsten reist. Vielleicht ist sie lange nicht so allergisch auf Touristen wie wir.

Zum ersten Mal wird uns heute ein Nachteil bewusst: Beim Umherziehen mit öffentlichen Verkehrsmitteln sind wir dazu gezwungen, in festgelegten Bahnen zu bleiben. Strukturen, die für Millionen Personen geschaffen wurden, gelten auch für uns. Es ist nicht möglich, einen ungeliebten Platz ohne weiteres wieder zu verlassen. Stationen und Fahrpläne geben den Rahmen vor. Als Autofahrerinnen würden wir jetzt einfach so lange umherkurven, bis wir einen gemütlichen Zeltplatz gefunden hätten. Aber Busse und Zügen diktieren uns ihre Regeln, nicht umgekehrt. Auch wenn uns diese Tatsache momentan ziemlich stört, wollen wir das Beste aus der Situation machen. Es ist schließlich nicht das Allerschlimmste, direkt am Meer an einem heißen Sommertag verweilen zu müssen. Und unter dem Strich erfreut uns das Reisen mit öffentlichen Verkehrsmitteln mehr, als dass es einschränkt – trotz des Nachteils. Bisher ist es uns in jedem Land gelungen, eine glückliche Zeit zu verbringen. Und wenn es gar nicht anders geht, müssen wir eben per Anhalter fahren … Der Kontakt zu den Menschen, die unsere Reisen zu etwas Besonderem machen, wäre nie zustande gekommen, wenn wir uns unters Mietwagenvolk gemischt hätten. Es steht fest: Auch kommende Reisen werden mit allgemein zugänglichen Fahrzeugen oder mit erhobenem Daumen bestritten!

Heftiger Wind, der energisch über den Platz fegt, lenkt unsere Gedanken blitzschnell in eine andere Richtung. Beim Versuch, das Zelt aufzustellen, setzt sich eine kräftige Böe unter den Stoff. Nur weil wir beide schnell genug reagieren und es mit vier Händen vehement festhalten, kann es nicht entkommen. Die steife Brise pustet so heftig, dass wir befürchten müssen, gleich selbst mit abzuheben. Deutsche Camper von gegenüber werden auf unser Ringen aufmerksam und bieten ihre Hilfe an. Dankbar akzeptieren wir und stellen zu viert unser Nachtlager auf. Erst nachdem alle Heringe fest in der Erde verankert sind und das Gepäck eingeräumt ist, müssen wir keine Bedenken mehr haben, morgen auf einer Wolke aufzuwachen.

Die Innenstadt zeichnet sich durch flache, weißgetünchte Häuser aus. Aus ihrer Mitte ragt das älteste und imposanteste Bauwerk dieses Ortes: Die Wehrkirche Notre-Dame-de-la-Mer. Schon von weitem lassen sich ihre Zinnen erkennen. Je näher wir kommen, umso besser sehen wir, wie sich Menschen auf ihrem Dach tummeln. Fasziniert von der Möglichkeit, ein Kirchendach besteigen zu können, gehen auch wir hinauf. Kraxelnd gelangen wir ganz nach oben und genießen einen Panoramablick über den Ort und die weitläufige flache Camargue, die sich über ein Terrain von rund 930 Quadratkilometern erstreckt. Der größte Teil davon wird landwirtschaftlich zum

Gemüse-, Obst- und Reisanbau sowie zur Viehzucht gebraucht. Sehr lange verweilen wir und lassen uns die Haare durcheinander wedeln. Die Sonne scheint, verwöhnt unsere Gemüter.

Wieder unten angekommen, führt unser Weg durch die windgeschützten, aufgeheizten Gassen. Von der Beschaulichkeit, die einst in dem Fischerdorf geherrscht haben soll, spüren wir nicht mehr viel. Auf engstem Raum reiht sich ein Restaurant an das nächste, Cafés, Snackbars, Souvenirshops, Eisdielen und Ferienunterkünfte liegen dicht an dicht.

Nach einem Einkauf im Supermarkt zieht es uns ans Wasser. Natürlich versuchen wir, den Touristen zu entkommen, womit wir kläglich scheitern. Kilometerweit spazieren wir am Ozean entlang, ohne einen ruhigeren Abschnitt zu finden. Schließlich halten wir an einer steinigen Mole an. Hier tummeln sich nur ein Angler sowie ein kleiner Junge, der mit einem Kescher auf Krebsjagd ist. Wir platzieren uns so, dass die endlos langen Wohnwagenreihen in unserem Rücken liegen und nur das weite Meer vor den Augen tanzt. Auf diese Weise gelingt es, das französische Klischee-Dinner aus Käse, Rotwein und Baguette zu genießen.

Mein Blick ruht auf der tiefblauen Fläche. Mein Herzschlag geht langsam. Mein Kopf freut sich über das Privileg, solange unterwegs sein zu dürfen und immer wieder neue Eindrücke zu gewinnen. Auch wenn ich Stunden zuvor noch lamentiert habe, fühle ich mich jetzt sehr erfüllt. Dieser Ort hat mit der ruhigen, schweizerischen Bergwelt so gar nichts gemeinsam. Auch kann ich mir nur schwer vorstellen, dass es hier einen Aleksander gibt, der sich dafür bedankt, dass wir an diesem Platz Urlaub machen – bei der Konkurrenz! Dennoch genieße ich die Vielfalt unserer Tour in vollen Zügen, auch wenn hin und wieder ein Puzzleteil dabei ist, dem ich eine andere Form verpasst hätte, damit es sich ein wenig besser einfügt. Aber wie gesagt, es gibt Schlimmeres, als einen lauen Sommerabend am Meer verbringen zu müssen …

Saintes-Maries-de-la-Mer, 14. August – Flamingos, Sand und Sonne

Unser Zelt ist die ganze Nacht von heftigem Wind gebeutelt worden, aber glücklicherweise nicht mit uns davon geflogen. Damit das so bleibt, beginnen wir den Tag mit einem nahrhaften Frühstück, bestehend aus Honigbaguettes und zwei Bechern Kaffee.

Bisher war ich insgesamt doch eher schüchtern, was die Anwendung der französischen Sprache betrifft. Weil ich mich kenne und genau weiß, dass ich mich mächtig ärgern würde, käme ich nach Hause, ohne mich verbessert zu haben, schlendere ich nach dem Essen zu unseren französischen Nachbarn. Das ältere Ehepaar campiert mit seinem Enkelsohn in einem mittelgroßen Wohnwagen. Ich stelle mich vor und frage nach einem Autoatlas oder etwas anderem, auf dem das Land abgebildet ist.

Stolz kehre ich mit einem dicken Wälzer zu Cornelia zurück. Wir dürfen das Buch in Ruhe anschauen und müssen es nicht gleich wieder abgeben. Mit der Absicht, das nächste Ziel auszukundschaften, blättern wir emsig durch. Wenn ich ganz langsam lese, verstehe ich sogar einige Angaben zu Region, Landschaft und Kulinarik. Neben den Autorouten enthält die Lektüre nämlich auch zahlreiche Hinweise für Besucher.

Erst in einigen Tagen wollen wir Großonkel und -tante in Bourg-en-Bresse, einer Region in den Rhône-Alpes, besuchen. Zuvor möchten wir noch einmal irgendwo wandern gehen, uns aber nicht zu weit vom nächsten Verabredungspunkt entfernen. Ein Ort namens Chambéry erweckt unsere Aufmerksamkeit. Laut Beschreibung liegt er in hügeliger Gegend, besitzt einen Bahnhof und in der Nähe gibt es Campingplätze. Unsere Entscheidung steht. Ich bringe den Atlas zurück und gebe Antworten auf die Fragen, ob wir fündig geworden seien und wohin wir als nächstes reisen werden.

Erst gegen Mittag schnüren wir die Wanderschuhe und machen uns auf den Weg. Im Tourismusbüro erfahren wir von einem Pfad, der angenehm zu laufen sein müsste und uns einen schönen Einblick in die außergewöhnliche Landschaft gewährt. Mit dem Plan in der Hand geht es zunächst ortsauswärts. Da die Karte leider nur sehr grob abbildet, wie die Route verläuft, tun wir uns schwer, den Einstieg zu finden. Eine ganze Weile laufen wir entlang einer Landstraße, werden von den vorbeisausenden Autos unsanft überholt und passieren eine Pferdekoppel nach der anderen. Reittourismus wird hier ganz groß geschrieben und drängt uns als Wanderinnen in eine Außenseiterposition.

Die Angestellte eines Reiterhofes schaut uns zunächst ungläubig an, bis ihr eine Idee kommt, wo wir entlang müssen. Angeblich beginnt der gesuchte Pfad ziemlich genau an unserem Campingplatz. Enttäuscht, uns so lange gedulden zu müssen, bis wir endlich auf abgelegene Wege gelangen, kehren wir fast bis zu unserem Ursprungsort zurück. An einer Abzweigung, an der zuvor schon Reiter eingeschwenkt sind, wie wir an den Spuren erkennen können, biegen auch wir ein. Wir laufen, wie wir gerade Lust haben, und geben die Suche nach dem Wanderweg auf.

Die Camargue, das Deltagebiet des Flusses Rhône, ist ein sumpfiger Landstrich, der mir das Gefühl verleiht, unglaublich viel Bewegungsfreiheit zu besitzen. Während ich fasziniert die ausgedehnte Natur bestaune, brennt die Sonne heiß auf die Erdfläche, auf der kein Schatten zu finden ist. Staubige Pfade reichen bis weit in die Ferne. Flaches Buschwerk wächst sparsam heran, der rissige graue Boden ist von dünnen Linien durchsetzt. Auf weiten Wasserflächen tanzen Tausende Flamingos. Bis auf ein paar winzige, weiße Wolken ist der Himmel strahlend blau.

Wir wandern so lange, bis wir einen hervorragenden Rastplatz an einer von Sträuchern bewachsenen Stelle erreichen. Das Fleckchen Erde bohrt sich wie eine Zunge in das nasse Zuhause der rosafarbenen Vögel. Ein kümmerlicher Kahn schaukelt sanft auf den Wellen. Möwen kreisen schreiend darüber. Eine einzige Ente, die in dieser Unterzahl nicht willkommen scheint, erkämpft sich schnatternd gegen die anderen Federtiere mühselig ihre Daseinsberechtigung.

Nach einer Weile rappeln wir uns auf und verlassen das Gebiet langsam. Während unser Blick sich lange in menschenleerer Weite verlieren durfte, passieren immer wieder Reitergruppen. Das touristische Geschäft mit den majestätischen Tieren gefällt uns gar nicht. Wie auf einem Fließband werden

Unendliche Weite in der Camargue

Menschen auf Pferderücken durch die Camargue geschleust. Weder aus Sicht der Tiere noch aus den Augen ihrer Besitzer, noch vom Standpunkt der Reiter aus betrachtet, können wir dieser Aktivität etwas abgewinnen. Für mich hat das Ganze nichts von Westernromantik. Die Pferde traben eng nacheinander durch die Landschaft. Ein Reiseführer reitet vorneweg und sorgt dafür, dass die Kette der im Sattel sitzenden Touristen nicht auseinanderreißt. Dass die Tiere diese Form des Ausritts genießen, glaube ich nicht. Beim Anblick manch übergewichtigen Urlaubers tun mir die Pferde regelrecht leid.

Wenig später im Supermarkt verstehe ich die Welt heute zum zweiten Mal nicht: Cornelia wartet am Bäckerstand, während ich Käse und Wassermelone besorge. Ich reihe mich mit meinen Waren in eine ziemlich lange Schlange an der Kasse ein. Vor mir steht ein tiefgebräunter Herr mit schwarzen langen Locken, zusammen mit einem jugendlichen Mädchen. Erst als die beiden zu sprechen anfangen, erkenne ich sie als Deutsche. Zunächst plaudern sie belanglos über weitere Reiseziele, dann über ihr Abendessen. Als das Thema auf den gekühlten Weißwein in den Händen des Mannes kommt, beginnt es peinlich zu werden. Die Kassiererin ist schwer damit beschäftigt, die vielen Einkäufer abzurechnen, um dann wieder aufs Neue Unmengen an Waren durch den Scanner zu schicken. Ich habe nicht den Eindruck, dass sie herumbummelt. Der Typ vor mir beginnt allerdings damit, nervös von einem Bein auf das andere zu treten. Dann wippt er mit seinen Zehen, pocht mit den Fingern auf das Glas der Flasche. Leider öffnet er auch seinen Mund und beginnt sich zu beklagen: „Das muss doch schneller gehen! Wieso dauert es so lang?"

Betreten wende ich mich ab. Ich schäme mich für ihn.

Er macht weiter: „Mein Weißwein wird ganz warm. Das kann es doch nicht geben." Das Teenie Girl neben ihm schweigt. „Es war nicht leicht, einen erfrischenden Wein zu finden. Bei dieser Hitze will ich ihn gekühlt trinken. Das muss hier schneller gehen", wettert er.

Ich schüttele den Kopf und hoffe, dass nicht allzu viele der Wartenden unsere Sprache verstehen.

Zielstrebig steuert er aufs Finale seiner Nörgelei zu: „Wenn an deutschen Kassen so gearbeitet werden würde, …"

Und dann ist er an der Reihe.

Ich unterdrücke meinen Wunsch, einmal kräftig an seinen schwarzen Löckchen zu ziehen. Stattdessen lächele ich, als ich kurz darauf an der Reihe bin, die Kassiererin freundlich an und bezahle meine Waren.

Hätte ich dem Typen sagen sollen, wie peinlich er ist und welches unsympathische Bild des deutschen Touristen er auf diese Art und Weise entstehen lässt? Es wäre richtig gewesen, ihm klarzumachen, wer hier der Gast ist. Wenn er nicht in der Lage ist, sich anderen Gegebenheiten anzupassen, dann soll er doch zuhause bleiben!

Natürlich gibt es Dinge, die auch mich auf die Palme bringen. In Venedig scheinbar wahllos hin und her geschickt zu werden, hat mir wenig Freude bereitet. Dennoch sind Cornelia und ich gegenüber den befragten Italienern stets freundlich geblieben und haben unseren Unmut über die prekäre Übernachtungssituation auch nicht laut kundgetan.

So viel Anstand muss sein.

Bisher haben die Deutschen in meinen Befragungen nicht allzu schlecht abgeschnitten. Es gab zwar Feststellungen, wie die von Jaroslav, dass wir neben den Engländern und Dänen als ziemlich laut und auffällig gelten, aber diese waren nur ein kleiner Wermutstropfen unter vor allem positiven Eigenschaften. In der Schweiz hagelte es zugegeben heftigere Schelte für Überheblichkeit und Wichtigtuerei, aber alles in allem hatte ich in keinem Gespräch das Gefühl, meine Landsleute haben einen Ruf, für den ich mich genieren müsste. Ich hoffe nicht, dass sich meine Gesprächspartner nur so lobend geäußert haben, weil ich aufgeschlossen lächelnd vor ihnen saß.

Mit der Wassermelone auf dem Arm schlendern wir zum Strand. Heute wollen wir noch eine Runde schwimmen gehen, bevor wir uns morgen von der südfranzösischen Küste verabschieden. Ganz erstaunt, dass wir sehr schnell an einen Strandabschnitt gelangen, an dem sich nur wenige Badegäste tummeln, breiten wir unsere Sachen aus. Wir hocken auf einem Stein, die Füße stecken im weichen Sand. In unseren Händen halten wir je ein riesiges Stück Melone, das genüsslich in den Mund wandert. Plötzlich wirbelt ein starker Wind große Mengen an Sand auf und schleudert die winzigen Körnchen gegen unsere nackte Haut. Es ist, als würden sich Tausende Nadeln in unsere Rücken bohren. Die Melone verwandelt sich innerhalb von Sekunden in eine dreieckige Sandburg. Als die Böe vorübergezogen ist, kratzen wir uns den Staub von den Zungenspitzen, blinzeln irritiert und spülen das rote Fleisch mit Mineralwasser ab. Dann essen wir weiter. Für etwa fünf Minuten haben wir unsere Ruhe, bis der nächste Sandsturm über uns hinwegfegt. Nachdem wir das Spiel drei Mal mitgemacht haben und die Melone vollständig aufgegessen ist, brechen wir auf. Mit einem kurzen Abstecher im Meerwasser verabschieden wir uns von diesem ungastlichen Strand. Jetzt verstehen wir, weshalb hier so wenig los ist. Wir brauchen uns gar nicht einzubilden, dass wir in dieser Touristenhochburg den Ruheplatz schlechthin gefunden hätten!

Auf einer Steinmole, in der Nähe unseres Campingplatzes, lassen wir den Tag ausklingen. Ein fantastischer Ort, um die Abendröte zu betrachten. Die Sonne entflammt den Himmel und taucht Stück für Stück hinab. Dann verschwindet sie beinahe klammheimlich, so als hätte sie nichts mit dem Feuer, das sie hinterlässt, zu tun. Zurück bleibt ein rosaroter Streifen, der wie ein dicker Pinselstrich über dem Horizont ruht. Es dauert nicht lange, bis er sich auflöst und den Farben der Nacht Platz macht.

Aix-les-Bains, 15. August – Zu hohe Erwartungen?

Nicht wissen, wo ich heute Abend schlafen werde. Nicht ahnen, wie ein neuer Ort aussehen wird. Keine Idee davon haben, wann ich eintreffe. All das macht für mich den Reiz vieler Reisetage aus. Ich habe keine überzogenen Erwartungen und meistens zeige ich mich am Tagesende glücklich darüber, wie sich die Dinge entwickelt haben. Manchmal bin ich vor Begeisterung sogar sprachlos – so wie in Venedig auf dem Hinterhof. Natürlich befinden sich in meinem Kopf Bilder von Landschaften, Menschen, Städten, bevor ich irgendwo neu ankomme. Ob nun aus Büchern, in denen ich vorab schmökerte, aus Erzählungen von Familie und Freunden oder aus einer Quelle in meiner Fantasie, die ich selbst nicht so genau kenne – aber ich habe eine Ahnung davon, was sein könnte. Mit diesen Entwürfen meiner Gedankenwelt mache ich mich immer wieder auf den Weg zu einem neuen Fleckchen Erde. Auf meiner Fahrt dorthin gebe ich mir die größte Mühe, dass meine Vorstellungen nicht zu starren Erwartungen mutieren. Wünschen und Träumen ist in Ordnung, aber Festklammern meide ich.

Soweit die Theorie. Heute brechen wir zu unserer letzten Natur- und Zeltstation auf, bevor dann feste Verabredungen in Bourg-en-Bresse und in Le Havre in der Normandie auf uns warten. Die finalen Tage in Paris stehen zwar zu unserer freien Verfügung, sind allerdings abgezählt. Das Rückfahrtticket wartet bereits auf seinen Einsatz und erinnert mit erhobenem Zeigefinger an das Ende einer sehr langen Reise. Jedenfalls stehen wir vor der letzten Möglichkeit, noch einmal in schöner Umgebung zu wandern und auf malerischem Grund zu campieren. Genau das will ich so sehr. Und genau das ist mein Problem.

„Wir möchten gern zelten. Wo ist das möglich?", höre ich Cornelia auf Englisch sagen.
Der Bahnangestellte schiebt seine Brille hoch, kratzt sich am Bart. „Hier in Chambéry gibt es keinen Campingplatz. Ihr könnt allerdings mit dem Bus nach Aix-les-Bains fahren. Dort müsstet ihr fündig werden."
Es ist circa 17:00 Uhr, wir befinden uns in Chambéry – einer Stadt in den Rhône-Alpes, die 270 Meter über dem Meeresspiegel liegt. Auf der Zugfahrt hierher klebten wir erwartungsvoll an den Scheiben. Wir hofften, die Landschaft würde noch etwas bergiger, dünner besiedelt und naturbelassener werden. Als wir ausstiegen und zum Informationsschalter gingen, bezweifelten wir, das Gesuchte hier auch zu finden. Zu hören, dass es keinen Zeltplatz gibt und wir noch weiterfahren müssen, um selbigen zu erreichen, erfreut mich eher, als dass es mir missfällt. Vielleicht tauchen wir dadurch doch noch in die so sehr herbeigesehnte Natur ein.
Nach einer knapp dreißigminütigen Busfahrt werden wir, zusammen mit einem weiteren Fahrgast, in Aix-les-Bains herausgelassen. Die Gemeinde zählt grob 30.000 Einwohner, liegt am östlichen Ufer des Lac du Bourget und besitzt den größten Süßwasser-Yachthafen Frankreichs. Einst war sie vor allem wegen ihrer heißen Schwefelquellen eine Ferienhochburg für fürstliche Familien und andere wohlhabende Besucher. Heute sind die Thermaleinrichtungen nicht mehr das Hauptgewerbe des Ortes. Den Verlust an Kurgästen versucht die Stadt, dank ihrer günstigen Lage durch die Entwicklung von Tourismusangeboten auszugleichen. Herzlich Willkommen Cornelia und Mady! Genau das wollten wir am allerwenigsten. Das Schicksal klopft uns fies grinsend auf die Schultern und streckt uns frech die Zunge heraus.
An einer großen Straße stehend, halten wir gerade Ausschau nach einem Wegweiser zum versprochenen Campingplatz, als sich die Wolken über uns in eine schwarze Masse verwandeln. Ein fetter Tropfen knallt uns vor die Füße.
„Wie weit ist es bis zum Zeltplatz?", halten wir einen Taxifahrer an.
„Zwei bis drei Kilometer", schätzt er. Wasserspritzer sammeln sich auf meinen Brillengläsern.
„Acht bis zehn Euro?", hake ich nach.
Er nickt. Wir steigen ein. Er dreht den Zündschlüssel und fährt los.
Innerhalb weniger Sekunden setzt ein so starker Regen ein, dass die Scheibenwischer kaum noch hinterherkommen. Sintflutartig ergießt sich alles Wasser, das der Himmel bevorratet hat, über den PKW. Ich drehe mich zu Cornelia

um, die auf dem Rücksitz Platz genommen hat. Mit einem kurzen Nicken bestätigen wir einander, richtig gehandelt zu haben. Wären wir, wie geplant zu Fuß gegangen, könnten wir bereits jetzt unsere Unterwäsche auswringen.

„Hier befindet sich ein ganz kleiner Campingplatz, weiter oben existiert jedoch noch ein großer", stoppt der Taxifahrer an einer Einfahrt.

„Wir bleiben hier", antworte ich ihm auf Französisch.

Ein Schild mit der Aufschrift: „Wir sind ausgebucht" hält uns vom Aussteigen ab. Unser Chauffeur ist äußerst geduldig und bietet an, dass ich an der Anmeldung nachfrage, während er wartet und auch Cornelia noch im trockenen Auto sitzen bleiben darf.

Ich reiße die Tür auf und sprinte durch den heftigen Regen zur Rezeption. Das winzige Büro ist unbesetzt. Während ich verharre, stecke ich immer mal wieder meinen Kopf heraus und halte Ausschau. Nichts tut sich. Auch wenn der freundliche Fahrer das Taxameter längst ausgeschaltet hat, so wollen wir seine Rücksichtnahme nicht ausreizen. Wir beschließen zu pokern und gehen davon aus, einen Platz für unser kleines Zuhause zu bekommen. Der Wagenlenker schleppt unser Gepäck in das Büro und braust davon.

Nach einer ganzen Weile kommt ein kräftiger Mann mit Glatze in unser Blickfeld. Er schiebt eine Schubkarre vor sich her und erweckt den Eindruck, hier zu arbeiten. Wir winken ihn heran. Bestmöglich erkläre ich ihm unser Anliegen auf Französisch. „Strom brauchen wir nicht", füge ich überflüssigerweise hinzu und entlocke ihm damit ein Lächeln.

Daraufhin setzt er sich in Bewegung, läuft zu einem winzigen freien Rasenstück zwischen Zaun, Caravan und Büschen und signalisiert uns, ihm zu folgen. Wir nicken und versuchen damit zum Ausdruck zu bringen, dass wir verstanden haben, wo wir aufbauen dürfen. Zunächst möchten wir den Regenguss, der noch immer heftig wütet, lieber im Gebäude abwarten. Der Mann im strahlend blauen T-Shirt winkt allerdings erneut. Dann verlassen wir den geschützten Raum und eilen zu ihm. Unter dem Vordach unserer Nachbarn kommen wir zum Stehen. Der etwa Sechzigjährige deutet auf den Bereich vor unseren Nasen, nickt freundlich und gibt uns zu verstehen, dass wir starten können. Dann verschwindet er mit seiner Schubkarre im strömenden Regen. Verwundert schauen wir ihm nach. Bemerkt er das viele Wasser, das sich stetig über ihn ergießt, denn gar nicht? Er dreht sich noch einmal zu uns um, woraufhin wir so tun, als würden wir geschäftig in den Rucksäcken wühlen und nach dem Zelt suchen. Damit wollen wir ihm zeigen, wir haben seine Angaben verstanden und werden mit dem Errichten unseres Lagers starten. Dass wir zunächst im Schutze des Stoffdaches auf ein Nachlassen des Unwetters warten wollen, scheint für ihn keine Option zu sein.

Nach einigen Minuten nieselt es nur noch leicht. Zügig stellen wir unser Lager auf und schlüpfen in warme Kleidung. Der Temperaturunterschied zur Côte d'Azur ist spürbar, aber vor allem die Feuchtigkeit sorgt für ein unangenehmes Gefühl in den Knochen.

Fröstelnd machen wir uns auf den Weg, die Umgebung zu erkunden. Der Regen hat zum Glück Feierabend gemacht – ganz im Gegensatz zu dem Bowlingcenter, der Pizzeria und etlichen anderen Lokalen, die diesem Ort jegliche Natürlichkeit genommen haben.

Es ist schon sehr sonderbar, dass wir ausgerechnet heute, wo wir auf den perfekten Campingplatz in bester grüner Lage hofften, mit Wassermassen übergossen und mit touristischer Infrastruktur bestraft werden. Da frage ich mich doch ernsthaft, wie das funktioniert: Einerseits surfen wir auf der größten Glückswelle, die es gibt, und andererseits wird rigoros abgerechnet, weil wir zu gierig waren. Existiert da irgendetwas Ungreifbares über uns oder ist es das simple Ergebnis aus überzogenen Vorstellungen und zu hohen Erwartungen?

Aix-les-Bains, 16. August – Kühles Blau

Die Sonne scheint und begrüßt den Zeltplatz, der klein ist, zum Glück keinerlei Unterhaltungsangebote offeriert und mit einem sauberen Waschraum punktet. Verschlafen schlendere ich aus der Dusche. Von den gestrigen Sehnsüchten habe ich Abschied genommen. Dadurch gelingt es mir zu erkennen, wie schön es hier ist. Der Platz ist ruhig, das Wetter gut und – jetzt wo die Wolken verschwunden sind – präsentieren sich stattliche Berge.

Anstatt sie zu verteufeln, nutzen wir die Angebote und genießen ein sehr ausgedehntes Frühstück auf der Terrasse einer bekannten Fast-Food-Kette. Ein Espresso mit Brownie ist schließlich nicht die härteste Strafe.

Den sommerlichen Tag verbringen wir mit Spaziergängen durch Gassen und über Plätze, bummeln in einem Park, von dessen Hügel aus wir eine ausgedehnte Sicht auf Stadt, Berge und See besitzen. In der Innenstadt winken verschiedenfarbige Markisen den shoppinglustigen Passanten zu. Menschen sitzen auf den Terrassen von Lokalen und über ihnen schwebt ein bedrohlich dunkles Dach aus Wolken. Glücklicherweise hält es dicht und lässt kein Wasser auf die glatten und sorgfältig verlegten Pflastersteine prasseln.

Da wir dies noch nicht getan haben, lassen auch wir uns in einem Café nieder und naschen einen riesigen Crêpe mit Sahne. In einer Käserei erstehen wir ein großes Stück des aromatischen Milchprodukts, bei einer Bäckersfrau kaufen wir frisches Baguette. Kurzum: Wir genießen die Zeit mal wieder in vollen Zügen – auch wenn wir damit am Vortrag so unsere Startschwierigkeiten hatten.

Aller Unmut über unerfüllte Erwartungen ist wie weggeblasen, als wir zum Abend am Lac du Bourget, dem größten natürlichen See, der vollständig in Frankreich liegt, sitzen. Er besitzt eine Fläche von etwa 45 Quadratkilometern und ist circa 18 Kilometer lang. Seit Menschengedenken war der 145 Meter tiefe See noch nie zugefroren.

Das von Bergen gesäumte Gewässer strahlt tiefblau. Sanfter Wind pustet über die Oberfläche und erzeugt kleine Wellen. Vereinzelte schneeweiße Wolken hängen in den Bergspitzen. Die untergehende Sonne taucht unsere Gesichter in ein warmes Orange. Eine angenehme Frische liegt über der Landschaft. Unsere Körper sind in wärmende Jacken gehüllt. Vor 24 Stunden saßen wir bei salziger Hitze am Meer, jetzt blicken wir auf kühles Blau.

Bourg-en-Bresse, 17. August – Familientreffen

Ungehalten keift sie ihre beiden Mitreisenden an, die daraufhin einen erschrockenen Schritt zurück tun. Dann rennt sie in das Café hinter mir, hastet weinend wieder heraus. Mit dem Telefon am Ohr entfernt sie sich, kommt wieder.

Ich sitze beim Frühstück vor dem Bahnhof von Aix-les-Bains und werde Zeugin, wie zwischen drei amerikanischen Reisenden die Stimmung kippt. Cornelia ist gerade zum Kaffeekaufen unterwegs. Ein Mädel, nicht viel älter als Anfang zwanzig, ist vollkommen aufgelöst. Immer wieder tippt sie eine Nummer in ihr Handy, spricht mit jemandem und wischt sich die Tränen aus dem Gesicht. Ihre beiden etwa gleichaltrigen Mitreisenden, zwei junge Männer, stehen tatenlos neben ihr und scheinen nur darauf zu warten, dass das Unwetter vorüberzieht. Auch auf die Schreiattacke ihrer Freundin haben sie mit Schweigen reagiert. Die junge Frau ist verschwunden, ein Taxi hält, der Fahrer spricht lange mit den Jungs, entfernt sich dann wieder. Cornelia, die mit zwei dampfenden Bechern zurückkehrt, erklärt mir, das Mädchen sei zuvor, wie eine Furie an den Tresen gestürmt und habe die ratlose Mitarbeiterin mit einem schnell fließenden englischen Wortschwall übergossen. Als die Französin darauf nicht reagierte, sauste das Mädchen wieder hinaus. Jetzt hängt sie erneut an ihrem Telefon, während die Jungs geduldig warten.

„Willst du nicht deine Unterstützung anbieten? Ein wenig wirst du doch übersetzen können, oder?" Cornelia rührt in ihrem Getränk.

Ich nicke, stehe auf und schlendere zu den jungen Männern hinüber.

„Braucht ihr Hilfe?", lege ich auf Englisch los.

Sofort verziehen sich ihre Mundwinkel zu einem freundlichen Lächeln. Der Kleinere der beiden beginnt zu reden: „Danke, dass du fragst. Wir haben ein Problem. Unsere Freundin hat ihren Reisepass im letzten Aufenthaltsort liegengelassen. Als sie es bemerkte, saßen wir schon seit Stunden im Zug. Daraufhin griff sie zum Telefon und rief ihren Onkel an. Der sagte ihr, wir sollen an der nächsten Station aussteigen und kehrtmachen. Vor einigen Minuten sind wir hier angekommen. Es ist uns allerdings noch nicht gelungen, einen freien Zug zu finden, der zurückfährt. Entweder alle Bahnen sind ausgebucht oder sündhaft teuer. Uns gehen so langsam Zeit und Geld aus. Morgen fliegen wir von Paris zurück in die Staaten …"

Ich seufze. „Das hört sich ziemlich verzwickt an. Habt ihr eine Chance, wenigstens dorthin zu kommen? Ihr könntet doch sicher zur Botschaft gehen", schlage ich vor.

„Das war auch unsere erste Idee. Wir befanden uns ja bereits im Zug Richtung Hauptstadt, aber da der Onkel meinte, wir sollten …"

Der schmalschultrige Kerl schüttelt den Kopf.

„Kann ich irgendetwas für euch tun?"

„Das ist sehr nett von dir." Ehe ich mich versehe, liege ich in den Armen des Amerikaners. Während er mich festhält, fährt er fort: „Der Taxifahrer wird wiederkommen und uns weiterhelfen." Er lässt mich los. „Danke! Wir kommen zurecht!"

Nachdem ich auch seinen Freund umarmt habe, entferne ich mich wieder.

Schmunzelnd setze ich mich zu meiner Begleiterin.

„Wieso habt ihr euch gedrückt?", will sie wissen

„Ich glaube, sie waren einfach nur gerührt davon, dass ich ihnen meine Hilfe angeboten habe …", mutmaße ich. „Gut, dass du es vorgeschlagen hast."

Wir beobachten, wie sie ihr Gepäck aufsetzen und von der Bahnhofshalle verschluckt werden. Was es mit dem Taxifahrer auf sich hatte, habe ich nicht verstanden.

Wenn ich mir vorstelle, auf einem anderen Kontinent meinen Ausweis zu verlieren, wird mir ganz anders. Ich kann die wilden Emotionen des Mäd-

Frankreich in vollen Zügen

chens durchaus verstehen. Ohne Pass dürfte die Rückreise nach Amerika
sehr abenteuerlich werden. Möglicherweise verpassen die Traveller auch
ihren Flug und büßen jede Menge Geld ein.

Sollte eine von uns ihren Personalausweis verlieren, wäre das zwar schlimm
und zöge einige Behördengänge nach sich, aber unsere Rückreise wäre
davon wohl kaum betroffen. Die Identifikationspapiere haben wir bisher
nur gebraucht, um auf Zeltplätzen und in Hostels einzuchecken. Oft genügte
sogar das Dokument einer Person. Würden wir den Pass nicht mehr wieder-
finden, kämen wir dennoch problemlos nach Hause.

Nach einer sehr kurzen Fahrt erreichen wir das verschlafene Chambéry. Für
uns ist dieser Ort eine Zwischenstation auf dem Weg zu meiner Familie in
Bourg-en-Bresse. Im Jahr 2006 wurde Chambéry zur Alpenstadt des Jahres
gekürt. Dabei handelt es sich um eine Auszeichnung für Städte, die besonderes Engagement beim Schutz und der Förderung des Gebiets zeigen. Im
Wesentlichen geht es um Raumplanung, nachhaltige Entwicklung, Energie-
effizienz sowie Naturschutz.

Im Tourismusbüro begrüßt man uns überaus freundlich und wir gewinnen
den Eindruck, dass die Mitarbeiterin ein großes Interesse daran hat, ihren
Arbeitsort von der besten Seite zu präsentieren. Dazu hat sie auch allen

Grund: Hübsche Fassaden und Denkmäler prägen das Stadtbild, die Straßen sind sauber, das Theatercafé lädt zu einem gemütlichen Getränk in der Sonntagssonne ein. Wir schlendern ganz entspannt durch den Ort, nehmen Notiz von Sehenswürdigkeiten, wie dem Elefantenbrunnen und dem Schloss. Dort planen wir den Besuch einer Ausstellung zur Geschichte des Bauwerks und auch einen Abstecher zum WC. Ich betrete den Waschraum, drehe mich einmal im Kreis und genauso schnell wie ich kam, bin ich auch schon wieder weg. Sofern es sich vermeiden lässt, verzichte ich auf den Gebrauch von so genannten Hocktoiletten. In Europa ist die mediterrane Hocktoilette, neben Frankreich, auch in der früheren Sowjetunion und in Süd- und Südosteuropa zu finden. Der Begriff spricht für sich und bringt auf den Punkt, worum es sich dabei handelt: Eine Toilette, die zur Benutzung eine Hockstellung erfordert. Das mag den Vorteil haben, dass jeglicher Kontakt zu möglicherweise verschmutzten Oberflächen, wie einer Klobrille vermieden wird. Allerdings kann es passieren, dass ungeübte Benutzer das WC verschmutzen – so geschehen hier in Chambéry. Ein scharfer Geruch unterstreicht das soeben Gesehene.

Probleme mit dem Durchgang zum WC gibt es einige Stunden später im Zug nach Lyon, der Hauptstadt der Region Rhône-Alpes, die unseren nächsten Umstiegspunkt markiert. Die Bahn ist so voll, dass ein Schaffner den Reisenden sogar die Fahrt mit einem extra dafür eingesetzten Bus anbietet. Auch wenn wir aneinander gepresst stehen, wollen wir bleiben. Wir sind uns nicht sicher, ob wir mit dem Ausweichfahrzeug rechtzeitig ankämen. Nach der Abfahrt gelingt es uns, einen Rucksack hinzulegen und darauf Platz zu nehmen. Unser Blick ruht auf der WC-Tür, schweift über eine junge Dame und ihr Gepäck, gleitet über Koffer, Taschen und Menschen, die darauf und dazwischen kauern. Das Fahrzeug hält an einem Bahnhof. Tatsächlich wollen weitere Personen zusteigen. Wir stellen uns hin, schaffen einige Zentimeter mehr Platz. Kaum zu glauben: Kurz darauf an einer nächsten Station möchten noch mehr Fahrgäste mit. Dass es ihnen gelingt, sich mit dazwischen zu drücken, beeindruckt mich. Ich dachte schon längst, dass hier niemand mehr hereinpasst, spüre den Gegenbeweis aber am eigenen Leib. Wir werden eins mit unseren Rucksäcken und den Nebenmännern und -frauen. Man muss menschliche Nähe schon sehr mögen, um das hier gut zu finden. Normalerweise kuscheln wir nicht so gern mit Fremden, aber momentan können wir darüber hinwegsehen. Als ein junger Mann aus dem Waggon zu uns in den Gang tritt, hört der Spaß aber auf. Er will das WC benutzen. Unmöglich, denke ich. Auf wundersame Weise entsteht jedoch plötzlich eine schmale Gasse, durch die er ein- und wenig später wieder austritt.

Am Bahnhof Lyons ist es nicht weniger belebt. Tausende Reisende tummeln sich auf den Plattformen, in der Vorhalle und auf Treppenabsätzen. Wir bleiben nur so lange, dass wir gerade etwas beim Bäcker kaufen können. Der Zug, der uns zu unserem heutigen Zielort bringen wird, ist glücklicherweise viel leerer. Gemütlich sitzen wir auf einem Zweierplatz. Ich fiebere der Ankunft entgegen. Vorfreude auf das Wiedersehen macht sich Kilometer für Kilometer breiter. Auch Großonkel und -tante habe ich vor ziemlich genau zwanzig Jahren das letzte Mal gesehen. Erkennen sie mich? Wie werden sie aussehen? Haben sie sich sehr verändert? Vor allem kreisen meine Gedanken um Onkel Eric. Wie ich aus dem Schriftverkehr weiß, leidet er seit Jahren an einer schweren und unheilbaren Nervenkrankheit. In meiner kindlichen Erinnerung ist er ein lebendiger Mann mit dem Schalk im Nacken. Als kleines Mädchen habe ich es geliebt, mit ihm herumzualbern. Wie werde ich ihm heute gegenüberstehen?

Meine Tante Maryse wartet schon am Gleis, um uns in Empfang zu nehmen. Mit dem Wiedererkennen habe ich keine Probleme. Sie sieht fast genauso aus wie früher. Ich mache sie und Cornelia miteinander bekannt. Unsere Sachen landen in einem alten PKW, der vor dem Bahnhof parkt. Maryse beherrscht, bis auf sehr wenige Worte Englisch, nur ihre Muttersprache, was mich dazu zwingt, endlich Französisch sprechen zu müssen. Ich komme zunächst ordentlich ins Schwitzen, weiß aber ganz genau, dass ich diesen Tritt gebraucht habe. Wenn ich mich nicht ihrer Sprache bediene, geht gar nichts. Also nehme ich allen Mut zusammen und rede einfach drauflos. Meine Sorgen über verkehrte Grammatik und falsche Aussprache, mit der ich garantiert nicht geize, werfe ich über Bord. Ich aktiviere Füße und Hände, um die Worte zu illustrieren.

Als wir in einem kleinen Gästeapartment mit Garten, Küche, Bad, Schlafzimmer sowie Wohnzimmer sitzen, bin ich aufgewärmt. Ich beantworte Maryses Fragen, zeige Fotos von der Familie und erzähle, wer was gerade treibt. Zwischenzeitlich übersetze ich so gut es geht für Cornelia. Da ich so großzügig gestikuliere, ist das manches Mal überflüssig. Längst hat sie verstanden, worum es geht.

Zum Abendessen steigt dann auch Eric aus der Wohnung darüber zu uns hinab. Froh, ihn endlich zu sehen, begrüße ich meinen Onkel mit zwei Wangenküssen. Im Gegensatz zu seiner gesunden Frau hat er sich stark verändert.

Die Krankheit hat ihn gezeichnet. Das Gehen und auch das Sprechen fallen ihm schwer. Als sich völlig überraschend einige deutsche Sätze zwischen seinen Lippen hervorpressen, huscht ein breites Grinsen über mein Gesicht. „Du sprichst noch immer Deutsch?", fassungslos blicke ich ihn an. Sein Vater hatte versucht, allen fünf Kindern die eigene Muttersprache beizubringen. Eric gehörte zu denjenigen, die daran das größte Interesse besaßen. Seine Schwester lernte unsere Sprache auch ganz gut, aber Eric beherrschte sie fließend. Während der gemeinsamen Zeit vor zwanzig Jahren war er das Bindeglied zwischen den deutschen und französischen Familienmitgliedern. Maryse tafelt zum Aperitif Oliven, Tomatensalat, Baguette und Weißwein auf. Nach dem Hauptgang, einem Auflauf, kommen eine Käseplatte, noch mehr Brot und ein passender Rotwein auf den Tisch. Das festliche Mahl endet mit einem Stück Kuchen. Mit dem Essen klingt jedoch keinesfalls der Abend aus. Fotoalben und alte Erinnerungen werden hervorgeholt. Wir vergnügen uns köstlich.

Essen und Lebensfreude versprühen – das sei typisch für dieses Land, erklärt mir Maryse. „Wir mögen gutes Fleisch, Käse, Baguette und Wein."

Ich verstehe, wovon sie spricht.

„Was ist noch kennzeichnend?", will ich wissen.

„Ich glaube, wir sind lockerer eingestellt als Deutsche. Vielleicht sind wir auch die besseren Genussmenschen – vor allem, wenn es ums Speisen geht. Außerdem lachen wir viel und versuchen das Leben bestmöglich auszukosten."

„Auch du kennst Deutschland. Was verbindest du damit?", will ich wissen.

Maryse lacht. „Ihr seid so korrekt!", kommt es wie aus der Pistole geschossen. „Ich weiß gar nicht, wie oft deine Eltern mich von einem Fahrradweg ziehen mussten. Bei euch gibt es die Bereiche für die Radler, es existieren Bürgersteige sowie normale Straßen. Ihr haltet euch sehr genau an ihre unterschiedlichen Funktionen, etwas womit ich so meine Probleme hatte."

„Du hast Recht!", bekunden wir ausgelassen. Erschreckend gut, erkennen wir uns selbst in dem Spiegel, der uns hier vor die Nasen gehalten wird. Wenn uns in der Heimat jemand vor die Reifen hüpft, klingeln wir den Weg frei. Radweg ist Radweg und diesen beanspruchen wir ganz offenkundig für uns. Andersherum vermeiden wir es als Fußgänger, auf der Radfahrbahn zu gehen. Maryse hat es vollkommen korrekt eingeschätzt, wir fühlen uns ertappt! Das macht uns beiden allerdings wenig aus. An dieser Stelle interpretieren wir die deutsche Korrektheit nicht als Schwäche, sondern als Stärke. Wo kämen wir denn hin, wenn jeder da entlang laufen dürfte, wo er will …?

Maryse untermauert ihre Aussage: „Bei euch halten die Autos ja auch an den Zebrastreifen und lassen die Spaziergänger passieren. Und: Alles in allem, seid ihr ernster als wir.“ Daraufhin berichten wir von unseren haarsträubenden Straßenüberquerungen in Cannes. Bestätigend nickt sie und wirft dann noch einen ganz anderen Aspekt ein: „Deutsche sind viel offener für Fremdsprachen als wir Franzosen. Bei der jüngeren Generation wird es jetzt langsam besser, aber generell stehen wir mit Englisch und Co. auf Kriegsfuß.“

Bis auf den Schaffner, der mich erhobenen Zeigefingers belehrte, wie wichtig die französische Sprache sei, habe ich andere Erfahrungen gesammelt. Immer, wenn es eine Auskunft einzuholen galt, begann ich unser Anliegen auf Französisch vorzutragen. Merkten meine Gesprächspartner, dass es bei mir nicht weiter ging, schalteten die meisten von ihnen bereitwillig auf Englisch um. Das ist alles andere als starrköpfig, finde ich.

Die weitere Zeit verläuft äußerst angenehm, es gibt noch mehr Rotwein und viele Gründe, sich zu amüsieren.

Es beeindruckt mich zutiefst, wie wir vier es schaffen, so fantastisch miteinander auszukommen. Cornelia kannte meine Verwandten zuvor nicht. Umgekehrt gilt das Gleiche. Ich sah Maryse und Eric zuletzt vor zwanzig Jahren. Damals zählte ich gerade einmal neun Jahre. Maryse spricht nur die Landessprache, während ich diese lediglich sehr eingeschränkt beherrsche. Eric erinnert sich zwar noch an die deutsche Sprache, hat aber Probleme damit, sich zu artikulieren. Cornelia kann kein Französisch.

Mit Bravour nehmen wir jede Sprachbarriere und bezwingen alle Hindernisse, die sich uns in den Weg stellen. Wir erleben einen amüsanten Abend, der mit so viel menschlicher Wärme und Freude verbunden ist, dass wir uns gern daran erinnern werden.

In dieser Nacht liege ich lange wach. Rotweinschwaden kreuzen meine Gedanken. Der Grund, weshalb ich nicht in den Schlaf finde, schwimmt aber keinesfalls im Alkohol. Vielmehr beschäftigt mich das Leben von Eric und Maryse. Eine einzige medizinische Diagnose hat alles verändert. Es ist nicht mehr möglich, dass die beiden einfach nur unbeschwert zusammen sein können. Sie vermögen einander weiter zu lieben, aber diese Liebe kann nicht mehr unbelastet sein. Eric braucht seine Frau, um den Alltag zu meistern. Mit einer solchen Angewiesenheit auf eine andere Person kippt die Waage.

Ich habe nur eine sehr grobe Vorstellung davon gewinnen können, wie die beiden das tägliche Leben miteinander und mit seiner Krankheit bewältigen. Was ich in der kurzen Zeit sehen konnte, war aber, dass sie das Lachen nicht verlernt haben. Mein Großonkel Eric hat sich körperlich verändert und ist äußerlich zu einem anderen Mann geworden. In seinem Herzen ist er jedoch noch der gleiche lustige und warmherzige Kerl, an den ich mich erinnere. Ich ziehe meinen Hut vor beiden. Vor der einen, weil sie für den anderen da ist, und vor dem anderen, weil er sich die Lebensfreude nicht hat nehmen lassen.

Bestimmt gibt es auch sehr schlechte Tage und Phasen, in denen ihre Belastbarkeit und Liebe auf eine harte Probe gestellt werden. Dessen bin ich mir sicher. Mitbekommen habe ich davon heute aber nichts.

Ich denke an Erics Worte. Mehr als einmal hat er uns versichert: „Es ist sehr angenehm mit euch." Darauf folgte ein sanftes, ehrliches Lächeln. Eine wohlige Gänsehaut überzieht meine Arme. Ich schlafe ein.

Bourg-en-Bresse und Le Havre, 18. August – Leben, um zu essen

„Das königliche Kloster von Brou ist ein imposantes Bauwerk der Spätgotik. Es hat Fenster, auf denen interessante historische und religiöse Szenen abgebildet sind. Die Grabmäler im Inneren der Kirche und die einzigartigen Steinmetzarbeiten machen es wirklich sehr sehenswert." So oder so ähnlich lauten die Worte von Maryse, als wir in ihrem Auto sitzen und eine etwa zehnminütige Strecke zurücklegen.

Das Konvent ist ein Besuchermagnet, für den wir uns viel Zeit nehmen. Gemeinsam mit unserer persönlichen Fremdenführerin erkunden wir Hauptgebäude, Kapellen und Kreuzgänge, schauen Grabfiguren an und besuchen die umfangreiche Gemäldesammlung im ersten Stock. Bilder aus dem 16., 17. sowie 19. Jahrhundert und zeitgenössische Kunstwerke kommen uns in den Blick. Bestens informiert verlassen wir das Kloster nach einigen Stunden wieder.

Noch Bohnen-Huhn-Eintopf? Ein weiterer Schlag landet auf meinem Teller. Zusammen mit Erics Schwester Jocelyne, an die ich mich sehr gut erinnern kann, essen wir zu Mittag. Maryse hat wieder gekocht. Die Hobbyköchin tut dies leidenschaftlich gern, was wir auch bei diesem Mahl deutlich schmecken können. Ein Kinderfoto von Jocelynes Sohn und mir sowie weitere Erinnerungen kommen auf den Tisch. Die Altenpflegerin hat sich kaum verändert. Ihr Sohn, der damals zwei oder drei Jahre alt war, gehörte zu meinen liebsten Spielkameraden. Heute ist er 23 und arbeitet als Förster. Der Kleine? Wenn wir noch länger hierbleiben, beginne ich, mich alt zu fühlen. Vor allem werde ich wunderlich, wie diese Zeilen beweisen … Zeit, weiterzureisen.

Nach dem Dessert verabschieden wir uns von Eric, der noch einmal zum Ausdruck bringt, wie sehr ihm die Zeit mit uns gefallen hat. Wir können das nur zurückgeben und hinterlassen unsere Küsse auf seinen Wangen.

Jocelyne und Maryse fahren uns zum Bahnhof und passen auf, dass wir auch in den richtigen Zug steigen. Wir fahren ab und winken. Nun sind wir selbst Teil des Schauspiels, das ich in den vergangenen Wochen so oft beobachtet habe: Menschen gehen, andere bleiben zurück. Ihre Verbindung zueinander besteht weiterhin oder reißt irgendwann ab, wenn der Zug zu weit entfernt ist. Letzteres trifft auf uns – so hoffe ich – nicht zu. Ungern möchte ich erneut zwanzig Jahre bis zum Wiedersehen verstreichen lassen …

Auf unseren reservierungsfreien Sitzplätzen gleiten wir nach Paris, wo wir vorerst lediglich umsteigen werden, um weiter nach Le Havre an der Seine-Mündung zu reisen. Was die Sitzplatzreservierung in französischen Bahnen angeht, so haben wir die Erfahrung gesammelt, dass es sich lohnt, einige Tage vor gewünschter Abfahrt nach reservierungsfreien Verbindungen zu fragen. Für viele französische Züge ist nämlich eine feste Order von Plätzen erforderlich. Davon ausgenommen sind lediglich langsamere Regionalzüge.

In Paris müssen wir den Bahnhof wechseln, was uns eine Metrofahrt kostet. Im letzten Zug kamen wir mit einer Pariser Tänzerin ins Gespräch. Sie lebte einige Jahre in Deutschland und plauderte gern in unserer Sprache. Dank ihr wissen wir, auf welchem unterirdischen Weg wir zur rechtzeitigen Weiterfahrt gelangen. Den Metroplan, den sie uns schenkte, werden wir gut aufheben für den anstehenden Besuch der Stadt.

Durch dichtes Gewimmel dringen wir zur Anzeigetafel vor. Der Zug hat fünf Minuten Verspätung und erst ganz kurz vor seiner Abfahrt wird das Gleis preisgegeben. Zusammen mit etlichen anderen Fahrgästen drängen wir uns durch. Beeilen müssen wir uns nur, um ihn nicht zu verpassen, denn die Buchung eines Sitzplatzes war für diesen Zug wieder Pflicht.

Im Abteil mit einem jungen Pärchen, das liebevoll miteinander kuschelt, und einer dreiköpfigen Familie fahren wir nach Le Havre, wo wir kurz nach 20 Uhr eintreffen.

Die Partnerschaft zwischen meiner Heimatstadt und Le Havre besteht seit dem Jahr 2011. Vor der Reise traf ich mich mit der leitenden Internetredakteurin der Magdeburger Marketing Gesellschaft, um unser gemeinsames Videoprojekt zu planen. Dabei kam die Idee auf, dass ich unsere Städtepartner in der Normandie besuchen könnte, um auch dort einen Clip zu drehen. Mit Nicolas, dem französischen Präsidenten der „Association Le Havre - Magdeburg", vereinbarte ich einen Termin. Cornelia und ich sind gespannt, wem wir gleich begegnen werden.

Nicolas und die Französin Annick, ebenfalls Mitglied des Vereins, der sich für den Städteaustausch einsetzt, holen uns vom Bahnhof ab. Unser Outfit und vor allem das Gepäck enttarnen uns sofort, sodass die beiden keine Probleme haben, uns als diejenigen zu erkennen, mit denen sie verabredet sind. Sehr herzlich nimmt uns Annick, eine sportliche Dame mit kurzen Haaren, viereckiger Brille und wachen Augen auf. Die ehemalige Deutschlehrerin ist pensioniert und investiert viel Zeit und Energie in den Verein. Während ihrer beruflichen Tätigkeit war sie diejenige, die sich in der Schule besonders engagiert an der Organisation von Schüleraustauschen beteiligte. Sprachlich macht ihr keiner etwas vor. Beinahe akzentfrei beherrscht sie Deutsch. Zusammen mit ihrem Mann Gilbert bewohnt sie ein geschmackvoll eingerichtetes Einfamilienhaus mit Garten. In der Einfahrt parkt ein geräumiges Wohnmobil, mit dem sie bereits viele Urlaube in unserem Heimatland verbracht haben.

Nicolas, der Präsident, ist ebenfalls Lehrer. Der Mittdreißiger hat lockiges schwarzes Haar, trägt eine dunkle Brille und unterrichtet Mathematik. Auch er spricht unsere Sprache sehr fließend. Sein Akzent ist zum Verlieben. Eine kräftige Färbung französischen Dialekts schmückt die deutschen Worte. Es klingt sehr sanft, wenn er redet und würde er etwas Böses sagen, so wäre es unmöglich, es ihm zu verübeln.

Annick und Ehepartner versorgen Nicolas, Cornelia und mich zunächst mit einem Aperitif. „Im Sommer trinken wir Roséwein", erklärt Gilbert und entkorkt die Flasche. Annick tischt mittlerweile Melonenstückchen, Oliven und salziges Gebäck auf. An diese gemächliche Art, in ein Abendessen zu starten, könnte ich mich gewöhnen. Hier und da schon einmal eine Kleinigkeit naschen, miteinander ins Gespräch kommen und sich gemütlich einfinden – das ist äußerst angenehm. Die Snacks werden von einer hervorragenden Gemüsepastete aus Blätterteig abgelöst. Mit der Käseplatte und dem Rotwein folgt das Gespräch über Typisches. „Ja, nach dem Hauptgang gibt es Baguette

und Käse. Das machen wir hier so", klärt Nicolas auf und fährt fort: „Und
überhaupt: Wir lieben es, zu essen. In Familie, mit Freunden und Bekannten
– wir nehmen uns viel Zeit dafür. Die Mahlzeiten sind uns sogar so wichtig,
dass wir unsere Tagesplanung nach ihnen ausrichten. Genauestens wollen wir
wissen, wann gespeist wird. Da sind wir viel unflexibler als ihr. In Deutschland ist es doch so, dass ihr spontan schaut, wann eine Mahlzeit in euren Plan
passt. Ihr müsst nicht morgens schon wissen, wann ihr abends am Tisch sitzt,
oder?" Der schlanke Franzose nippt an seinem Wein.

Wir können ihm dies teilweise bestätigen. Je nachdem, wann ich gerade Zeit
habe, esse ich, zumindest im Arbeitsalltag. Mir fallen aber auch Personen ein,
die darauf bestehen, dass Punkt zwölf Uhr Mittag gegessen wird, während
das Abendbrot genau um 18:00 Uhr auf dem Tisch stehen muss.

„Wenn wir mit Austauschgruppen nach Deutschland reisen, dann sprechen
wir uns mit den deutschen Partnern detailliert ab, denn wir können gewiss
sein, dass mehr als eine Person schon beim Frühstück fragen wird, wann es
Mittag- und Abendessen geben wird. Wir brauche diese Information, sonst
werden wir nervös", lacht Nicolas. „Wir Franzosen leben, um zu essen, während ihr Deutschen esst, um zu leben!", bringt er das Gesagte auf den Punkt.

„Was die Pünktlichkeit angeht, so sind wir lockerer als die Deutschen", schaltet sich Annick ein. „Bei uns wird das akademische Viertel gern genutzt. Ihr
seid in dieser Hinsicht pflichtbewusster. Eure SMS war das beste Beispiel
dafür", schmunzelt die Lehrerin.

Auf der Fahrt hierher haben wir sie nämlich per Kurznachricht darüber
informiert, dass unser Zug mit einigen Minuten Verzögerung eintreffen wird.
Ich sehe das so: Wenn ich mich schon verspäte, dann gebe ich wenigstens
Bescheid. In meinem Umfeld habe ich viele pünktliche Mitmenschen, aber
auch einige Personen, die immer wieder das Gegenteil beweisen. Also: Nicht
alle Deutschen sind pünktlich!

Als ich von meiner Tätigkeit als Reisebuchautorin berichte, fällt unserer
Gastgeberin ein weiterer interessanter Unterschied zwischen den Nationen
ein. „Bei uns existieren kaum Lesungen, wie sie bei euch stattfinden. Hier gibt
ein Autor maximal einige kurze Ausschnitte zum Besten. Diese sind selten
länger als eine halbe Stunde. Dann kommt es eher zu Gesprächen mit dem
Publikum und zum Signieren von Büchern. Du bietest ein bis zu eineinhalb-
stündiges Unterhaltungsprogramm aus Gelesenem, Foto- und Videopräsen-
tation an. Das wäre hier etwas Außergewöhnliches."

Ich nicke. Auch wenn nicht jeder deutsche Autor seine Veranstaltungen so aufbaut, dauerten Lesungen anderer Schriftsteller, die ich bisher besuchte, dennoch länger als eine halbe Stunde.

Nicolas klinkt sich ein: „Wir Franzosen sind zu nervös, um lange zuhören zu können." Dann sagt er etwas, das schon meine Großcousine äußerte: „Außerdem sind wir leidenschaftliche Nörgler. Wir lieben es, zu quengeln, mit oder ohne Grund."

Annick serviert ein süß duftendes Pfirsich-Gratin mit Zabaione, einer luftigen Creme aus Eigelb und Zucker. Dazu reicht sie Kaffee. „Ich denke, wir Franzosen trinken unseren Kaffee stärker als ihr." Cornelia nickt, ich schüttele den Kopf. Während man mich mit zu schwachem Flüssigkoffein jagen kann, nimmt meine Freundin vor zu kräftigem Bohnencocktail Reißaus.

Nicolas, der nur knapp einen Kopf größer ist als wir, stellt die Behauptung auf, Deutsche seien höher gewachsen als Franzosen. „Wir sind klein, quirlig und schlemmen gern", bilanziert er.

Neben der erwähnten Pünktlichkeit wissen unsere Gesprächspartner, die schon sehr oft mit Deutschen zu tun hatten, weitere Charakteristika: „Ihr seid zuverlässig und plant sehr langfristig", erklärt Nicolas. „Außerdem arbeitet ihr besonders eigenverantwortlich. Im Gegensatz zu den Franzosen muss man einem Deutschen keine so klaren Anweisungen geben. Ihr verfügt über ein hohes Maß an Selbstkontrolle und organisiert euch sehr gut." Auf mich, die selbstständig tätig ist, trifft das ziemlich genau zu.

Wie so oft bringen auch diese Gastgeber die deutsche Qualität zur Sprache. „Wenn etwas aus eurem Land kommt, prangt schon ganz automatisch ein Gütesiegel darauf. Deutsche Produkte sind Qualitätsware und besitzen hier ein hohes Ansehen."

Da haben wir ja wieder ziemlich gut abgeschnitten, stelle ich fest, als ich gegen halb eins das Licht ausschalte.

Le Havre, 19. August – Individuelle Reiseführungen

„Ein Vier-Gänge-Menü, ein Spaziergang in unberührter Natur am Meer und eine weitere Übernachtung. Das Angebot steht. Überlegt es euch", verlässt Annick das Zimmer.

Cornelia und ich bleiben ein wenig unentschlossen zurück. Eigentlich wollten wir uns nur eine Nacht aufhalten und heute nach Paris weiterreisen. Der

Fischmarkt von Le Havre

Besuch der Hauptstadt braucht Zeit und ist nicht an einem Tag getan. Nachdem Annick angeboten hat, wir könnten von ihrem PC aus ein Hostel buchen und morgen Früh mit einem der ersten Züge fahren, ist es uns unmöglich zu widerstehen. Außerdem hat Nicolas heute Abend zum Essen geladen und weitere Mitglieder des Vereins zum Kommen gebeten. Der herzliche Kontakt zu den Einheimischen ist etwas Besonderes, das wir gern noch einige Zeit länger erleben wollen.

Wie bemüht unsere Gastgeber sind, uns einen unvergesslichen Aufenthalt zu ermöglichen, erfahren wir ein weiteres Mal beim Frühstück. Zusammen mit Annick, Gilbert und den drei Enkelkindern sitzen wir am Tisch. Es gibt knusprige Croissants, die von einem begnadeten Bäcker stammen müssen. Einen derartigen Gaumenschmaus habe ich noch nie genießen dürfen. Die süßen Hörnchen sind kross und zart zugleich, schmecken angenehm süß und tragen eine Butternote, die weder zu schwach noch zu aufdringlich ist. Ich mache einen dicken Haken hinter die Unterstellung, die Franzosen backen die besten Croissants.

„Halb zehn kommt Marie-José, eure persönliche Fremdenführerin, und zeigt euch die Stadt", erinnert uns Annick.

Es klingelt an der Tür, wir trinken unsere Kaffeetassen leer und begrüßen Marie-José und ihren Mann, der bereitwillig in die Rolle des Chauffeurs schlüpft. Marie-José ist ebenfalls ehrenamtliches Vereinsmitglied und bessert ihre Rente mit Stadtführungen für Kreuzfahrttouristen und andere Besucher Le Havres auf. Mit einer Fahrt in ihrem Privatauto kommen wir in den großzügigen Genuss einer kostenfreien Exklusiv-Stadtführung. Die taffe Frau mit den kurzen hellblonden Haaren spricht perfektes Deutsch und entführt uns zunächst zu einem Aussichtspunkt, vom dem aus wir eine atemberaubende Sicht auf die Mündung der Seine in den Ärmelkanal haben.

Es ist gar nicht so sehr der Blick auf das Wasser, der mich hier oben in seinen Bann zieht, sondern die Art des Lichts, das über der weiten Fläche leuchtet. Sanft und weich liegt ein gedämpfter Schleier über der blassblauen Unendlichkeit. Eine tiefe Harmonie verbindet das Gemälde aus Wolken, Wasser und Strand miteinander. Keine Sekunde zweifle ich an der inspirierenden Wirkung, welche die Szenerie auf den Maler Claude Monet gehabt haben muss. Ende der 1860er-Jahre begann er damit, impressionistische Bilder zu malen. Eines seiner Kunstwerke, das den nebligen Hafen Le Havres bei Sonnenaufgang zeigt, gab dieser Bewegung, dem Impressionismus, seinen Namen.

Unermüdlich versorgt uns das Ehepaar mit neuen Eindrücken und Marie-José erzählt, dass die Innenstadt am 15. Juli 2005 in die Rangliste des Weltkulturerbes eingetragen worden ist. Der Ort wurde nach den schweren Zerstörungen des Zweiten Weltkrieges wiederaufgebaut. Entsprechend den Plänen des Architekten Auguste Perret entstand zwischen 1945 und 1954 eine Stadt, die mit vielfältigen Varianten und Ausdrucksformen der Betonarchitektur überrascht. Für Perret galt Beton als „schöner, edler als Naturstein". Auch am Beispiel der Kirche Saint-Joseph ist dies deutlich zu erkennen. In ihrem Inneren wird der Beton von Tausenden bunten Glassteinen erhellt. Wie ein Leuchtturm sticht das monumentale Bauwerk aus dem Herzen der Stadt hervor. Der achteckige Laternenturm ist rund 110 Meter hoch und bildet eine imposante Einheit mit seinem quadratischen Fundament. Zunächst habe ich gar nicht vermutet, dass sich hinter diesem Bauwerk eine Kirche verbirgt. Solch eine monolithische Gestalt hätte ich keinem Sakralbau zugeordnet. Der Turm des Gotteshaus erinnert mich, zumindest von weitem, vielmehr an einen modernen Aussichtsturm.

Nach dem Besuch von Hafen, Stadtkern, Fischmarkt und Rathausplatz verabschieden sich unsere beiden Guides – jedoch nicht, bevor wir ein gemeinsames Foto mit Magdeburgflagge gemacht haben. Cornelia und ich schlendern zum Strand und versuchen unsere Gedanken zu diesem außergewöhnlichen Ort in Worte zu fassen.

Für uns beide ist Le Havre keine Stadt, in die wir uns auf den ersten Blick verliebt haben. Die klaren Formen, das Baumaterial Beton, die gleiche blockartige, schwere Gebäudestruktur wirkten zunächst abweisend und kühl. Je länger wir verweilten und je sorgfältiger wir hinsahen, umso faszinierender wurde der Ort. Das Zusammenspiel aus nüchternem Grau und weiter Natur des Meeresarmes ist so außergewöhnlich, dass mir nichts anderes übrig bleibt, als es zu mögen. Die verhalten flüsternde Stimme des Lichts über der Seine-Mündung kontrastiert auf eine so provokante Art mit den Ergebnissen strikter, menschlicher Bauleistung entlang der Küstenlinie, wie wahrscheinlich nirgendwo sonst. Außerdem ist auf diesem Fleckchen Erde unglaublich viel Platz zum Atmen. Großartig!

„Wie schafft ihr es, so schlank zu bleiben?", will ich wissen. Annick hat uns nach der Stadtbesichtigung abgeholt und pünktlich zum Mittagessen um den Tisch platziert. Nach einem Reisgericht tafelt sie Tassen starken Kaffees und eine Schale mit dunkler Schokolade auf. Cornelia und mir kommt es vor, als könnten wir unseren Bäuchen beim Wachsen zusehen, seit wir in Frankreich sind. Die mühsam abgewanderten Kilos, die wir auf dem Schweizer Jakobsweg zurückgelassen haben, sind mittlerweile in einen Zug geklettert und folgen uns. Es wird nicht mehr lange dauern, bis sie zu uns aufschließen.
„Wenn kein Besuch da ist, essen wir normalerweise wenig Zucker und Fett. Außerdem gibt es zwischen den drei Hauptmahlzeiten keine Snacks. Die Mengen, die in unsere Mägen wandern, sind klein, aber vielfältig. Ansonsten bewegen wir uns sehr häufig", erklärt Annick
Das nehmen wir der sportlichen Lehrerin sofort ab, als sie kurz darauf in festen Halbschuhen, Funktionskleidung und mit Walkingstöcken bewaffnet, vor uns steht.
Innerhalb einer halbstündigen Autofahrt gelangen wir nach Le Tilleul, nördlich von Le Havre. Annick weiß von unserem Wunsch, durch eine Landschaft zu wandern, die menschenleerer ist. Aus diesem Grund stellt sie den Wagen ab, schlüpft in die Schlaufen ihrer Stöcke und signalisiert uns, ihr zu folgen. Über einen langen Rasenpfad, der eine weite hellgrüne Wiese und ein Getreidefeld voneinander trennt, gelangen wir auf einen grasbewachsenen Hügel, auf dessen Kuppe tiefbraune Esel mit weißer Schnauze weiden. Von hier aus steigen wir über weichen Boden hinab zu einer steinigen Küste. Wir sind etwa eine halbe Stunde lang unterwegs, als Annick erklärt: „Hierher kommt

man nur zu Fuß, Autos dürfen nicht fahren." Ein betörend schönes Ensemble aus gelblichen Steilfelsen, einem wolkenlosen Himmel, glitzerndem Ozean und wild schäumenden Wellen begrüßt uns. Ich rieche die würzige Luft. Ein tiefes Rauschen der Brandung dringt in meine Ohren, während wir auf dem groben Kies an der Wasserkante entlangwandern.

Ursprünglich hatten wir nicht beabsichtigt, hier zu sein. Nach unserem alten Plan säßen wir mittlerweile längst im Zug nach Paris. Welch` unglaubliche Schönheit hätten wir verpasst! In den Rhône-Alpes, um Chambéry, haben wir die Abgeschiedenheit gesucht. Hier, in Le Havre, rechneten wir keine Sekunde damit, noch einmal in idyllischer Landschaft verweilen zu dürfen. Wenn wir unsere Vorstellungen ein wenig lockern, uns eingestehen, dass wir nicht immer alles in unseren Händen halten können, werden wir belohnt …

„Nein, überhaupt nichts, Nein, ich bereue nichts." In meinem Kopf erklingt die Melodie von Edith Piafs „Non, je ne regrette rien", während Mathelehrer und Präsident Nicolas durch seine Wohnung tanzt und im Takt einen Teller nach dem anderen auf dem Tisch abstellt. Tiefroter Rebensaft fließt ins Glas, ein glänzendes Messer taucht in das weiße Fleisch des Camemberts, Stimmen murmeln sanft durch den Raum, untermalen den Gesang. Wie eine einzige

Auf Wanderschaft in der Normandie

Melodie, die niemals aufhört zu erklingen, erlebe ich den Abend bei dem aufgeweckten Franzosen. Ja, es ist wahr: Die Franzosen leben, um zu essen. Über viele Stunden erstreckt sich der Piaf'sche Liedtext aus Quiche, Kartoffeln, Gemüse, Hähnchen, Käse und Brot. Es muss fast schon null Uhr sein, als ein hervorragender Kuchen, den der Gastgeber mit einer Vanillesoße und süßem Weißwein reicht, vor meinen Augen Platz findet. Mein Löffel trennt seine Spitze ab, schiebt die süße Masse durch die weiße Flüssigkeit und macht sich auf den Weg zu meinen Lippen. Die Instrumente laufen zur Höchstform auf, die einfühlsame Stimme der Sängerin klettert ihrem akustischen Gipfel entgegen, die Süßigkeit berührt meine Zungenspitze.

Ich spüre die französische Lebensart heute noch deutlicher als am Vortag. Nicolas hat keine Mühe gescheut, seine fünf Gäste nach den höchsten Regeln der Kochkunst zu verführen. Stundenlang plaudern und lachen wir mit den vier Vereinsmitgliedern, die alle ausnahmslos gut deutsch sprechen.

Paris, 20. August – Besuch bei Mona (Lisa)

„Je t'aime!" Warme feuchte Luft dringt in mein Ohr. Meine Augen schließen sich. Lauer Atem streicht über meine Wange. Eine lodernde Flamme entfacht. Hitze jagt durch meinen Körper. Die Fingerspitzen prickeln. Das Herz rast. Wie mit einem kräftigen Seufzer kommt der Bus zum Stehen. Mein Oberkörper wird unsanft nach vorn geschleudert. Meine Augenlider lösen sich erschrocken voneinander.

„Das ist die Station am Eiffelturm, Wir müssen raus!", höre ich Cornelias Stimme wie aus weiter Ferne sagen.

Ich blinzele, rappele mich auf, folge meiner Freundin und steige nach ihr die Stufen des Busses hinunter. Er fährt ab. Ich wende mich um. Da ist er. Stolz. Unverrückbar. Eisen trifft Himmel. Ich bin am Eiffelturm. Mitten in der Stadt der Liebe. Es ist weder ein Tagtraum, noch schlafe ich. Wahrhaftig, ich bin hier.

Mein Blick schweift vom Fuß bis zur Spitze. Ein Wahrzeichen wir dieses, in einer Stadt, die in etlichen Filmen, Geschichten, Liedern und Gedichten gepriesen wird, unbestreitbar vor sich zu sehen, imponiert. Ich halte inne, versuche zu spüren, wie meine ursprünglichen Vorstellungen zu dem passen, was nun wirklich vor mir ist und in die weichen Wolken sticht. Ich merke, dass mir der Anblick zwar gefällt, aber mich nicht erbarmungslos fesselt.

Zweifelsohne ist das Meisterwerk sehenswert. In mir löst es jedoch weder vollkommene Sprachlosigkeit aus, noch verzaubert es mich zutiefst. Vielleicht liegt es an der Masse der Menschen, die hierher strömen, am unaufhörlichen Geräusch piepsender Kameraauslöser und dem Mann, der an seinem fahrbaren Stand Souvenirs verkauft. Um tiefe Ergriffenheit spüren zu können, bräuchte ich mehr Ruhe, eine intimere Atmosphäre.

Stundenlang reisen wir im Doppeldeckerbus durch die vielgepriesene Metropole an der Seine. Revolution, Romantik, Sehnsucht und Verführung werden kaum irgendwo anders so stark in einen einzigen Ort projiziert wie hier. Es stimmt, die Stadt ist reich an Museen, berühmten Bauwerken, schillernden Vierteln und Plätzen. Auch steht sie für pulsierendes Leben sowie Kunst und ist Schauplatz glanzvoller und grauenhafter Geschichte. Mit französischen Melodien im Kopf, die immer dann erklingen, wenn gerade keine Ansagen zu trotzigen Bauwerken, weiten Straßen, historischen Plätzen gemacht werden, bewegen wir uns durch den Reisetraum unzähliger Menschen.

Der Louvre ist ein früherer französischer Königspalast. Heute beherbergt er das Museum des Louvre, Musée du Louvre. Weltweit ist es die meistbesuchte Kunsthalle. Auf unserem Weg dorthin sehe ich vor allem die gläserne Pyramide im Eingangsbereich sowie die Mona Lisa vor mir. Als wir kurz nach 17:00 Uhr dort eintreffen, müssen wir nicht lange anstehen. Heute ist bis 21:45 Uhr geöffnet, was uns genügen sollte, einen flüchtigen Überblick zu gewinnen. Mehr kann bei Tausenden von Werken, die anzuschauen wären, nicht möglich sein. So nehmen wir die helle Großzügigkeit des Gebäudes wahr, streifen bedeutsame Kunstepochen, reisen weit zurück in die Vergangenheit, begrüßen die Mona Lisa und unsere Aufmerksamkeit ruht spät abends auf der Pyramide, welche die letzten Sonnenstrahlen durch ihre gläsernen Wände lässt und in einen spitzen Schatten verwandelt.

Paris, 21. August – Undercover am Eiffelturm

„Nicht, dass sie uns umbringen müssen, weil wir zu viel wissen." Cornelia und ich stehen genau wie am Vortag bereits seit mehr als einer Stunde auf der Brücke am Eiffelturm. Auch heute sind die Hütchenspieler emsig dabei, gutgläubigen Touristen das Geld aus der Tasche zu ziehen. Was gestern mit einer Zufallsentdeckung begann, ist heute zum erklärten Ziel unseres Stadtbummels geworden. Die trickreichen Machenschaften der Glücksspieler fesseln uns. Ihre Vorgehensweise ist immer die gleiche: Sie halten Ausschau nach Polizisten, die in regelmäßigen Abständen per Fahrrad patrouillieren. Wenn die Luft rein ist, breitet ein Mann Teppich, Becher und einen Stoffball aus. Dann beginnt er damit, sein Equipment wild hin und her zu schieben, und wedelt mit den Fünfzigeuroscheinen in seinen Händen. Nach nur wenigen Sekunden tritt jemand mit Geld an ihn heran. Die beiden schließen den Deal, den Einsatz von fünfzig Euro in doppelter Menge an den Spieler zu übergeben, sollte er den Ball unter dem Hütchen finden. Liegt er falsch, wandert die hellbraune Note in die Hände des Becherkünstlers. Der Vereinbarung folgt meist der Sieg des Spielers, der daraufhin glücklich in den Halbkreis der Beobachter zurücktritt. Eine weitere Person versucht ihr Glück und gewinnt ebenfalls. Dann kommt wieder ein neues Gesicht in den Fokus und verliert. Daraufhin rührt der Hütchenmann lauthals die Werbetrommel und animiert die Zögernden zum Mitmachen. „Find the ball! Easy game", preist er auf Englisch an. Das holt den Verlierer wieder an den Teppich. Dieses Mal siegt er. Wenn nun alles gut läuft, aus Sicht des Ballkünstlers, dann steht, so wie gestern geschehen, ein dickbäuchiger Tourist vor ihm und reibt ihm seine Banknote unter die kriminelle Nase. Schneller als er „Au revoir" sagen könnte, verliert er sein Geld. Enttäuscht tritt er daraufhin einen Schritt zurück und macht einem der anderen Mitspieler Platz, der siegreich hervorgeht. Das wurmt den beleibten Touristen. Er will es wissen und bringt den nächsten Schein in den Umlauf. Wieder liegt er falsch und tippt auf einen Becher, unter dem nichts als Luft ist. Einhundert Euro hat er verloren. Er nimmt Abstand. Eine Frau, die optisch nicht den Eindruck macht, als besäße sie viel Geld, schickt ein überlegenes Lächeln über ihre braunen Zähne und befördert nacheinander insgesamt 200 Euro an die Pariser Luft. Einmal verliert sie, drei Mal hat sie Erfolg. Der Tourist, der das Ganze sehr sorgfältig beobachtet hat, kann sein Pech und das Glück der anderen nicht fassen und tritt wieder nach vorn. Weitere fünfzig Euro sind in Lichtgeschwindigkeit auf den Kopf gehauen. Stinksauer verschwindet er daraufhin Richtung Eiffelturm. Er geht, die Polizei kommt. In Windeseile landen die Utensilien in der Tasche des Schlitzohres. Ein anderer Kerl schnappt sich den Teppich. Die Männer flüchten in unterschiedliche Richtungen. Die Fahrradstreife geht leer aus. Wir bleiben vollkommen aufgedreht und mitgerissen zurück. Gestern wie auch heute. Mittlerweile wissen wir sehr genau, wer zu dem kriminellen Ensemble gehört. Die Lockvögel machen ihre Aufgabe gut. Immer wieder werden Touristen, die das schnelle Geld wittern, neugierig. Die Verbrechertruppen, die sich mit ihrem illegalen Glücksspiel eine goldene Nase verdienen, sind hochorganisiert. Einer leitet das Spiel, drei oder vier vermeintliche Mitwisser akquirieren ahnungslose Stadtbesucher, eine andere zwielichtige Gestalt schiebt Wache. Wir bleiben, warten, bis sie nach jeder Flucht vor den Ordnungshütern zurückkehren. Zu sehr reizt uns die Beobachtung der verbrecherischen Machenschaften. Einmal zuckt es heftig in unseren Beinmuskeln, als wir sehen, dass ein junger Mann kurz davor ist anzubeißen. Er hadert. Wir laufen Gefahr aufzuspringen, um ihn zu warnen. Noch bevor wir ein dickes Auge riskieren, rettet die Ankunft der Gendarmen sein Portemonnaie.

Auch ohne uns einzumischen, werden wir das Gefühl nicht los, von den Spielern beobachtet zu werden. Aus Mangel an Alternativen tragen wir die gleiche Kleidung wie gestern. Immer, wenn wir ein Stückchen näher an den Hütchenmann heranrutschen, dauert es nicht lange, bis auch er mit seinem illegalen Spielzeug weiterzieht. Halten sie uns für die verlängerten Arme der Justiz, glauben sie, wir seien Undercoveragentinnen? Riskieren wir einen unfreiwilligen Sprung in die unter uns rauschende Seine?

Bevor wir Antworten auf diese Fragen bekommen können, bereiten wir unserer Schaulust ein Ende und tauchen in den Pariser Untergrund, zur Metro, ab.

Für heute steht der Besuch des Montmartre, eines Hügels, der die höchste natürliche Erhebung der Stadt darstellt, an. Den 130 Meter hohen Gipfel krönt die Basilika Sacré-Cœur – eine römisch-katholische Wallfahrtskirche. Das frühere Dorf Montmartre war im 19. Jahrhundert eine künstlerische und literarische Hochburg. Kunstschöpfer, die ihre Arbeiten ausstellen und Porträts, Karikaturen und Scherenschnitte anfertigen, locken heute überwiegend Touristen an. Eine Straßenband spielt am Fuße des pompösen Sakralbaus und verzaubert uns mit ihrer Musik intensiver als es bisher ein anderes Fleckchen in dieser Stadt geschafft hat. Ihre warmen Stimmen, die von puren Gefühlen erzählen, dringen durch meinen Körper, zaubern mir eine Gänsehaut auf die Arme und fliegen über die Häuser und Bauwerke von Paris. In einem ausladenden Teppich aus Dächern, Türmen, Plätzen und Wolkenkratzern liegt uns die lebendige Metropole zu Füßen.

Auf unserem Weg vom Cimetière du Père-Lachaise, dem größten Friedhof der Stadt, auf dem Persönlichkeiten wie Oscar Wilde und Edith Piaf ruhen, über den Tour Montparnasse, das zweithöchste Bauwerk von Paris, zur Champs-Élysées, eine der großen Prachtstraßen der Welt, geraten wir in eine unheimliche Situation. Am künstlich beleuchteten Gleis der U-Bahn warten wir auf die Einfahrt des Zuges. Er kommt mit einem heulenden Quietschen zum Stehen, wir treten ein. Kaum sind wir drinnen, ertönt ein grelles Alarmsignal und beginnen Lichter nervös zu blinken. Urplötzlich setzen sich Menschenmassen in Bewegung und stürmen nach draußen. Ein Kind weint in den Armen seiner Mutter. Cornelia reißt mich mit sich, zurück auf den Bahnsteig. Mit rasendem Puls flitzen unsere Blicke wild umher. Sollen wir rausrennen? Besteht eine ernsthafte Gefahr? Der Alarm verstummt, die Bahn fährt leer ab, so als wäre nichts geschehen. Die anderen Geflüchteten verweilen ungerührt am Gleis. Unser Herzschlag beruhigt sich und auch wir bleiben stehen, verspüren nicht den Impuls, den Bahnhof verlassen zu müssen. Offensichtlich gibt es keinen Grund zur Beunruhigung. Noch nicht. Das nächste Schienenfahrzeug kommt, Menschen steigen aus und ein. Wir schließen uns ihnen an. Wie gewohnt setzt sich das Fahrzeug in Bewegung. Forschend blicke ich mich um. Unser Waggon ist nur mit wenigen Fahrgästen gefüllt. Von Station zu Station steigen mehr Personen aus, bis wir – zusammen mit zwei plaudernden jungen Männern und einem zeitunglesenden Herrn – zurückbleiben. Nach seinem Halt schiebt sich der Zug wieder in den dunklen Tunnel. Einige Meter gefahren, hält er auf einmal an. Mitten in der beklemmenden Schwärze steht er, macht keine Anstalten sich fortzubewegen. In den ersten Sekunden ignorieren wir diesen Stopp, führen das Gespräch weiter, in das wir gerade vertieft sind. Nachdem jedoch Minuten verstrichen sind, verstummen wir, halten inne. Was hat es zu bedeuten, dass wir hier so lange stehen? Weshalb sind nur noch drei Mitfahrer im Wagen? War es leichtsinnig, unmittelbar nach Verstummen des ominösen Alarms einzusteigen? Gedanken an einen Terroranschlag bahnen sich ihren Weg in mein Bewusstsein. Dann steigt die Befürchtung, das Fahrzeug sei defekt, zielstrebig in mir hoch. Kaum merklich schüttele ich meinen Kopf, so als könne ich damit die düsteren Fantasien vertreiben. Ich stoße ein gekünsteltes Lachen hervor. Cornelia tut es mir gleich. Wir hüllen uns in den Schutz blöder Witzeleien, denn Humor ist der perfekte Killer gegen die Angst.

„Es war schön mit dir zu reisen", eröffne ich unser Gespräch.

„Gleichfalls", quittiert Cornelia.

„Wer soll denn jetzt meinen Laptop bekommen?", frage ich mich.

„Mein neues Fahrrad könnte an …", denkt Cornelia laut nach.

Während wir auf den weichen Polstern der Pariser Metro hocken, wird mir erneut klar, wie schnell es gehen kann. Ob nun ein Terroranschlag, ein Unfall oder eine Naturkatastrophe – Gefahren lauern überall. Auch wenn im heimischen Alltag theoretisch genauso viel passieren kann wie auf Reisen, so ist das subjektive Empfinden, während einer Tour zu Schaden zu kommen, größer. Das trifft vor allem auf diejenigen zu, die uns nicht begleiten. Warum sonst sollten die Daheimgebliebenen immer so sehr auf ihre Worte bestehen? „Passt auf euch auf! Seid vorsichtig! Kommt ja gesund zurück!", lauteten ihre wiederkehrenden Forderungen.

Ich merke, dass ich weder beim täglichen Weg mit dem Fahrrad durch meine Heimatstadt noch während dieser unfreiwilligen Pause in der U-Bahn vollkommen verängstigt bin oder panisch werde. Wer die Nachrichten im TV schaut und Zeitung liest, weiß, wie schmal der Grat zwischen Leben und Tod ist. Mich erfüllt diese Feststellung eher mit Achtung vor dem Leben als mit Furcht. Natürlich kann und will ich nicht leugnen, dass ich hier im dunklen U-Bahn-Schacht Muffensausen habe, weil es nicht weitergeht und mir der Alarm von vorhin noch in den Ohren klingt, aber sollte das meine letzte Station gewesen sein, muss ich es wohl akzeptieren. Ändern kann ich es schwerlich. Wenn ich darüber nachdenke, ob ich etwas verpasst habe, Dinge hätte unbedingt noch machen sollen, so kommen mir lediglich Wünsche in den Kopf, die ich mir (und anderen) gern noch erfüllen möchte. Reue über verpasste Chancen oder ungelebte Träume verspüre ich nicht. Mit einem Rucken setzt sich der Zug wieder in Bewegung und gleitet in die gelbe Helligkeit der nächsten Station. Wir steigen aus.

FAZIT: MEIN FRANKREICH

Das letzte Land auf meinem Reiseplan hat hohen Anforderungen standhalten müssen. Ich bin mit der festen Vorstellung, noch einmal alle Aktivitäten unter einen Hut zu bekommen, eingereist. „Finde ich mich womöglich weinselig knutschend am Eiffelturm wieder, während ich – mit Wanderschuhen bekleidet, ein Baguette unter den Arm geklemmt, eine Baskenmütze auf dem Kopf tragend – französisch spreche, weil mich sonst niemand verstehen will …?" Nein! Diese Szene hat es nie gegeben. Schlimm? Unglücklich darüber, dass die Campingplätze nicht urwüchsig und einsam waren? Traurig, dass es beim Zeltaufbau geregnet hat? Auch nein! Ich habe gelernt, dass ich, je weniger ich fordere, umso mehr bekomme. Die Zeit in Le Havre, die zugunsten der Verweildauer in Paris eigentlich viel kürzer ausfallen sollte, war aufgrund ihrer Menschen, die für uns da waren, viel wertvoller als der Spaziergang

Hostel-Bar in Paris

über die Champs-Élysées. Und trotzige Steilküsten gab es nicht, als ich nach ihnen fragte, sondern in dem Moment, in dem ich am wenigsten damit rechnete. Ich weiß jetzt: Wünschen und Hoffen sind gut, Träumen soll sein, aber eine andere als die erwartete Realität muss auch akzeptiert werden.

Mutig eine Sprache zu sprechen, die ich nur sehr spärlich kann, hat mich mit Stolz erfüllt. Vor allem beim Zusammensein mit meinem Großonkel sowie meiner Tante ist dadurch eine Atmosphäre entstanden, die zwar auch ohne Worte schön gewesen wäre, aber mit Sprache mehr Substanz hatte. Außerhalb meiner Familie bin ich ebenso mit sehr offenen Franzosen in Kontakt gekommen. Sie beharrten nicht auf der ausschließlichen Anwendung ihrer Landessprache. Einzig der Gedanke an den lehrerhaften Schaffner verursacht ein müdes Lächeln meinerseits.

Baguettes, Käse, Croissants, Crêpes, Rotwein. Die Franzosen leben, um zu essen. Das tun sie verdammt gut. Der sanfte Geschmack eines cremigen Camemberts legt sich in Gedanken auf meine Zunge.

Zum Thema Kopfbedeckung kann ich festhalten, dass – Überraschung! – nicht alle Franzosen Baskenmützen tragen. Einzig im Künstlerviertel Montmartre in Paris beobachtete ich einen vornehmen älteren Herren, der am Straßenrand saß und ungestört in seiner Zeitung las. Auf seinem Haupt thronte eine dunkelblaue Baskenmütze, die hervorragend mit Schnauzer und schwarzer Professorenbrille harmonierte. Wo ich gerade beim Thema Paris bin: Die romantischste Hauptstadt der Welt? Ja? Nein? Vielleicht! Den Eiffelturm bei Nacht zu sehen, hell beleuchtet, glitzernd, ist bewegend. Ausdrucksstarker Straßenmusik zu lauschen, fühlt sich schön an. Bei Sonnenschein am Ufer der Seine zu spazieren, ist herrlich. Aber reicht all das aus, um romantische Gefühle im sprudelnden Überfluss zu produzieren? Ich gebe zu, dass mich offen sichtbare Liebesbekenntnisse am illuminierten Eiffelturm bewegt haben. Auch die bunt schimmernden Rikschas, die mit engumschlungenen Paaren durch die Pariser Nacht fuhren, entlockten mir den einen oder anderen tiefen Seufzer. Menschen, die begannen einander zu küssen, als der berühmte Eisenturm seine Millionen Glühbirnen aktivierte, sind schön anzuschauen. Dennoch würde ich der Metropole an der Seine nicht den Beinamen „Stadt der Liebe" verpassen. Der Ort ist für mich eine von vielen interessanten europäischen Großstädten. Ich habe mich hier nicht verzauberter gefühlt als in Lissabon, Rom oder Weimar, um auch einmal vor der eigenen Haustür zu bleiben.

Apropos Deutschland: Es hat mich nicht überrascht zu hören, dass meine Landsleute als korrekt, respektvoll, pflichtbewusst, zuverlässig und pünktlich gelten. So habe ich diese Charakterisierungen schon des Öfteren gehört.

Und die Franzosen? Leidenschaftliche Nörgler? Ich habe keine Ahnung, ob das wirklich so ist. Mir ist nur aufgefallen, wie sie in vollsten Zügen genießen, herzhaft lachen und Spaß haben können. Ob sie dabei hin und wieder ein bisschen herummeckern, weiß ich nicht. Vielleicht habe ich es einfach nicht verstanden …

Was mir neben Gastfreundschaft und Herzlichkeit besonders gut gefallen hat, war die freundliche Anrede. Vor und nach jeder Begrüßung erklang ein vornehm gesprochenes „Madame". Auf dem Weg zwischen Dusche und Zelt, mit einem grünen Mikrofaserhandtuch auf dem Kopf und vor Feuchtigkeit quietschenden Sandalen an den Füßen, fühlte ich mich nicht wie eine Madame, auch wenn ich es gemäß Übersetzung bin. Aber die sanfte Aussprache dieses schönen Wortes aus dem Mund eines Franzosen bessert es in meinen Ohren auf. Für mich klingt es sehr wertschätzend und hat mir oft ein Lächeln auf das Gesicht gezaubert.

Merci et au revoir mesdames et messieurs!

HEIMAT: DEUTSCHLAND
22. August, Deutschland – Was ist schon typisch?

Für Madame Cornelia und Madame Mady ist es nun so langsam an der Zeit zurückzukehren. Bevor wir aber nach Magdeburg reisen, geht es für zwei weitere Tage nach Bayern, denn kein anderes Bundesland steht für so viele Deutschlandklischees wie der weißbiertrinkende Süden.

Als der TGV von Paris nach Mannheim über die Landesgrenze schnellt, denke ich über meine Heimat nach. Wie bin ich? Was ist typisch deutsch?

Deutsche, so recherchierte ich vor meiner Abfahrt, sind ein strukturiertes Völkchen, das nichts unversucht lässt, einem Plan zu folgen. Dabei sind Überraschungen nicht willkommen. Wir gelten als besonders ordentlich und mögen es sauber. Auf Außenstehende wirken wir mitunter reserviert und verschlossen. Emsig kommen wir unseren Pflichten nach, arbeiten sehr diszipliniert und sind stets pünktlich. Manchmal mangelt es uns an Humor und Lockerheit. Wir laufen in Lederhosen oder Dirndl durch die Straßen, essen Brezeln und trinken literweise Gerstensaft. Nach der fünften Maß fallen wir von der Bierbank im Oktoberfestzelt und schlafen ein. Wir träumen von einer riesengroßen Bratwurst, die wir uns, gleich nach dem Aufwachen, vom Imbissstand nebenan holen werden …

Ich habe gemerkt, dass ich – ob ich will oder nicht – Eigenschaften in mir trage, die als typisch deutsch gelten. Meine Wohnung habe ich vor der Abreise aufgeräumt und sorgfältig geputzt hinterlassen. Ich bin verliebt ins Pläneschmieden und strukturiere mich und meinen Alltag sehr genau. Ich arbeite emsig an meinen Zielen, bin sehr diszipliniert und komme meistens pünktlich zu Verabredungen. Besonders gern trinke ich Bier. Brezeln sind in Ordnung, Bratwürste aber kann ich häufig nicht ausstehen. Auch liebe ich Überraschungen und bin gern spontan. Neuen Menschen trete ich meistens aufgeschlossen gegenüber. Ohne Humor und Witz wäre mein Leben nur halb so schön. Bin ich also gar nicht typisch deutsch?

Meine tschechische Freundin Ivana fand, dass ich mich nicht so verhalte, wie sie es klassischerweise von meinen Landsleuten erwartet. Auch Pilgerin Jacqueline strich uns ausdrücklich aus dem Bild des überheblichen Deutschen, der am Bus munter vordrängelt.

Ich denke, es gibt zwar ein „typisch tschechisch, österreichisch, slowenisch, italienisch, schweizerisch, französisch und deutsch" – allerdings nur in der Form von Besonderheiten auf Tellern, in Gläsern, innerhalb der Landschaft oder in Kultur und Geschichte. Aber selbst hierbei würde ich von Tendenzen sprechen. Dass es anders sein kann, hat die so vollkommen „untypische" norditalienische Küche in Form von „Schlutzkrapfen mit Parmesan" bewiesen. Das Wort Tendenz möchte ich auch benutzen, wenn es um Eigenschaften von Menschen geht. Tendenziell ist es sicherlich richtig, dass Deutsche besonders ordnungsliebend und pünktlich sind, aber auch hier zeigt der Einzelfall, dass es Abweichungen gibt. Wenn schon gravierende Unterschiede zwischen Nord- und Süddeutschland, dem Kanton im Osten und im Westen sowie in Nord- und Süditalien herrschen, ist es doch nur allzu natürlich, dass auch jeder Mensch seine Eigenarten hat und haben darf.

Meine Meinung darüber, was im Leben wirklich zählt, ist vielleicht die gleiche wie die der Italienerin Stefanie. Die Gründlichkeit, mit der ich mein Badezimmer reinige, mag der Putzweise der Schweizer Bäuerin gleichen. Die Liebe zur Natur und zum Wandern teile ich womöglich mit dem slowenischen Schaffner Aleksander. Die Freude, die ich bei einem guten Essen mit Bekannten empfinde, fühlt sicherlich auch der französische Mathelehrer Nicolas.

Ich könnte diese Aufzählung ewig fortsetzen. Was bleibt ist letztendlich nur eine einzige Feststellung: Egal, wohin es mich verschlug: Ich bin herzlich, respektvoll und vollkommen vorurteilsfrei aufgenommen worden.

Bayern-Magdeburg – Heimweg

Eine untersetzte Frau mit roten, runden Wangen steht am Gleis. Sie blickt zu ihrem Sohn, der am Fenster lehnt und zu ihr hinausschaut. Er scherzt herum, macht Witze, versucht cool zu bleiben. Als der Zug langsam anfährt, treten rote Flecken auf die Haut der winkenden Mutter. Ihre Mundwinkel zucken. Nur unter größter Anstrengung gelingt es ihr, das Wasser, das schon auf ihren Augenlidern ruht, zurückzuhalten. Wie sehr es sie auch schmerzen mag, sie muss Lebewohl sagen …

Auch ich stehe kurz vor einem Abschied. In wenigen Stunden fahre ich in den Hauptbahnhof Magdeburg ein. Wenn ich dann die Treppen des Zuges hinabsteige, beende ich meine große Tour, eine Reise, die vor allem aufgrund der Menschen, denen ich begegnen durfte, für immer unvergesslich sein wird. Schon Maupassant wusste: Es sind die Begegnungen mit Menschen, die das Leben lebenswert machen.

Recht hat er.

Meine Übernachtungen

Hostel: ||||| ||||| ||

Privatwohnung: ||||| ||

Campingplatz: ||||| ||||

Venezianischer Hinterhof: |||

Gratisbett in einer Pension: ||

Pilgerherberge: |

Zeltplatz am Kuhstall: |

Zeltplatz an einer Pferdekoppel: |

Scheune: |

Erlebnisbauernhof: |

Kuhwiese: |

Liege im Nachtzug: |

Balkon in Cannes: |

Mady Host, geboren 1985, lebt in ihrer Heimatstadt Magdeburg. Die studierte Sozial- und Gesundheitsjournalistin bereist von ihrem „Basislager" aus die verschiedensten Länder – oftmals ausgerüstet mit Rucksack, Zelt und festen Wanderschuhen. Sie veröffentlicht Bücher, Kolumnen, Blogtexte, Fotos und Videos über ihre Reisen. „Europa in vollen Zügen" ist das vierte Buch der Autorin. Mehr Infos unter: www.mady-host.de

Einfach los ... MEIN KüstenWEG

Es ist nicht ihre erste Pilgerreise, doch diesmal ist Mady Host 4 Wochen allein auf dem Jakobsweg unterwegs. Aber so wirklich allein mit sich selbst ist man selten auf den bekannten Pilgerrouten nach Santiago de Compostela. Auf dem Küstenweg erwandert Mady ihre Freiheit…

Wochenlang allein zu wandern, spielen da nicht irgendwann die eigenen Gedanken verrückt? Um Antworten auf diese Frage und andere zu bekommen, hat Autorin Mady Host ihren Pilger-Rucksack gepackt und ist nach Spanien aufgebrochen. Ihren Studienabschluss in der Tasche, muss sie herausfinden, was sie vom Leben will und was es von ihr erwartet. Und was gibt es da Besseres, als allein dem Jakobsweg entlang der nordspanischen Küste zu folgen?

Erhältlich im Buchhandel und auf http://shop.traveldiary.de.